はじめての教育効果測定

教育研修の質を高めるために

堤　宇一【編著】　青山　征彦・久保田　享【著】

日科技連

推 薦 の 言 葉

　今，世界中の教育組織が関心を持っていることの一つは，「中国の製造業とインドのソフトウェア産業に対抗するには，どうしたらよいか」という中長期的課題である．技術をいくらブラックボックス化しても，時間の経過とともに知識が伝播することは避けられない．やがて，中国やインドの企業が，強力な競争相手に育ってくる．グローバリゼーションの進展とともに，賃金を含む価格の平準化も進行する．こういう時代において，自国の経済水準を維持・向上する上で，どういう産業，どのような能力を育成すべきであろうか．

　考えられる方向は二つある．一つはイノベーションのプロセスに着目し，新しい事業を生み出すことにより対応しようとするものである．この場合は，新しいアイデアを生み出す人材だけでなく，アイデアを実際の事業として成功させるまでの道のりを支援する組織や制度，必要な資金を供給する投資家の育成が重要になる．もう一つは，チームのメンバーの多様性を生かして，独創性を高める方策である．例えば，ワールド・ワイドなサプライ・チェーンを構築し，中国やインドもその一部に組み込んでしまうことである．この場合は，地域ごとのインフラの違いや文化の差など，多様性を上手に取り扱うことのできる人材の育成が不可欠となる．イノベーション，多様性の活用，どちらの方策をとるにしても，大切なのは人を育てる能力で，現在が教育力競争の時代といわれる理由の一つがここにある．

　教育力で競争しようとすると，学習について深く考えなければならない．学習には，三つの局面が必要で，最初に必要なのは，知識を習得する局面である．次が，新しい知識が感情を動かす局面で，最後は，感情が動くことにより，入手した知識を実際の場面に使用する局面が必要になる．知識は使ってみることにより，初めて自分のものとなるのだが，心が動かなければ，行動は生まれない．従来の教育は，最初の局面の，知識やスキルの付与に偏っていて，二番目，三番目の局面に対しては配慮が不足がちであった．また，企業内の教

育プログラムも，講師を呼び集めただけのいわば連続講演会で，プログラムを提供した人材開発部門は教育の効果については，責任を負わないケースが大部分であった．これでは教育力競争の時代を勝ち抜くことはできない．

　教育力競争の時代を勝ち抜くべく，教育力を高めようとすれば，学習に関する三つの局面を考慮にいれ，受講前の心の姿勢を整えることから，職場に戻った後のフォローアップまで，カリキュラム全体を設計することが必要になる．また，単に教育という"行事"をしただけ，という事態を避けたければ，カリキュラムや教材，講師や受講生のレベル，教育環境などの，どれが効果をあげることに貢献しているか，あるいはどれが妨げているかを，詳しく知らなければならない．そのときに必要な考え方と技術を提供するのが「教育効果測定」である．

　本書は，考え方の基礎から，具体的なテクニック，実際に効果測定を行った事例まで，幅広く丁寧に説明されており，はじめて教育効果の測定に取り組む人にとって格好の参考書である．それだけでなく，教育に関心を抱く多くのライン部門の人々にも，教育効果を上げるためには何をしたらよいかを考える際に，大いに役に立つと思われる．本書が多くの人々の目に触れ，日本の教育力強化に資することを期待するものである．

　2007年5月吉日

　　　　　　　　　　　3Dラーニング・アソシエイツ 代表　関　島　康　雄

まえがき

　ここ数年来，企業内教育の教育効果が話題にのぼることが多くなった．人材育成系の雑誌に教育効果測定に取り組む企業の事例が紹介されたり，「教育効果測定」セミナーが開催されることも，珍しいことではなくなってきた．しかし，企業の人材育成担当者に，教育効果測定の実施状況について尋ねると「必要性は充分に認識しているのだが，具体的にどうすればよいのかわからない」，「研修運営で手一杯で，そこまで手が回らない」など，話題性はあるものの実施にはいたらない企業も多いことが伺える．

　一方で，日本国内でも企業内教育の効果測定に本格的に取り組み始める企業も存在する．そして，世界的にも，企業内教育の実施効果を測定し，その質を高め，事業戦略の推進や生産性向上に，HRD（人材育成部門）が貢献すべきであるという期待感は，ますます強くなるばかりである．避けては通れない流れであるならば，他社に先駆けていち早く取り組み，ノウハウを蓄積していくことが賢明な対応と考えられる．

　本書で取り上げるのは，人材育成施策の主要な一つである「教育研修プログラム」の効果の測定方法の理論と実践方法である．それらを述べながら次の三つのメッセージが伝わるように執筆を行った．第一に教育研修は，人材育成にとって欠かせない手段である．しかし，それは万能ではない．教育研修の効用と限界をしっかりと認識し，課題や状況に合わせ上手にそれを，使い分けることの重要性である．二つ目のメッセージは，教育効果を捉える視座の転換である．筆者が，人材育成に関わりを持ち始めた20年前でも，教育効果の証明や保証についての重要性や必要性は議論されていた．しかし今日の議論の視座とまったく異なっていた．当時は講師の専門性や運営技術，話法やテーマが議論になっても，受講者への動機付け，受講者の前提能力や職場環境，職場転用について語られることはほとんどなかった．著名な大学教授，専門家から指導を受け，理解できない，実践できないのは，受講者の怠慢という一方的な論理が

まかり通っていた．言葉を換えれば提供側の論理として教育効果が語られていた．しかし，今必要な視座は，ユーザー側として教育効果を捉えることである．ユーザーである受講者，受講者の上司，事業責任者や経営者，導入企業に対して，教育研修を通じて，どのような価値を提供するのかといった論点を忘れてはならない．約束した成果や価値を提供できない多くの原因は，提供者側である人材育成部門や講師側にあるということを意識する重要性である．そして，最後のメッセージは，人材育成にたずさわる者は，「プロフェッショナルたれ」というメッセージである．勘や経験だけで，施策の実行や改訂を行うのではなく，高い専門性と技術に裏付けられた明晰な論理と高い倫理観を持った専門家として判断し，振舞うことの重要性である．本書を読み進める中で，これらのメッセージを少しでも受け取っていただければ，筆者としてこの上ない幸いである．

　筆者が人材育成に従事して，20年強となるが，一番最初に教育効果の測定や効果の証明に興味を抱いたのは，最初に従事した企画営業の時代である．

　研修プログラムを企業に提案し，実行計画を提示すると，多くの場合，利用者の要望で，当初提示した研修日程が短縮されることが日常的に発生する．しかし，研修日程が短縮され学習量は減ったにもかかわらず，研修プログラムに記載される獲得予定知識やスキルといったアウトプットは3日間の場合でも1日の場合でも変わりない．不思議に思ってその理由を開発部門や講師に尋ねても，納得のいかない説明が返ってくるばかりであった．その後，営業から開発に移り，研修プログラムをつくる側へと立場が変わったが，そこでも悩みは尽きなかった．筆者が携わった通信教育は，レポート提出が義務付けられ，点数によってその合否が判定される．第一線で部下を率い，泥臭い活動をいとわず，高い目標にチャレンジする無骨者より，現場から離れ評論好きの弁舌達者なスマートタイプの方が，案外レポートの得点が高い．人事制度上，それらの得点が，昇給や昇進に影響を与える．成果を出しても弁が立たない，得点の低い無骨者が組織の中で評価されない事態が，組織や個人をスポイルさせることにつながっていた．

まえがき

　研修プログラムをテレビやパソコン，自動車などと同じようにその性能を保証したい，人材育成にたずさわる者として教育研修の提供価値を保証して自信をもって利用者(組織や受講者)に提供したいという長年の思いが，教育効果測定に向かわせ，本書『はじめての教育効果測定』の執筆にいたった．

　教育効果測定にたずさわり，また本書を執筆するにあたり，本当に多くの方々のご支援をいただいた．なかでも Jack Phillips 博士と渡辺京子さんの二人には，感謝の言葉が尽きない．2000年に教育効果測定の理論と現状を探りに渡米し，初めて，Jack Phillips 博士にお会いした．彼は当時すでに，この分野の第一人者として確固たる地位を築いていたにもかかわらず，日本からやってきた英語もろくに話せない素人の筆者に対して「一緒に研究しよう」と，彼が組織化した ROI ネットワークに招き入れ，素晴らしい彼の仲間たちを紹介してくださった．彼との出会いがなければ，今の筆者はなかったし，何も始まらなかった．もう一人の渡辺京子さんは，筆者が渡米の度に，ライター兼コーディネータとして毎回苦楽を共にしてくださった同士である．彼女の前向きで献身的な言動に，どれほど勇気付けられ支えられたことだろう．

　本書を共同で執筆した久保田享氏，青山征彦氏の両名に改めてお礼を申し上げたい．青山氏には，本書の内容を学術的な観点からチェックし，理論の裏付けを与えていただき，「学習」という内面活動を執筆いただいた．

　また，久保田氏には，本書の実践性と利便性を高めるために，自ら実施した活動を事例として提供し，執筆いただいた．お二人の協力によって，教育効果測定の「理論」と「実践」を追求することができた．

　また，執筆にあたり，稚拙な表現の原稿を我慢強く校正し，適切な指示をくださった編集の渋谷英子さんに，御礼を申し上げたい．そして最後に，原稿完成のために，いろいろと我慢を強いてしまった妻礼子に感謝の意を表したい．

2007年初夏

執筆者代表　堤　　宇一

本書の構成と読み方

「教育研修プログラム」の設計・開発・実行・改訂という一連の業務に沿って，どのような考え方や手続きにもとづいて教育研修を組み立て，実行するか，それと同時に，どのような考え方や手続きにもとづいて教育効果測定を組み立て，実行するかということが本書の主題テーマである．

■ 本書の構成

第1章は人材育成部門に対する期待の変化とその背景を説明している．そして，人材育成部門がその期待に応えるための方略を概説した後，企業における教育研修の役割を解説している．

第2章では，人材育成部門が新たな役割を果たすために必要な業務プロセスとして筆者らが提案する「HRDサイクルモデル」を説明し，その「HRDサイクルモデル」の実行に必要な業務上の諸機能について解説をしている．

第3章では，そもそも学習とはどのようなことであるか，企業内教育として求められるべき要件は何かについて，心理学，教育工学，文化人類学の知見にもとづいて整理を試みている．

第4章は，教育効果測定の基本となる理論をはじめ，実際の教育効果測定の手順，測定ツールの概説などを網羅的に解説している．教育効果測定とは一体どのようなもので，どのように進め，どのようなデータを，どのような方法で測定すればよいかなど，教育効果測定の全体像を明らかにしている．具体的には，教育効果の分類モデル，データの形式，データソース，測定ツール，測定手順などである．具体的な進め方は第5～7章に，業務手順に沿って説明している．本章は第5～7章の全体を俯瞰する位置づけとして構成した．

第5～7章は，教育研修プログラムと効果測定の企画から改訂までのプロセスを5つのステップに分けて詳細を解説している．各ステップは，初めて教育効果測定を実施する方にもわかりやすくするため，手順の流れ，考え方，事例

により構成している．

　第5章は，組織課題を分析し，問題点を明らかにするニーズ・アセスメントについて概説を行った後，分析結果からどのように，最適な介入策を決定していくかという手順を解説している．

　第6章は，教育研修と教育効果測定の設計から実行までのプロセスを概要設計，詳細設計，事前準備，実行の四つの手順に沿って説明している．本書の中で最も重要な部分といえる．

　第7章は，効果測定によって入手したデータを，どのように解釈し教育効果を判断するのかを説明している．そして分析結果から，どのように教育研修を，そして測定ツールを改訂するのか，その考え方や理論，実務方法を筆者らの実務体験をベースに論述している．また，調査結果を報告書にまとめる際の留意点についても併せて説明した．

　最後の第8章では，これから教育効果測定に取り組もうとする際に，あるいは組織へ導入する際に，高い確率で障害となって現れる六つの課題を挙げた．そして，それら六つの課題を克服するためのヒントを筆者自身の体験をもとに整理した．

■ 読者対象

　第一に想定する読者は，企業の人材開発やHRDと称される部門に所属し，従業員の能力開発の施策を企画し，運営している，企業の人材教育に携わる方々である．人材育成部門が所属企業や組織に貢献するために，何を今後必要とされるかを認識するとともに，必要スキルの一つである教育効果測定の技術を理解するうえで本書を役立てていただきたい．特に，本書がより実践的になるよう，筆者らが実際に実務やコンサルテーションの中で使用しているツールを，可能な限りそのまま提示した．教育効果測定という新たなる世界への第一歩を踏み出す勇気を持っていただければ幸いである．

　第二の読者は，教育研修を利用するユーザーである経営者，受講者を研修に送り出す事業責任者あるいは，受講者の方々である．これらの方々にとって，

本書で述べられている教育研修の作り込みのための手順は，効果的な教育研修はどのように開発され，その成果をどのように測定するのかといったからくりを知る際の参考になるだろう．教育研修の良し悪しを判断できる目を持つことによって，乱立するセミナーの中から最適なものを選択し，貴重な時間や経費を無駄にさせないようになれば幸いである．

　第三の読者は，教育研修コンテンツを開発あるいは提供している教育ベンダーならびにコンサルタント，講師の方々である．業務などの都合で学習時間の短縮や学習項目の削減を要請する企業の担当者は少なくない．そのようなときに，思いつきの学習時間の短縮や学習項目の削除，学習順序の入れ替えがいかに，教育研修の効果を低めることになるかを論理的に説明できるだけの知識を本書を通じて身に付けていただきたい．これらの裏付けをもとに自信と誠意を持って，コンテンツ開発や提供に従事いただければ幸いである．

目　　次

推薦の言葉　　iii

まえがき　　v

本書の構成と読み方　　ix

第 1 章　産業人教育の考え方の変化―目的と成果が問われる人材育成部門―　1

- 1.1　知識集約経済社会の到来による変化　　1
- 1.2　人材育成部門の果たす役割と機能が変化する　　6
- 1.3　調査活動から見えてきた実態　　10
- 1.4　「能力と業績の関係モデル」が意味するもの　　20

第 2 章　教育効果測定を構成する考え方と技術　25

- 2.1　HRD サイクルモデルとは　　25
- 2.2　人材育成部門の業務サイクル　　27
- 2.3　業務サイクルを支えるプロセスと基盤技術　　29

第 3 章　教育研修における学習　37

- 3.1　学習とは何か　　37
- 3.2　学習を分類する　　38
- 3.3　学習を評価する　　41
- 3.4　コミュニティと学習　　43

　　　　　　　　　　　　目　　次　　　　　　　　　　xiii

- 3.5　知識を「活用」するために　46
- 3.6　「ヨコ」の学習から「タテ」の学習へ　48

第 4 章　教育効果測定調査の全体ステップ—教育効果測定の全体像—　51

- 4.1　教育効果を分類するフレームワーク　51
- 4.2　収集データの種類と特徴　60
- 4.3　教育効果の測定レベルと一般的な測定ツール　67
- 4.4　HRD サイクルストーリーに沿って教育効果測定を進める　74
- 4.5　測定結果の活用と調査業務の信頼性の担保　78

第 5 章　教育研修のつくり込みと効果測定の実施— Part 1 —
　　　　　〜問題の明確化と現状分析の詳細〜　　　　　　　　　　83

- 5.1　問題の明確化と現状分析（ニーズ・アセスメント）のフロー　83
- 5.2　［ステップ 1-1］人材育成強化の必要性の調査　85
- 5.3　［ステップ 1-2］人材のあるべき姿を描く　108
- 5.4　［ステップ 1-3］人材育成の最適方策の検討　110

第 6 章　教育研修のつくり込みと効果測定の実施— Part 2 —
　　　　　〜教育研修プログラムと効果測定の実施［ステップ 2,3］の詳細〜　117

- 6.1　教育研修プログラムと効果測定の実施まで［ステップ 2,3］のフロー　117
- 6.2　［ステップ 2-1］概要設計　119
- 6.3　［ステップ 2-2］詳細設計　125
- 6.4　［ステップ 2-3］実施に向けた準備　159
- 6.5　［ステップ 3］研修プログラムと効果測定の実施　164

第 7 章　教育研修のつくり込みと効果測定の実施― Part 3 ―
　　　　　～効果測定にもとづくプログラムの評価と改善の詳細～　　169

- 7.1　効果測定にもとづくプログラムの評価と改善のフロー　169
- 7.2　［ステップ 4］教育研修プログラムの評価　170
- 7.3　［ステップ 5］教育研修プログラムと効果測定ツールの改善　190

第 8 章　教育効果測定導入の課題と解決のヒント　209

- 8.1　教育効果測定導入の障害，課題は万国共通　209
- 8.2　教育効果測定を導入する上での課題と対策　210
- 8.3　教育効果測定が人材育成部門の組織内地位を高めていく　226

付録―教育効果測定に役立つツール―　229
　概要設計書　230
　リアクションアンケート　231
　レベル 3 測定シート　234

索引　236

執筆分担

第 1 章，第 4～8 章	：堤　　宇一
第 2～3 章	：青山　征彦
第 5～7 章（事例）	：久保田　享

第1章　産業人教育の考え方の変化

―目的と成果が問われる人材育成部門―

　本章では，1990年代初頭に生まれた「知識集約経済」という概念が産業人教育についての考え方を変化させた点に触れ，企業や組織体の競争優位を決定する主要要因が「ナレッジ」であるという価値概念を確認する．こうした価値変化のもと，人材育成への期待が，「組織力の強化」や「知のマネジメント」，「学習する組織」などを促す役割・機能に変わってきている点を述べる．

　しかし，2004年に筆者らが行った実態調査では，そうした期待とは程遠い現実が明らかになった．筆者らはその事実をもとに，人材育成部門が期待に応えるために「教育の品質保証」という概念を理解し，人材育成業務全体を見直す必要性を提案する．その基本的な考え方は人材育成業務を「P-D-S」のマネジメントサイクルで進めていくことであり，そのための技術の一つが「教育効果測定」であることを紹介する．

1.1　知識集約経済社会の到来による変化

　組織での教育研修の位置づけは，時代や経済環境によって変化する．日本経済がバブルの頃もてはやされた研修テーマに，「タウンウォッチング」があった．先進的と評判のお洒落な街に出向き，先駆的なレストランやショップを利用し，感じた雰囲気やテイストを受講生が総評し合い，それらを通じてマネジメント活動や市場創造のヒントを掴むというのが，主たる目的である．また，成績優秀者を対象とした海外先進企業の視察研修も多く実施された．これらの研修は，人材の能力開発という位置づけよりも，福利厚生的側面が強かっ

り，場合によっては税金対策で行っていたともとれる．

しかし，これらの教育研修は，バブルの崩壊とともに影を潜めた．研修にかかるコストが高いという理由だけではない．そこには実施の目的や効果を問うという視線も十分に働いた．また，バブル崩壊以前に比べ，経営者や受講生の視線が厳しくなっており，このような状況のもとでは，内容の乏しい研修，ピントのずれた研修，時代遅れの研修を実施することが許されなくなってきた．研修の良し悪しの判断を，勘や経験だけで決めていく時代ではなくなった．シビアな時代になってきたのである．

(1) 価値前提の変化が人材戦略を変える

今日では，ナレッジマネジメント(knowledge management)やナレッジという言葉が，ビジネスシーンで当り前のように使われている．この言葉を人材育成の視点から解釈すると，「付加価値の高い製品・サービスを提供するために人材の知恵と工夫を蓄積する．そして，それらによって付加価値の高い製品・サービスを継続的に作り出す循環を生み出すことのできる人材を育成し，企業経営の高付加価値化を行うこと」と表現できる．そのため，人材育成の戦略は，組織構成員を有能な知識集約型集団へと開発していくことになる．多くの書籍で語られているとおり，従来の労働集約経済社会から知識集約経済社会へと社会構造が変化していることが，「知識集約型集団」の必要性をより鮮明にし，「実物資本(リアルキャピタル)」より無形の「知識(ヒューマンキャピタル)」の重要性を高めている．すなわち，「知識集約経済社会」が，企業活動において「知識」を最も価値あるものへと押し上げていったのである．

このような変化は，人材育成(HRD：Human Resource Development)の責任部署に対する期待を大きく変えることにつながる．言い換えると，過去の教育研修制度の見直しを迫られるのである．福利厚生またはイベントのようなものから，効果や成果を追求した施策の展開や実行へと期待がシフトする．この大きな流れは，今後ますます誰の目にもはっきり見てとれるようになるだろう．

ASTD(American Society for Training and Development：全米人材開発協会)*

の国際大会で扱われるテーマの潮流を見ていると，1998年頃から「教育研修の効果測定」が現れはじめた．翌1999年にはそれが進展し，ROI（Return on Investments）という形で明確に投資対効果を測定するための方法が模索され，その基本的な枠組みが提示されている．それ以降，今日に至るまで"Measurement, Evaluation, and ROI"は，ASTD国際大会で議論される常連テーマとして不動の地位を築いている．このことからも，教育研修に対する成果追求という流れは，世界的で確かなものとなったと考えられる．

過去，幾度となく教育研修の費用（投資）対効果について議論が重ねられてきたが，その証明が具体的な活動として試みられることはなかった．繰返しになるが，2000年前後より，教育研修の効果を測定し，それを証明しようとする世界的な動きが顕著になり，人材育成に対しても成果という観点での審判が適用されるようになった．このことは，人材育成部門の評価軸や教育研修の位置づけに変化をもたらしつつある．

（2） これからの人材育成に期待される機能と評価

「人材育成部門の評価軸」，「教育施策の位置づけ」を用いて比較することによって，旧来と2000年以降の「人材育成部門への期待機能」の変化を顕著にすることができる（図1-1）．

1） 人材育成部門の評価

旧来は，「今期は新規研修の開発と実施を5本行いました．来期はそれを2

---

*) ASTDは，1944年に設立され，全世界規模にわたり人材育成に関する活動を進める非営利組織である．本部を米国ヴァージニア州アレクサンドリアに置き，現在100カ国以上，70,000人余りの会員（会員となる政府や企業数は15,000社を越える）を有している．毎年米国で開催される国際大会（ASTD International conferences & Expo）には，全世界から1万人近い人材育成関係者が集い，人材育成に関する実践事例や研究報告がなされる．日本ならびにアジア各国からも大勢の人が参加している．
　　http://www.astd.org/astd

比較項目	旧	新
人材育成部門の評価	ボリューム（量）	バリュー（付加価値）
教育施策の位置づけ	アクティビティ（活動）	リゾルト（成果）
人材育成部門への期待	オペレーション	内部コンサルタント

図 1-1　人材育成部門への期待機能の変化

割アップの6本に増やします」，あるいは「今年は目標90名の参加者募集に対し，諸処の販促を打ち，最終的には10％オーバーの100名の集客ができました．来期はより一層努力し，30名の利用者増員の130名を集客目標として設定します」というような，「ボリューム（量）」を評価軸としたものが一般的であった．

しかし，2000年以降は参加人数を増やしたからといって，それだけで高い評価につながらず，教育研修によって一体どのような「バリュー（付加価値）」を組織内に提供できたかという成果をもとに評価されるように変わってきた．

具体的な例でいえば，内定者の入社辞退をなくすことを目的に入社前教育を行った場合であれば，通年の入社辞退率の平均値と今回の辞退率を比較し，その増減によって入社前教育の成否を決めるといったことである．あるいは，職場のストレス低減運動の一環でメンタルヘルス教育を実施した場合であれば，その研修への参加人数で研修の良し悪しを単純に判断するのではなく，働きやすい職場環境づくりのための改善が進んでいるという，社員の認識の増加や改善活動数の向上度合いで良否を決めようとすることである．

2）　教育施策の位置づけ

旧来の発想では，研修は実施すること自体が意味を持ち，同じ釜の飯を食して同期意識を強め，組織への忠誠心を高めるという目的や，コンセンサスの統一を図るという点に重点が置かれていた．それゆえ，「集まる場」としての機能や教育研修という「アクティビティ（活動）」自体に価値があった．入社年次

別教育などがその代表といえるだろう．しかし，情報技術の高度化によって，瞬時に組織の隅々まで情報を提供することが可能となり，教育研修という手段が，コンセンサス統一を図る最有力の手段ではなくなってきた．何のために教育を実施するのか，教育研修によってどんな「リゾルト（成果）」を獲得したいのかを慎重に考え，実施目的を明確化する流れが強まっている．

その流れは，教育研修実施の必要性についての妥当な根拠を示し，解決すべき問題を定義し，実施の結果，それをどのくらい解決することができたのか，その証拠を提示することや，それら一連の過程を追跡し，見えるようにしてほしいという圧力となって，経営層やラインから人材育成部門に押し寄せている．この圧力への対応に悩み，相談に乗ってほしいという連絡をいただくことがある．すなわち，教育投資に対する説明責任を，人材育成部門が果たす必要が生じているのである．

3) オペレーション機能からコンサルティング機能へ

人材育成部門の評価の変化や教育施策の位置づけの変化という現象は，「人材育成部門への期待」が変わってきていることを示している．旧来は，教育研修を滞りなく企画運営するオペレーションとしての役割が主であった．それが今日では，内部コンサルタントという位置づけへと変わってきている．このような役割を担った部署として，製造部門における生産技術部門があげられる．現場でラインの不具合が発生したら，生産技術部員らは直ちに駆けつけ，応急処置を施し，生産性の落ち込みを最小限に抑え，製造ラインと協働で原因を探し出す．そして，再発防止の根本解決を行うのである．場合によっては，彼らは設備変更も講じていく．人材育成という分野で，まさしくそのような役割が，人材育成部門に求められているのである．

次節では，具体的にどのようなことが求められているのかを論じていく．

1.2 人材育成部門の果たす役割と機能が変化する

人材育成に対して，また人材育成部門が進める教育研修に対して，成果と説明責任が求められるようになったのは，前節に述べたとおりである．以下に，人材育成が求められる成果について説明する．

（1） 人材の価値を高め，組織を強くする

「ヒト，モノ，カネ」という経営資源の中で，「ヒト」は特にユニークな特性を持つ．機械や設備は据付けて始動ボタンを押すだけで，その性能を発揮するが，「ヒト」は組織の中に存在するだけでは，ビジネス上の価値を有することにならない．「ヒト」は訓練し，知識を付与し，そしてやる気にさせなければ「人材」となって組織価値を高める機能を発揮することはない．そして，高度化された「人材」によって「モノ」，「カネ」が活用されて，はじめて組織内に付加価値が生み出され，組織価値を高めていくこととなる．人材育成策を施し，人材の価値を高め，その人材の組織貢献度を高めていくことによって，組織の力が強くなっていく．「ヒト」を教育研修によって「人材」にすることが人材育成部門へ期待される第一の成果であるといえる．言い換えれば，人材育成部門への最終的な期待は，「ヒト」の育成を通じて組織の戦略を立案する能力と，それを遂行していく能力，すなわち「組織力」を強めていくことといえる．

また，米国のように労働市場の流動化が一般化し，外部から人材を容易に調達できるのであればいざ知らず，日本のように，高度なスキルや能力を有した人材の労働市場が未整備な状況では，企業が内部で人材を育成することは大きな意味を持つのである（守島，2004）．

（2） 人材育成施策の質を高める

組織は競争環境下において，他社に負けないよう，保有する経営資源の配分を最適化しながら事業を運営している．この経営資源配分の最適化の意思決定

と実行計画を一般に戦略と呼ぶ．「戦略を推進するパワー」が組織力の構成能力の一つであり，そのパワーの強弱が組織力の差につながる．教育研修は組織力の強化を目的に実施される人材育成施策である．しかし，教育研修の内容により，成果が必要とされる時期が異なる．仮に，人材育成を時間の観点で捉えると，「短期的観点に立った人材育成」と「長期的観点に立った人材育成」に分けられる．

例えば，現在，A工場の製造不良率が高くなってきている．その原因を調査したところ，老朽化した設備が影響していることが判明したため，設備を刷新し，新機能を搭載した高性能の機械を導入することになった．製造ライン全員に新マシンの操作方法を早急にマスターさせなくてはならない……，といった教育目的が「短期的視点に立った人材育成」である．あるいは，営業力強化の方針にのっとり，30名の営業要員を新規に採用した．2カ月で重点商品のセールスができるように商品知識や営業スキルを身につけさせなくてはならない……，といった教育目的も「短期的観点に立った人材育成」の例である．

人材育成部門は，経営幹部と対話し，経営戦略を理解し，現場の声を吸い上げ，組織の課題を抽出し，その課題を解決するために効果性の高い施策を設計・開発する．そして，施策を展開しながら施策自体の不具合を見つけ，是正・改善を繰り返し，より効果の高い施策へと質を高めていくことが求められている．

人材育成の効率性と効果性を求めるには第2章で説明する「P-D-S」(Plan-Do-See)のマネジメントサイクルを回すことが欠かせない．このサイクルを回すことによって，人材育成部門が，人材育成の成果という新たな期待に応えることを可能にすると筆者らは考えている．育成すべき目標が明確であればあるほど，この「P-D-S」を用いた業務プロセスを回しやすいし，実施しやすく，施策の効果の判定もつきやすいのである．

しかしながら，組織内でいつも短期的観点の人材育成ばかりが発生し，比較的実施しやすく，教育研修の効果がわかりやすいテーマや内容だけが人材育成部門に依頼されるわけではない．次項では「長期的観点に立った人材育成」について考える．

(3) 人材が育成される風土を醸成する

「長期的観点に立った人材育成」を行うのは難しい．なぜならば，長期的にどういう人材が企業や事業組織にとって必要になるかを明確にすることは，極めて難しいからである．経済環境や技術動向などの不確実性の高い時代（将来は，今より一層不確実性が増すと思われるが）では，将来必要となる人材は一体どのような知識やスキルを有していなければならないか，どのような価値観をもっていることが望ましいか，などを前もって具体化することは至難の技といえる．

経営戦略自体が長期をにらんだものでない場合や，期待する人材像，期待要件が特定できないなど，育成すべき目標が曖昧な状況では，人材育成部門が主体となり，ヒトが自然と育つ「育成風土」を，経営者，職場マネジメント層と共同で醸成していくことが必要になる．この場合でも「P-D-S」のマネジメントサイクルを回しながら進め，目標とする風土状態に近づけていく．

目指すべき一つの風土として「学習する組織」があげられる．組織の構成員が主体的に課題や変化に取り組み，他組織より早く学習する能力を有した組織や風土を醸成することは，生やさしいものでない．しかし，次のような施策を展開していくことが有効な手立てであると考えられる．

1) キャリアを通じて成長するという意識を個々人に醸成する

自分自身の価値を高めていくという行為や意識が当たり前と考える風土を持つ組織とそうでない組織とでは，同じ教育研修を実施してもその効果に差が生じるだろう．この差が生じる原因は，組織の構成員個々人の課題に対するコミットメントの差によるものと考えられる．自ら主体的に取り組んだプロジェクト活動から多くのことを学んだという経験を持つ読者も少なくないはずである．キャリア開発論をここで論じるつもりは毛頭ない．ここで述べたいことは，組織の構成員それぞれが自分自身のキャリアを自立的に志向し，自らの人生に責任を持ち，積極的に課題や目標にコミットしていくことの重要性であ

る．自発的に学習することによって個々人の学習能力が高まり，「学習する組織」への風土変革が進展していく．

2) 組織内に緊張感を維持させる

能力や成果を厳しく問い，意識させることは，組織と個人に緊張感を与える．緊張感のない組織では個人は成長しないと言っても過言ではない．スポーツに例えるなら，チームが易きに流れそうになるとき，厳しく戒めてレベルを引き上げようとするリーダーの存在が，強いチームを作っていく．その役割を，仕組みを通じて果たしていくのが人材育成部門である．

緊張感を保つ施策として，人事評価の仕組み，信賞必罰の制度，マネジメントの関与の仕方など，様々なものが実施可能である．教育研修も，緊張を促す手段として運営されなければならない．社内の講師で，いつも同じ内容，冗談まで一緒という研修は論外にしても，社内中心の教育研修では緊張感を醸成させづらい．やはり外部との接点を強化すべきであろう．異業種交流や社外との相互交流の量を増やす施策を展開することは重要な活動である．

15年以上も前の話になるが，地方に本社を置くある製薬メーカーでは，地元のコンサルタントを決して講師に使わず，東京から講師を招いて研修を実施していた．筆者が課長研修を企画した際，「どうして，わざわざ東京から講師を招くのか．地元コンサルタントならば，交通費など付帯経費の節約になるのに……」と好奇心まじりで訊ねた際，「地元コンサルタントでは内々の研修になってしまう．講師を東京から招くことが研修にプラス α の効果をもたらすことになり，参加者の緊張感につながる」と答えた研修担当の一言を，筆者は今でも忘れない．

また，研修終了後に与える仕事を示し，それを行うための能力養成の機会として研修を位置づけることは，参加者に意味のある緊張感を与える．学習の機会と活用の機会をワンセットで提供する方が，研修単独で実施するよりもはるかに高い学習効果を期待できる．

3) 変化のための上質なフィードバックを与える

組織構成員に対して上質なフィードバックを与え，自己成長に対する自立意識を維持させ続けなければならない．人は自分自身が変わろうと思わない限り変われないし，変わるための能力を獲得しなければ変われない．いくら新聞やテレビから経済環境の変化の激しさを見聞きしても，主体性を持って意味づけしなければ，変化に対応するための行動は生まれない．組織構成員が変化することの意義を理解し，常に変化していくことの必要性を受け入れ，普通と感じる気持ちや心のありようを獲得するために，人材育成部門は上質のフィードバックを与え続ける必要がある．なぜなら，期待や必要とされる能力が不確実な中で将来に備えて学習し続けることは，終わりの見えない一人旅のようなものであり，忍耐を必要とするからだ．

また，フィードバックを通じて，組織構成員は組織が目指している方向を知り，現在の自分がいる位地を理解することができる．ここで言い添えておきたいのだが，フィードバックというと1対1の面談時などで，評価結果の説明を行うことだけと思われがちだが，決してそれだけではない．ここでいうフィードバックとは，もっと広い意味を包含している．

例えば，戦略変更にともなう人材育成目標や方針の変更と通達もそうであるし，表彰制度などもそれに該当する．また，組織構成員それぞれが自身の現有の能力を診断するために，コンピテンシーとよばれるハイパフォーマー（高業績者）より抽出された成果につながる行動や態度を構造化した，コンピテンシーアセスメントの実施も考えられる．あるいは，360度フィードバックと呼ばれる上司，同僚や部下らが評価に加わり，その結果を本人にフィードバックする能力評価システムを用いた多面的フィードバックなども含まれる．

1.3 調査活動から見えてきた実態

筆者らは，2004年7月に日本能率協会マネジメントセンターの外郭組織である有限責任中間法人人材開発協会（2005年に事業活動を停止し，現在は存在

しない)と共同で調査を行った．その調査目的は，企業経営において，人材育成部門の位置づけや教育研修の企画，運営，改善がどのように行われているかを探ることであった．日本国内の1,000事業所を対象に調査票を郵送，有効回答数は82事業所(79社)であった．その調査結果から実態を検証する．

なお，調査報告書の説明や図表掲載は，報告書で使用した用語をそのまま用いる．そのため，HRDを「人材育成」あるいは「人材育成部門」，HRDプログラムを「教育研修」と読み替えて，ご理解いただきたい．

(1) 「教育研修の運営と改善の取り組み」実態調査の概要

1) 経営課題と人材育成方針との関連性

経営課題と人材育成方針の関連を問う質問に対して，経営課題と人材育成方針とが連動しているとした回答の割合は74％であった．さらに67％は，定期的に人材育成方針の発表が実際されていると回答した．また，人材育成方針の発表サイクルの間隔は最短が半年，最長が3年，平均間隔は1年という周期が見られた．

つぎに，人材育成方針の内容を分析すると，大まかに次の4つに分けられた．すなわち，「社員個々人の能力開発への言及」，「組織への期待効果」，「人材育成の進め方」，「育成人材の提示」である(表1-1)．

また，人材育成方針で使用されているキーワードは，表1-2のように整理できる．この調査からは，方針の「質」について言及することはできないが，経営課題と人材育成方針の連動を肯定した回答割合から予想すると，経営課題との連動は高いといえそうである．

2) 人材育成部門の社内的位置づけ

1995年から1998年にわたり，延べ1,750社からの調査回答をもとに，ジャック・フィリップス(Jack J. Phillips)が米国のPRO(Performance Resources Organization)社と共同でまとめた調査報告書"HRD Trends Worldwide"によると，HRD部門の組織貢献方法の一つとして，プロフィットセンター化がグ

表 1-1　人材育成方針の 4 類型

	類　型	意　味
1	社員個々人の能力開発への言及	具体的にどのような能力を身につけてほしいかを説明した内容
2	組織への期待効果	人材育成を通じて組織に対する期待効果を表現したり，説明した内容
3	人材育成の進め方	人材育成をどのような方針で進めていくのかを表現した内容
4	育成人材の提示	具体的な育成人材像を示唆した内容

出典）　教育プログラム改善・最適化研究会,「教育研修の運営と改善の取組み」に関する実態調査報告書，有限責任中間法人　人材開発協会，2004 年．

表 1-2　人材育成方針のキーワード

スピーディ	学習する組織	学習と成長	長期的
提案力	課題解決	学習と発揮の場の提供	10 年後を目指して
モチベーションアップ	価値創造	経営課題と連動	テーマ別
役割遂行	付加価値創造	経営計画との連動	能力開発主義
営業力向上	活力	経営戦略との連動	会社貢献
基礎スキル向上	技術伝承	最重要課題	高付加価値
コア技術	競争力	事業戦略と連動	収益に貢献
コアスキル	共同	個の尊重	経営者育成
行動力	協働型	個への対応	コア人材
実践力	協力体制の確立	社員個々人	社会貢献
業務知識の向上	市場価値	多様	社会的信頼
実務知識の向上	自社バリュー	自己研鑽	スペシャリスト
自律	バリュー	自己責任	IT スペシャリスト
専門能力	順法精神の醸成	選抜	ビジネスリーダー
戦略思考	組織力	早期戦力化	リーダーシップ
創造	革新性	一貫性	プロフェッショナル
創造性	変革推進	継続	

出典）　教育プログラム改善・最適化研究会,「教育研修の運営と改善の取組み」に関する実態調査報告書，有限責任中間法人　人材開発協会，2004 年．

ローバルな潮流であると報告されている．これに対し，筆者らの調査では，社内でのHRD部門の位置づけを問う質問に対して，わずか12％しかプロフィットセンターという回答が得られなかった．実に8割以上がHRD部門の社内的位置づけをコストセンターと認識していた．

このプロフィットセンターとしての社内的位置づけの低さを，あえて極端に解釈してみると，「著名で高額な講師を招いて研修を企画し，濃い内容を実施しているのだから，HRD部門はその責任を果たしている．学習内容を理解し，上手く活用できないのは受講者や現場の意識が低いせいだ」という潜在的な責任回避思考を感じる．なぜなら，コストセンターという位置づけは，HRD部門の提供する教育研修やサービスが，顧客であるラインの支払対価や期待を上回る利益を還元しなければならないことをHRD部門に意識させたり，あるいは，HRD部門からの業務命令ではなく，人材育成の必要性をもとにライン自らの意思でサービスの選択を行使できる権利を，ほとんど有しない体制を想像させるからである．教育の実施目的とその結果が問われる時代に，コスト発想で人材開発に取り組み続け，成果を出すことは難しい．製造部門や営業部門と同様，人材育成部門にも付加価値を意識した取り組みが必要であろう．ラインに対してソリューションというベネフィットの提供を是とするならば，プロフィットセンター化を通じて，顧客の要求に適合する，他社より優れた教育研修を提供する，あるいは価格競争をサービスに持ち込むなど，良い意味での市場原理を導入していくことが必要なのである．

3）教育ゴールの設定

具体的な教育ゴールなくして，教育効果の測定はできないし，仮に実施したとしても測定の精度は高くならない．また，教育研修の開発にも大きな支障をきたす．

調査では，HRDプログラムの教育ゴール設定の手続きについて問う質問に対して，「教育ゴールはHRD部門全体で討議し，設定する」と回答したのは58％であった．また，「教育テーマは決めるが，具体的ゴールまで設定しな

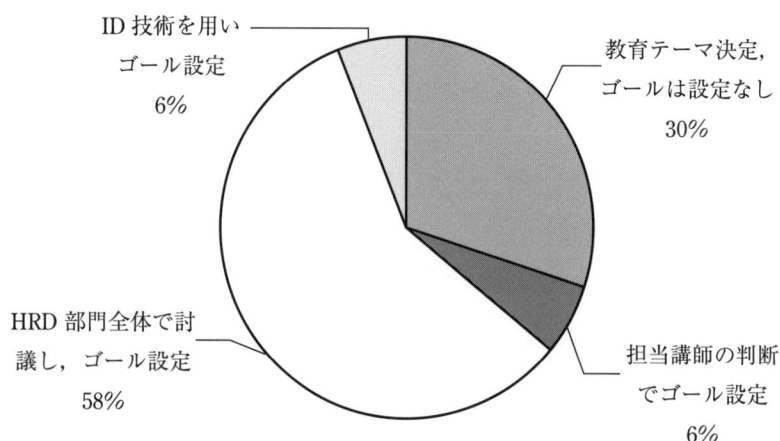

出典） 教育プログラム改善・最適化研究会,「教育研修の運営と改善の取組み」に関する実態調査報告書, 有限責任中間法人 人材開発協会, 2004年.

図1-2　教育ゴールの設定手続

い」には30％が回答している．また「ID（インストラクショナルデザイン）技術を用い教育ゴールを設定している」は，わずか6％の回答割合であった（図1-2）．

　教育ゴールの設定については，HRD部門内の慣習，勘や経験で決められることが大半を占め，科学的なアプローチによって教育ゴールが設定されていないというHRDプログラムの開発過程が明らかになった．

4）人材育成活動の報告状況

　HRDプログラムの実施結果と報告先と頻度を問う質問に対して，教育研修の実施報告をHRD部門に必ず報告すると79％が回答している．しかしながら，ライン管理者へ「必ず報告する」は40％，研修参加者には35％，経営幹部へは30％，全従業員（研修を受講していない社員）に至っては18％しか実施されていない．報告を通じ，人材育成の活動内容を知らしめ，参画意識を萌芽させ，協力風土が醸成されていくという報告活動のメリットが忘れられている

第1章 産業人教育の考え方の変化―目的と成果が問われる人材育成部門― 15

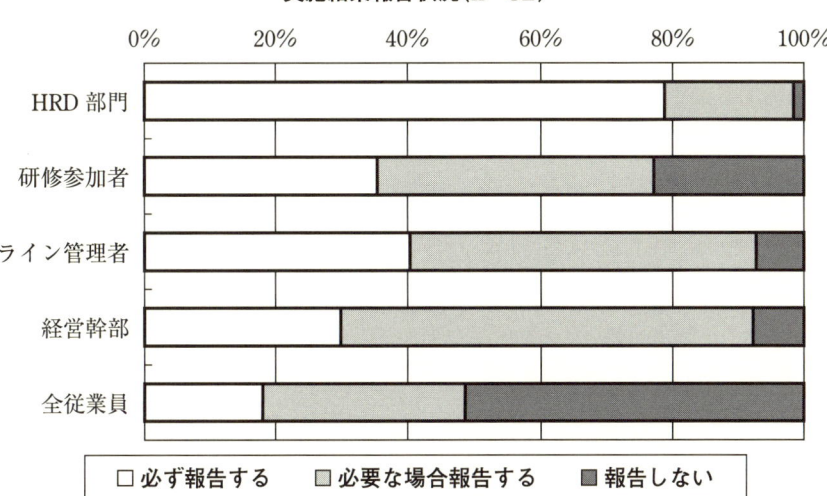

図 1-3 実施結果報告状況

かのようである．人材育成活動の報告状況は，部内の業務連絡の域を越えていないと解釈できる(図 1-3)．

5) 改善実行の影響要因

教育研修プログラムの変更実施や改善検討に関し影響が大きいと思われる要因を 15 項目提示し，それぞれについて，「1：全く影響しない」～「5：かなり影響する」の 5 段階評価をしてもらい，各要因の平均値を算出した．影響の大きい要因は，「経営幹部の評価や意見」(平均値 4.16)，「参加者の評判や意見」(平均値 4.11)，「HRD 部門スタッフの意見」(平均値 4.10)という結果となった．ちなみに影響の小さい要因は，「参加者以外の社員からの評判や意見」(平均値 2.59)，「トレーニング団体の社会的評価」(平均値 3.00)，「導入他社での評価」(平均値 3.11)という結果であった(図 1-4)．

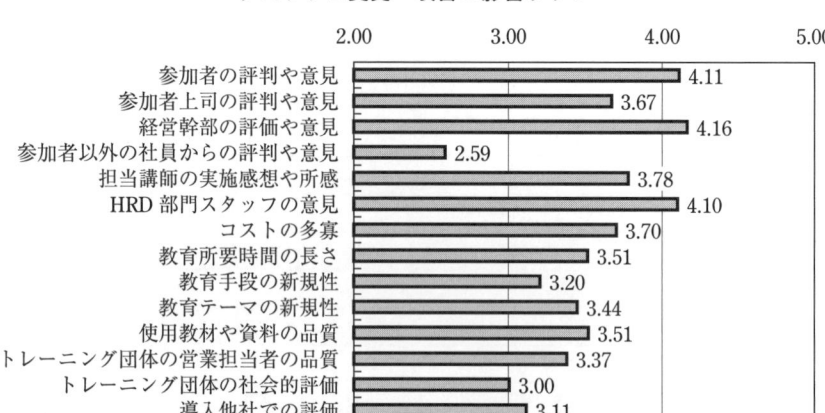

注) 評価方法は「1：全く影響しない」～「5：かなり影響する」までの5段階評価.
出典) 教育プログラム改善・最適化研究会,「教育研修の運営と改善の取組み」に関する実態調査報告書, 有限責任中間法人 人材開発協会, 2004年.

図1-4 プログラム変更・改善の影響

6) 経営課題解決機能の発揮状況

効果測定目的と測定データの活用状況から，経営課題解決に必要な機能（経営戦略との適合機能，組織業績への貢献機能，投資効率の向上）の発揮状況を探った（図1-5）.

HRDプログラムの評価目的とデータの活用状態を問う質問に対して，教育研修の改善や学習理解度の確認という測定目的で教育効果測定を実施していると90％以上が回答しており，「HRDプログラム内容を改善するためにデータを活用している」は73％,「参加者の学習理解度を把握するためにデータを活用している」は56％が回答している.

しかし反面，60％が「他の投資手段との有効性の比較をおこなうため」という測定目的を認識しておらず，「HRDプログラムの集客力を高めるための証拠データを収集するため」では59％が,「最適な参加者を決定するため」では55％が,「HRDプログラムの組織業績の貢献度を把握するため」では49％が,「HRDプログラムの実施予算獲得の根拠とするため」では43％,「経営戦

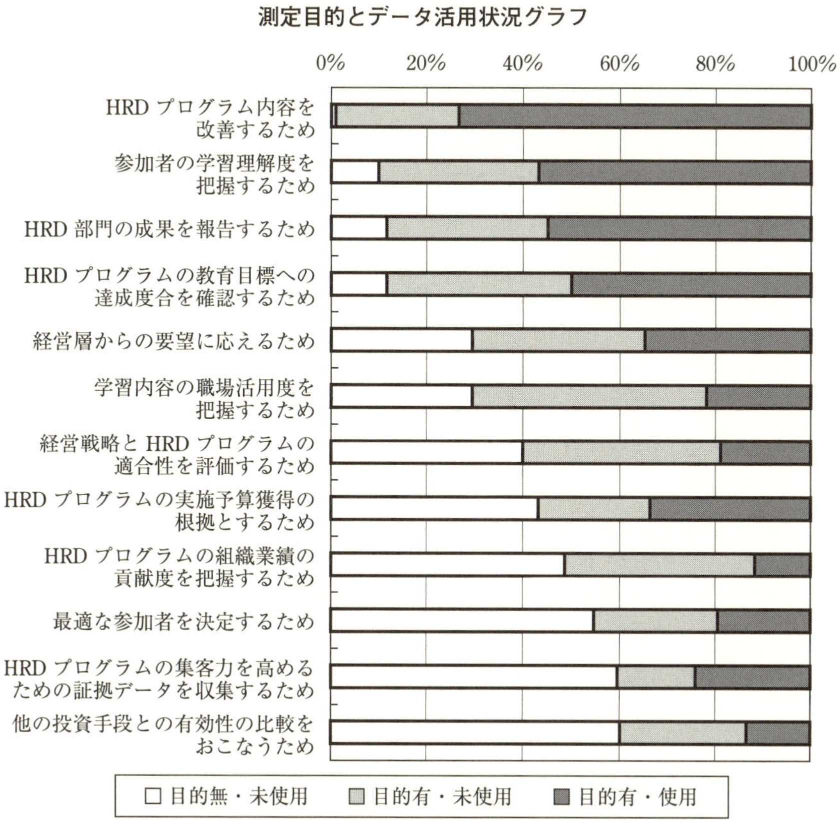

第1章 産業人教育の考え方の変化―目的と成果が問われる人材育成部門― 17

図1-5 測定目的とデータ活用状況

略とHRDプログラムの適合性を評価するため」では40％が，それぞれの測定目的を認識していないと回答している．ここに示した測定目的は，「経営戦略との適合性」や「組織業績への貢献」，「投資効率の向上」といった経営課題の解決施策を設計・開発するための肝となる上位情報の収集である．

研修実施機能の改善目的である「HRDプログラム内容を改善するため」や「参加者の学習理解度を把握するため」は十分に認識され，データを活用しているとする回答も過半数を超えている反面，「経営戦略との適合性機能」や

「組織業績への貢献機能」「投資効率の向上」といった経営課題の解決機能を高めるための測定目的の認識が低く，データの活用もされていない．経営課題の解決機能を十分に発揮しているとは結論づけられない．

(2) 「P-D-S」のマネジメントサイクルで調査結果を見直す

筆者らがイメージしている人材育成部門の新しい業務モデルは，人材育成施策の実行の質に焦点をあて，品質管理のサイクルを論理性と一貫性を保ちながら回す業務プロセスである．組織内で人材育成が重要な位置を占め，それらの活動の効果性を意識している場合，その証拠として，「P-D-S」のサイクルが人材育成業務に回っているという仮説をもっている．このサイクルが回っているかを判定するためのチェックポイントが以下である．

- □ 人材育成業務は，全社戦略と全社最適の視点から計画されている．
- □ 人材育成の業務目標は，組織のKPI（Key Performance Indicators：企業目標やビジネス戦略を実現するために設定され，具体的な業務プロセスをモニタリングするために設けられた重要目標達成指標のこと）と密接に関係し，財務的貢献に結びつくよう体系化されている．
- □ 人材育成業務には，データや基準，理論に沿って設定された妥当な目的と明確なゴールが存在している．
- □ 妥当な目的とゴールを達成するために，論理性と理論に裏付けられた適切な介入策が設計，開発され運営されている．
- □ 介入策の効果を創出するために，適切な手続きで見直しがなされ，問題の発生原因の追求や不具合の是正が行われ，次の計画へと結びつけられている．
- □ 「P（分析）―D（実施）―S（評価）」が論理的一貫性を持って展開されている．

調査結果を上記のチェックポイントをもとに要約してみる．人材育成方針の定期見直しと発信は，問題なく実施されていることが判明した．その点から考

えて，人材育成業務は全社戦略と全社最適の視点から計画されているように見受けられる．しかし，「教育ゴールの設定手続」より，プログラムの設計・開発過程でインストラクショナルデザインに代表される科学的なアプローチがほとんどとられていないことも判明した．このことは，妥当な目的とゴールを達成するために論理性と理論に裏付けられた適切な介入策が設計，開発されていないと解釈すべきだろう．

また「測定目的とデータ活用状況」から経営戦略との適合性チェックや，組織業績への貢献度の評価を目的とした測定がほとんど行われていないことが判明した．さらに「人材育成活動の報告状況」から人材育成課題を経営層やラインに投げかけ，経営戦略との適合性やベクトル合わせ，ゴールの妥当性と実現性などを多面的に評価する業務が欠落していることが判明した．これらの結果から，人材育成の業務目標は組織のKPIと密接に関係し，財務的貢献に結びつくよう体系化されていないことが読みとれ，介入策の効果を創出するために，適切な手続きで見直しがなされ，問題の発生原因の追求や不具合の是正が行われ，次の計画へと結びつけられているとは言いがたい．

結論として，今回の調査結果は，人材開発方針は毎年見直しされてはいるものの，その方針に沿っての科学的なアプローチがないまま，曖昧なゴールによって教育研修が設計され，実施されているという現状が浮かびあがった．そして，プログラム自体の評価は行われてはいるものの，経営への影響に対する最終評価がなされていないという点が明らかになった．

本章の冒頭で述べたように，「ナレッジマネジメント」は企業活動にとって，現在そして今後，最も重要な経営課題の一つであることに異論はないであろう．どのようなナレッジを蓄積すべきかを示す人材育成施策・方針の見直しと発信は極めて重要な事項である．人材育成部門が果たす機能は本来，その重要なナレッジを創出し，移転させることにある．その意味からも人材育成部門は組織内の各方面より信頼され，その重要性を認識されることが大きな鍵となる．そのためにも経営幹部層，ライン管理職層との関係が濃密で，お互いが強い相互補完の関係にあることが望ましいと考えるのは自然である．

調査結果では，人材育成部門の情報発信は消極的である．しかし反面，教育研修の改善では，情報提供を十分に行っていない「経営幹部」の意見を最重要視していることがわかる．不十分な情報をもとに改善命令が出され，その指示を上意下達式に実行する構図，相互補完関係とは程遠い現実が見えてくる．経営課題の解決を使命とするならば，科学的，論理的な判断を欠いてはならない．勘や気合，ましてや政治的な判断で施策が決定され運用されているとしたら，憂慮すべきことである．

「学習する組織風土」を醸成していくには，学習成果の是非を客観的に問う，オープンな対話が鍵になることを再認識する必要がある．積極的な情報開示と論理性をともなった改善活動によって，経営課題との適合性が高まっていく．人材育成業務に品質管理のサイクルを適用することが不可欠となる．施策実施の成果を客観的に判断する技術，考え方などを含む調査活動の総体である「教育効果測定」は，「評価機能」を主として受け持つ．品質管理のサイクルを回すエンジンの一つが「教育効果測定」である．

1.4 「能力と業績の関係モデル」が意味するもの

第1章の締めくくりとして，人材育成部門が提供する教育研修は業績にどこまで影響を与えることが可能かを確認しておく．人材育成にとって教育研修は実に強力なツールである．しかし，決して万能ではない．教育研修の品質に対し科学のメスを入れ，論理的に是正する活動を進めるために，教育研修という施策の効用と限界を正しく認識することは，実に大切なことである．正しい活動は，正しい認識によってはじめて可能になる．

筆者は2000年以降，教育効果測定に関する海外の実情や理論を入手するために再三渡米し，多くの企業を訪問した．その際，人材育成担当者やセミナー参加者らと情報交換を行い確信したことがある．それは，彼らの意識の中に「Training（教育研修）は確かにマネジメント上の課題を解決するためのパワフルなツールである．しかし，手間とコストが最も多くかかる介入策（interven-

第1章　産業人教育の考え方の変化―目的と成果が問われる人材育成部門―　21

tion という表現が多く用いられる）である」という考えが存在し，「なるべくなら，教育研修以外の方法を用い，マネジメント課題を解決したい」というメンタリティを持っていることである．だからこそ，高くつく投資である教育研修の有効性をきちんと見極めるという理屈が自然と導き出されるのであろう．

逆に日本のように，商品が売れなくなれば即「営業力強化研修」を開催するなど「教育研修は万能である」といった短絡的で間違った捉え方や，教育研修は何の役にも立たないと考え，景気が少し悪くなれば，すべての教育研修活動を停止してしまうような極端な思考では，教育効果測定を展開し，投資効果を見極めようという発想は生まれづらい．そのような観点からも，まずは，人材育成関係者が教育研修の効用と限界を正しく認識すべきである．

図1-6の「能力と業績の関係性モデル」は，㈱日本能率協会マネジメントセンターが人事アセスメントを行う際に用いる概念図である．

中央の点線によって，上の部分を発揮能力，点線より下の部分を保有能力に区分している．発揮能力は第三者が直接観察可能な能力であり，業績と行動に

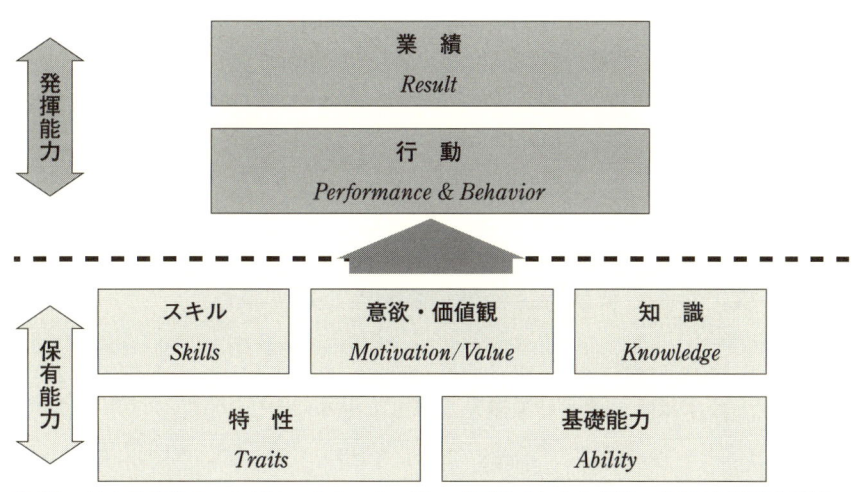

出典）　日本能率協会マネジメントセンター編，『図解でわかる部門の仕事（人材開発部）』，日本能率協会マネジメントセンター，2007年，p. 241.

図1-6　能力と業績の関係性モデル

分類される．

　新規顧客からの受注や感じの良い接客は，直接観察可能な能力であり，発揮能力と呼ばれる．一方，保育能力と呼ばれる意欲や知識の深さや，内向性や外向性というような特性は，直接観察できない．そのため，インタビューやテスト，行動観察などによって，間接的に測るしかない．また，保有能力は，比較的変化しやすい上層部分と変化させづらい下層部分の二つに分けて，表現している．

(1)　教育研修が刺激する能力と目指す最終成果

　では，教育研修はこれらの能力のどこに影響を与えようとしているのであろうか．結論からいうと，教育研修は保有能力の上層部分の「スキル」，「意欲・価値観」，「知識」に影響を与えようとしている．つまり，教育研修はスキルや知識だけでなく，行動を促すために不可欠なモチベーションを高めたり，行動自体の重要性についても伝えているのである．これら「スキル」，「意欲・価値観」，「知識」の1セットを強化させ，発揮能力としての望ましい行動を促そうとしている．ここでいう望ましい行動とは業績に直結する行動を意味しており，「コンピテンシー」と表現してもよいであろう．望ましい行動の結果として，売上を伸ばす，顧客満足を高める，クレーム件数を減らす，コスト競争力をつけるといった業績成果を獲得しようとしている．すなわち，教育研修が目指す成果は，理想的には業績向上を実現することなのである．

(2)　教育研修が業績向上を実現させるための条件

　前項の説明を読んで，なるほどと思われた読者も多いかもしれない．しかし，教育研修は直接的に業績を押し上げるものではない．習ったことを活用し，行動し，それが業績へと影響を与える連鎖反応を利用しているのである．そのことから，「学習したことを活用させる」，「その活用を成果と関連する行動に近似させる」，そして「行動と業績に強い相関が認められる」という3条件のすべてを満たすことではじめて，業績向上が実現できる．

第1章　産業人教育の考え方の変化—目的と成果が問われる人材育成部門—

これを違う観点から検証してみる．業績に影響を与える因子は「行動」だけなのだろうか．経済情勢や景気，商品の魅力，組織のブランド力などは影響しないのだろうか．競合会社の動向や技術開発力は影響しないのだろうか．宣伝広告のセンスは……．業績に影響を与える因子を思い浮かべれば，枚挙に暇がない．人材の行動よりも強い影響を与えそうな因子が実に多い．そのような点からも，教育ゴールの妥当性と実現性の判断を冷静に行い，教育研修実施の有無を見極めることが重要になる．勝手に人材育成部門だけで教育ゴールを決めて施策を展開することは成果を実現しづらくする．

次に，行動に影響を与えている因子について考えてみよう．本人のやる気不足や知識不足は大きな影響を与えることは確かであるが，それ以外の因子も十分に考えられる．期待行動が示されていなくても，行動基準を予測し，適切な行動がとれるのだろうか．期待行動をとることによるインセンティブがなくても，期待行動を継続しつづけられるのだろうか．多くの場合，本人のやる気や知識不足の影響より，他の因子の方が大きく影響している．

ゲリー・ラムラーとアラン・ブレーシュ（G. A. Rummler & A. P. Brache）は，「人材の行動を強化させる有効な因子」として，次の6項目をあげている．

◆明確な行動基準：Performance specifications
◆職場内の必要な支援：Task support
◆行動から予測できる結果の明解性：Consequences
◆適切なフィードバック：Feedback
◆個々人の特徴に合わせた適材適所：Individual capacity
◆必要なスキルや知識の付与：Skills and Knowledge

（Geary A. Rummler & Alan P. Brache, *Improving Performance — How to manage the White Space on the Organization Chart*, Second Edition, Jossey-Bass, 1995, を筆者が翻訳）

本節を通じて，教育研修が業績や行動に影響を与えることが不可能であると強調したいのではない．筆者が強調したい点は，何が教育研修によって解決す

ることが可能で，何を行うことが組織貢献につながり，教育ゴールと設定すべき内容やレベルは何かを論理的に考え，業務プロセス全体の一貫性を図ることが人材育成に求められているということである．論理的に考え施策を展開することが，「研修は無価値」と叫ぶ教育否定論者の圧力や，研修を万能と信じて疑わない楽天主義者の研修実施命令に惑わされることを少なくし，それらに立ち向かう勇気を与えてくれる．そして，少しずつ成果を創出し，ビジネス視点から冷静な判断を下す現実論者からの信頼を勝ち得ることが，今，人材育成に携わる者に求められているのである．

引用・参考文献

［1-1］　アラン・バートン=ジョーンズ著，野中郁次郎監訳，『知識資本主義』，日本経済新聞社，2001年．
［1-2］　守島基博，『人材マネジメント入門』，日本経済新聞社，2004年．
［1-3］　金井壽宏，守島基博編著，『CHO 最高人事責任者が会社を変える』，東洋経済新報社，2004年．
［1-4］　教育プログラム改善・最適化研究会，「教育研修の運営と改善の取組み」実態調査報告書，有限責任中間法人 人材開発協会，2004年．
［1-5］　Jack J. Phillips, *HRD Trends Worldwide — shared solution to compete in a global economy*, Gulf Publishing Company, 1999.
［1-6］　Geary A. Rummler & Alan P. Brache, *Improving Performance — How to manage the White Space on the Organization Chart*, Second Edition, Jossey-Bass, 1995.
［1-7］　デイビット・ウルリッチ著，梅津祐良訳，『MBA の人材戦略』，日本能率協会マネジメントセンター，1997年．

第 2 章　教育効果測定を構成する考え方と技術

　本章では，教育効果測定の考え方をまとめた HRD サイクルモデルを提案し，このモデルにそって，教育効果測定のプロセスを概観する．HRD サイクルモデルは評価と改善を繰り返す循環的な開発モデルであり，教育効果測定にもとづいて教育研修を改善していくプロセスをまとめたものである．前半では，人材育成部門の果たすべき役割についてまとめる．後半では，HRD サイクルモデルを構成するプロセスや基盤となる技術について解説する．

2.1　HRD サイクルモデルとは

　前章で論じられているように，教育研修は実施してそのまま，というわけにはいかない．そもそも教育研修がどのような効果を持つのかをきちんと検討せず，改善のための手立ても用意しないというのでは，適当に開発したカリキュラムを適当に実施していることになる．そのような場当たり的な対応は，今日のシビアな経営環境においては，もはや見過ごされなくなっている．

　では，教育研修に対して，具体的にどのような取り組みをしていけばよいのだろうか．以下では，筆者らが提案する HRD サイクルモデルをもとに，教育研修の質を高める取り組みのための方法論を概説する．

　HRD サイクルモデルとは，人材育成部門における業務プロセスをまとめたものである（図 2-1）．矢印と三つの楕円で構成された輪は，教育研修を実施，評価し，分析にもとづいてまた実施する，という一連の業務プロセスを示している．HRD サイクルモデルでは，実施，評価，分析という三つの機能を果た

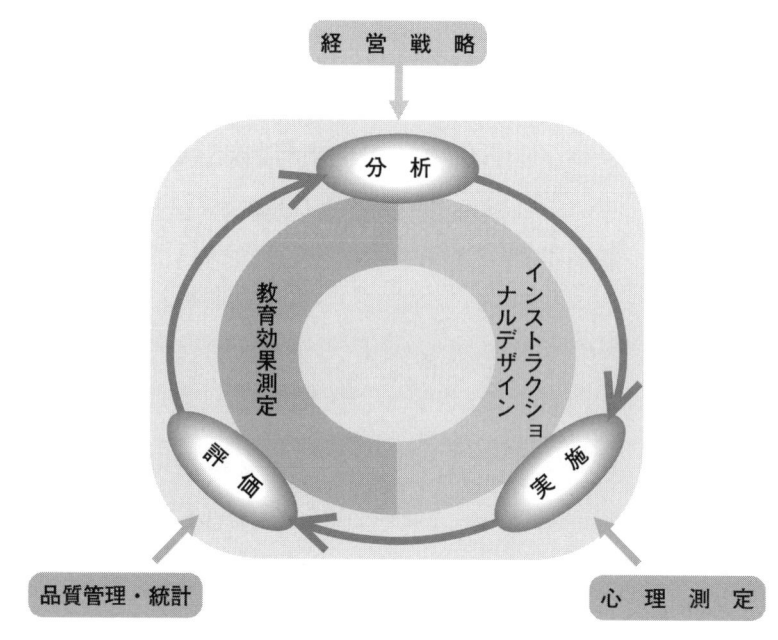

図2-1 HRDサイクルモデル

していくことが，今後の人材育成部門に求められる姿だと考えるためである．この業務プロセスは，何ら目新しいものではない．マネジメント教育で最初に学習する「P-D-S」(Plan-Do-See)のシステム的アプローチにもとづいたものといえる．この業務サイクルは，教育効果測定の結果にもとづいて改善を行い，それが次の教育研修の計画・実施につながるという，循環的な流れを基本としていることがわかるだろう．

　輪の内側の円は，「インストラクショナルデザイン」，「教育効果測定」という二つのプロセスが，この一連の業務プロセスの背景にあることを表す．円の外側には，「経営戦略」，「品質管理・統計」，「心理測定」という三つのキーワードがあるが，これらは一連の業務プロセスに関係する要素を示している．「経営戦略」は分析に影響を与えるし，「心理測定」と「品質管理・統計」は，それぞれ実施と評価の土台をなす技術である．

2.2 人材育成部門の業務サイクル

本節では、まずモデルの中心となる業務サイクルについて、詳細に見ていく。人材育成の効果や効率を高めるためには、業務サイクルにおいて以下の3つの機能を循環的に回していくことが求められる。

①分析：経営戦略にもとづいて教育研修のニーズを正しく理解、把握する機能（Plan）
②実施：経営戦略にもとづいて教育研修をデザイン、運営する機能（Do）
③評価：教育研修が期待どおりの成果を上げているかを評価する機能（See）

一つめの「経営戦略にもとづいて教育研修のニーズを正しく理解、把握する機能」とは、「人材」を強化する方向や、強化すべき部分を正確に知るための機能である。いくら熱心に教育研修を立案し、多くの従業員をそれらに参加させても、必要のない知識やスキルを養成していては時間のムダ、投資のムダである。そうならないために、経営層とふだんから良好なコミュニケーションを維持するようにし、経営戦略をよく理解することが大切である。そのうえで、実際にラインで生じている不具合を解決するためには、どのような知識やスキル、態度などが必要なのか、それはいつまでに解決しなくてはいけないのか、といったポイントを、経営戦略との整合性を考えながら分析することになる。ここで、経営戦略に沿った方向で、しかも現場のニーズに適合した目標を設定することが、教育研修の効果を高めることになる。さらに、教育研修の効果を明確にしていくことは、ゆくゆくは人材育成部門の存在意義を増すことにもつながる。

二つめの「経営戦略に適合した教育研修をデザイン、運営する機能」とは、強化すべき知識やスキルを把握したあとで、その知識やスキルを最も効率的に学習させる方法を考える機能を指す。従来は、教育研修テーマの専門家を見つけ、その専門家に条件や予算を伝えて研修カリキュラムを作ってもらい、あとはその指示に任せて準備や手配をするというのが、人材育成部門の機能であっ

た．つまり，そこで主に期待されていたのは，教育や研修を運営するための事務局機能であった．

しかし，人材育成部門が単なる事務局では，経営戦略とリンクした教育研修など，そもそも望むべくもない．そのうえ研修内容までも講師に任せっきりでは，教育研修の質の向上も望めないだろう．そのような人材育成部門は，アウトソースされても仕方がない．第1章でも述べたように，今日の人材育成部門には，単なる事務局以上の役割が期待されていると考えるべきである．具体的には，経営層やラインの要望の分析にもとづいて教育研修の方向性を考え，具体的なニーズを調査し，さらにこれらのデータにもとづいて教育研修テーマの専門家と議論し，最適な教育研修コンテンツを開発していくという，プロデューサーのような役割が求められているといえるだろう．

三つめは，「教育研修が期待どおりの成果をあげているかを評価する機能」である．これは，開発した教育研修が本当にねらいどおりの成果をあげているのか，適切に実行されているのかを評価する機能である．ここでの評価が，本書のテーマである「教育効果測定」にほかならない．ここでは，多様な調査技法を用いて，科学的かつ合理的な手順に則って教育研修の効果を測定する．教育効果測定の実施においては，多くの場合，教育研修への参加者本人や，参加者の上司，同僚といった関係者を巻き込んでデータを収集することになる．

ここで注意しておきたい点は，分析の結果，期待とは異なる結果が得られた場合でも，それを真摯に受け止めることである．例えば，普通に研修を受講していれば8割以上の正解が期待できる理解度テストを，研修終了時に実施したとする．しかしながら，平均正解率が3割だったとしよう．そのときに，「今回の参加者はレベルが低い．真剣に研修を受講していなかったに違いない．本来ならば8割以上の得点がとれるはずなのに」などと考えてはいけない．研修を計画した人材育成部門としては自分たちの企画の悪さや，能力の低さを示すようで言いづらいことかもしれないが，その研修が期待どおりの効果を参加者にもたらせなかったと結論すべきである．つまり，テストの結果が悪いことの原因は，参加者の理解不足に求めるべきものではなく，研修を設計，開発した

側に問題があったためだと捉えることが,重要なのである.そうでなければ,教育研修の品質を改善するという方向には向かわないし,人材育成部門の人材も育たないだろう.

この例のように,教育効果測定によって不具合が発見されたら,ただちに改善を行う必要がある.教育研修のコンテンツを改善する場合には,単なる思い付きや勘で変更を加えるのではなく,後述するインストラクショナルデザインのような学習設計に関する理論をベースにして改善し,教育研修の効率性や効果性を高めていくべきである.たった一度の実施で完成する教育研修など,ありえない.ねばり強く実施と改善を繰り返すことで,品質を向上していく努力を支えるのが,教育効果測定という考え方なのである.

また,教育効果測定によって,教育研修の設計やねらい,経営戦略との適合性と,実際の教育研修とのずれを修正することも大切だが,それと同時に,教育効果測定の方法そのものについて改善を続けていくことも大切である.教育研修の内容を改善していくことと,改善のための道具である教育効果測定の方法を改善することは,いわば車の両輪なのである.

2.3 業務サイクルを支えるプロセスと基盤技術

HRDサイクルモデルは,大きく分けて二つのプロセスからなっている.インストラクショナルデザイン(ID)と教育効果測定である.

(1) 二つのプロセス

1) 教育研修を適切に設計する:インストラクショナルデザイン

教育研修を企画し,つくり込んでいくプロセスでは,インストラクショナルデザインの手法が有効である.時には担当者の経験や勘も大切ではあるが,インストラクショナルデザインの考え方を採り入れると,何のために教育研修を行うのか,その目的のためにどのように受講者に働きかけるのか,という戦略をはっきりさせることができる.戦略がはっきりしていれば,あとで教育効果

測定の結果にもとづいて改善を行う際にも，改善点が明確になりやすい．インストラクショナルデザインの手法に関しては，いくつか参考になる本も刊行されているので，きちんと理詰めで教育研修を作り込むためにも学んでおくべきであろう（例えば，鈴木(2002)など）．

インストラクショナルデザインとは，端的にいうなら，ねらいに沿った教育研修にしていくためにはどうしたらよいかを，学習目標からきちんと決めていくための方法論である．そもそも学習目標はどのようなものなのか，その目標に対して教育研修をどのように設計するべきか，といった検討が中心になる．

2) 教育研修の効果を見きわめる：教育効果測定

インストラクショナルデザインで作り込んだ教育研修を実際に行ったら，教育効果測定の出番である．インストラクショナルデザインにもとづいて設計された教育研修について，期待されていた効果が実際に得られたかどうかを検討するのが，教育効果測定である．教育研修の効果が期待どおりのものであったかどうかをきちんと見きわめることは，改善のサイクルを回していく上で欠かせないプロセスである．一口に教育効果といってしまうことが多いが，教育効果を生み出すための具体的な方法を考えるのがインストラクショナルデザインで，その効果を検討するのが教育効果測定だといえるだろう．なお，ここで教育効果測定を適切に行うためには，教育研修を企画，開発する時点で，どのような測定が必要になるかをあらかじめ考えておく必要がある．

(2) 三つの基盤技術

HRDサイクルモデルは，このような二つのプロセスからなっているが，これらのプロセスを支える技術としては，心理測定，統計，品質管理の三つを指摘できるだろう．教育効果測定を行っていくためには，心理測定や統計の考え方が必要になるし，教育効果測定は基本的にデータにもとづいた改善の取り組みであるため，品質管理(QC)の考え方を活用できる．こうした三つの要素が基盤技術となって，インストラクショナルデザインと教育効果測定という二つ

第 2 章　教育効果測定を構成する考え方と技術　　　　　　　　　　31

のプロセスが有効に機能する，というのが HRD サイクルモデルの考え方である．

　以下では，それぞれの基盤技術について概説しておくが，こうした技術について学んでいくことは，教育効果測定に役立つだけでなく，人材育成部門としての専門性を高めていくことにもつながるだろう．

1）　知識や心を測定する：心理測定

　教育効果測定においては，具体的には，調査やアンケート，テストを開発したり，インタビューを行ったりする．アンケートやテストの開発の仕方については，心理学や教育工学などの分野の蓄積がある．インタビューの進め方や，その結果のまとめ方は，やはり心理学や社会学での蓄積がある．調査対象者についてよりよく知るためには，調査の技法についてもある程度習熟していることが必要である．本書でも具体的なノウハウをいくつか取り上げているが，基本的なことを体系的に学びたい場合には，心理学や社会学のテキストが多く出版されているので，参考にするとよい（例えば，鎌原，宮下，大野木，中澤（1998）など）．

　ここでは，特に調査やアンケートを開発する際の基本的な留意点として，次の三つをあげておく．

　一つめは，信頼性である．信頼性とは，その調査やアンケートが，誤差の少ない安定した結果を得られるものになっているかという観点である．何度か同じことを測定したはずなのに，測定のたびに結果が変わってしまうようでは，測定の結果そのものが信頼できないことになる．

　信頼性を検討する方法としては，同じ検査を二度実施して，その結果の間に十分な相関関係があるかどうかを検討する再検査法や，検査の項目を半分ずつに分け，その結果の間に十分な相関関係があるかどうかを検討する折半法がある．最もよく用いられるのは，折半法をより精緻にしたクロンバックの α 係数という数値で，これが十分に高ければ（0.8 程度），信頼性があると判断する．

　二つめは，妥当性である．妥当性とは，その調査やアンケートが本当に測る

べきものを測っているかという観点である．調査者が測りたいと考えていることが質問項目できちんと実現されているか，そもそも調査者が測りたいと考えている内容そのものに混乱や矛盾はないか，といったことを確かめてから実施しないと，分析する段階になって使えないデータを取ることになりかねない．

まず，構成概念妥当性とは，測定したい特性や態度に関する概念（これを構成概念という）と，尺度とがきちんと対応しているかを見るものである．例えば，業務への熟達度を見る検査を作成する場合なら，その検査が本当に熟達度を，あるいは熟達度だけを測定しているのかを検討する．具体的には，熟達度についての検査を作成した場合であれば，熟達度にともなって変化すると考えられる他の指標（作業ミスの少なさなど）が理論的な予測に沿った変化を示せば，その検査は熟達度という構成概念にきちんと対応したものと考えることができる．構成概念妥当性は，最も包括的な意味での妥当性といえる．

基準関連妥当性とは，開発したい調査や検査と，すでに広く使われている他の基準や検査との間に，明確な相関関係があるかを検討する方法である．例えば，開発した新しい検査が，すでに広く用いられている検査と高い相関関係を持つのであれば，その検査はある程度妥当なものと考えることができる．

内容的妥当性とは，新しく開発する調査や検査の内容が，対象とする内容の一部分だけでなく，全体を問うものになっているかどうかという観点である．複数の専門家がチェックするなどの方法によって検討される．

いずれにしても，そもそも調査や検査の妥当性が低い場合には，いくら大量のデータを採っても，高度な分析手法を用いても，すべて無駄である．妥当性を高める努力を怠るべきではない．

三つめは，調査目的の明確化である．調査やアンケートを設計するうえで何より大切なことは，目的を明確にすることに尽きる．目的が明確でないということは，何を調査していいかわからないことと同じである．それでは信頼性や妥当性を検討することもできないし，いくら高度な統計手法を使っても意味のある分析ができない．逆にいうと，何を明らかにするための調査なのかをよく考えておくと，設計や開発もスムーズになる．

2) 調査データを客観的に分析する：統計

調査結果を数字で表すのは，それほど難しいことではない．平均は電卓でも出せるし，専門の統計ソフト（統計パッケージ）を用いなくても，Excel のような表計算ソフトでも集計作業は十分にできる．

しかし，その数字を適切に意味づけることができなければ，調査結果を分析したことにはならない．分析するためには，数字を「読む」ことが必要になるが，適切に「読む」ための知識がなければ，適当に解釈してしまうことになる．これでは，何のためにデータを取ったのかわからないうえ，最終的な解釈が調査者の勘や気分で決まってしまっては，まじめに回答した人たちは報われない．

そこで，得られた結果をきちんと解釈するために必要となるのが，統計の知識である．例えば，平均が少し違っていることが本当に意味のある差なのか，それとも偶然の誤差といえる範囲の差なのかを見分けるには，適切な統計手法にもとづいて計算する必要がある．

ただし，統計は，使いさえすればいいというものではない．どんなに高価な包丁を手に入れても，使い手の技量がなければいい料理につながらないのと同じで，使い手の技量がともなわないなら統計など使わないほうがよかった，ということにもなる．最近の統計ソフトは，よく理解しなくても高度な分析ができてしまうため，それらしい結果はすぐ手に入る．しかし，いくら結果が得られても，きちんと解釈できないなら意味がない．そうではなく，自分で理解できる範囲の分析を行うべきである．一例を示すと，平均値を検討する際には，データの分布をグラフにするだけでもよい．平均値だけで議論するよりもはるかに正確なうえ，実態も理解しやすくなる．よく知らない統計手法を間違って使うよりは，はるかによい．きちんと学びたい向きには，森，吉田（1990）や山田，村井（2004）などが有用であろう．

3) 改善のループを回す：品質管理（QC）

教育効果測定は何のために行われるかといえば，教育研修を改善するために

他ならない．改善の必要はありそうか，あるとしたらどのような点に問題があり，その問題はどのようにしたら解決できるかを見きわめるためのプロセスが，教育効果測定である．こうした考え方は，製品に対する品質管理（QC）のプロセスと共通のものである．その意味で，教育効果測定は，教育における品質管理の試みということができるし，製品の問題を見きわめる QC の手法は，教育効果測定においても有用である．

特に，教育研修は，すべてチェックしてから消費者に届けることのできる通常の製品とは異なり，例えば研修会場で実際の受講者が参加することで，はじめて完成するものである．その教育研修プログラムがうまく機能するかどうかは，実施するまでわからない．しかし，だからといって，実施してから修正します，というのでは無責任である．事前にすべてのことを把握しておくことはもちろん不可能だが，よく考えてつくり込み，品質を高める努力をしておくことで，成功の確率を高めることはできるだろう．その意味でも，QC によるつくり込みの手法やものの見方は，役に立つ．

QC の基本は，収集されたデータを，統計的な手法も用いつつ様々な観点から検討して，問題解決につなげていくというプロセスである．つまり，勘や気合いではなく，データにもとづいた改善を図るためにはどうしたらよいか，というのが QC の基本的な考え方である．そのための具体的な問題解決の手法として，数値データをわかりやすく表現するための「QC 七つ道具」，言語データをわかりやすく表現するための「新 QC 七つ道具」などが提案されている（詳しくは，細谷（2003）などを参照）．第 5 章以降の事例でも，こうした QC の手法は様々な場面で用いられており，教育効果測定のプロセスを支える重要な要素になっている．

本章では，HRD サイクルモデルをもとに，教育効果測定をどのように位置づけるかを示してきた．人材育成部門がどのように改善のサイクルを構築していくかの，おおよそのイメージは持てたのではないかと思う．具体的に教育効果測定をどう実施していくかについては，第 4 章以降に述べる．次章では，学

習について考える．これは，教育研修にせよ，OJT にせよ，人材育成部門が扱っているのは，すべて学習にほかならないからである．学習をどのようにとらえるべきなのか，いま一度確認しておこう．

引用・参考文献

[2-1]　細谷克也，『QC 七つ道具 100 問 100 答』，日科技連出版社，2003 年．
[2-2]　鎌原雅彦，宮下一博，大野木裕明，中澤潤編著，『心理学マニュアル　質問紙法』，北大路書房，1998 年．
[2-3]　森敏昭，吉田寿夫編著，『心理学のためのデータ解析テクニカルブック』，北大路書房，1990 年．
[2-4]　鈴木克明，『教材設計マニュアル─独学を支援するために─』，北大路書房，2002 年．
[2-5]　山田剛史，村井潤一郎，『よくわかる心理統計』，ミネルヴァ書房，2004 年．
[2-6]　村上隆，「測定の妥当性」，日本教育心理学会編，『教育心理学ハンドブック』，有斐閣，2003 年．

第3章　教育研修における学習

　本章では，教育効果測定の詳細に入る前に，学習について考える．特に，企業内教育における教育研修が扱っている学習とはどのようなものかを考える．学習については，心理学や教育工学，文化人類学など，様々な学問領域で研究がなされている．ここでは，教育効果測定について考える上で有用な知見を紹介しながら，学習についてあらためて整理する．

3.1　学習とは何か

　あなたは，学習という言葉から，どんなことをイメージするだろうか．小学生向けの学習雑誌をイメージする人もいれば，自分が手がけている研修を思い起こす人もいることだろう．あるいは，学校や教室がイメージされるかもしれない．教室に入ると机といすが整然と並べられていて，部屋の前方には先生が立っている．先生の話を聞いて覚えることが，学習というイメージである．小学校でも，中学校でも，高等学校でも，そして大学でも，学習といえば，教室で先生の話を聞くことが多かっただろう．学習という言葉に，学校のイメージがあるのは，当然のことかもしれない．

　だが，学習とは，そのようなものだけではない．社会人であれば，すでに様々なことがらを「学んで」きているはずである．そのとき，どこかの教室でテキストを開きながら，先生の話を聞くという形で学んできたかというと，そうではないはずである．私たちが日常的にしているたくさんの学びの中には，教室で先生の話を聞くというスタイルではないものが数多くある．それらも，

学習に含めていいはずである．

そもそも，学習という言葉は，かなり広い意味で用いられる概念である．心理学では，学習を「経験にもとづく比較的永続的な変化」と定義することが多い．この定義によれば，何らかの経験にもとづいて，何かがある程度の時間にわたって変化すれば，すべて学習ということになる．これは，ほとんど何にでもあてはまる定義といえる．見方を変えれば，私たちがいまできることの多くは，おそらく学習の成果だということになる．つまり，学習なしには，私たちの生活はあり得ない．私たちの生活の基盤を形づくるもの，それが学習というプロセスなのである．

3.2 学習を分類する

(1) 学習する場面による区分

もう少し，具体的に考えてみる．仕事の中で学んでいく場合には，どのようなタイプの学習があるのだろうか．例えば，教育研修には，対面での講義形式（座学）や，通信教育，e-ラーニングといった「いかにも」学校的なものがよく用いられる．そこには，きちんとしたテキストがあるし，事前に用意されたカリキュラムに従って，学習が進められる．通信教育やe-ラーニングには教室はないし，先生もいないが，テキストを決められたカリキュラムで学んでいくという点では，講義形式と変わらない．

一方で，OJTに代表されるような実践の場面での学びもある．実践の中で学ぶ場合，教師がいたり，テキストがあったりするわけではない．同僚や上司，ときには部下から学ぶこともあるだろうし，顧客とのトラブルから学ぶこともあるだろう．そうした場合に，どんな学びがいつ生じるかということは，まったく予測できない．それが，実践の中での学びの特徴である．

それだけではない．自動販売機のあるスペースや休憩室，喫煙場所などで，たまたま出会った知り合いと会話している中で，大切な情報が得られるかもし

れない．あるいは，飲み会の席での何気ない会話から，業務へのヒントが得られるかもしれない．これらは一見すると日常的な場面のようではあるが，重要な学習の機会になりうる．もちろん，公式の教育機会とはいえないが，そこでは実際に，様々な学習が可能である．

(2) 学習する内容による区分

このように考えると，私たちは実に様々なタイプの学習をしているといえる．次に，学習する内容にはどのようなものがあるか，整理する．

一口に学習といっても，その内容は様々である．鈴木(2002)は，アメリカの心理学者ロバート・M・ガニエ(R. M. Gagne)の理論(ガニエ，ブリッグス，1986など)にもとづき，学習を対象によって，認知領域，運動領域，情意領域の三つに区分した．

1) 認知領域

認知領域とは，平たくいうと「あたま」の中の問題である．これには，言語情報(知識)と知的技能(問題解決のスキル)に関する学習が含まれる．言語情報(知識)の学習は，学校でテキストを使って習うたぐいのものである．例えば，「フィンランドの首都はヘルシンキである」と覚えるような場合がこれにあたるだろう．記憶理論によれば，こうした知識は，ことばの意味などを覚える意味記憶にあたる．言語情報は，ペーパーテストで実力を測ることが可能である．

知的技能は，計算のやり方を覚える，辞書の使い方を覚えるなど，ルールややり方の学習を指す．ルールややり方は，一度きちんと理解すれば他のものに応用できるはずである．そのため，例えば外国語の辞書の引き方を覚えたかどうかテストするためには，教材には出てこなかった別の題材を用いてテストすることになる．この点は，言語情報と大きく異なる．言語情報の場合，「フィンランドの首都はヘルシンキである」ということを学んだかどうかを，別の題材，例えば「スウェーデンの首都は？」という問題で問うことはできないから

だ．同じ認知領域の学習ではあるが，言語情報と知的技能では様々な点に違いがある．

2) 運動領域

認知領域が「あたま」の中の学習だったのに対して，「からだ」による学習を運動領域と呼ぶ．具体的には，運動や動作を覚えることを指す．例えば，ピアノが弾けるようになる，自動車に乗れるようになるといったものである．企業内教育でいうと，機械を組み立てるような技能を身につけることが，これにあたる．評価する場合には，実際にやってみてできるかという実技試験のような方法が適切である．

記憶理論では，こうした学習による記憶を手続き記憶と呼び，言語をもとにした他の記憶と区別している．また，運動領域の学習には相当の時間がかかり，そのあいだには習熟が伸び悩む時期があることが知られている．そうした時期のことをプラトー(高原期)と呼ぶ．

言葉では語ることのできない知識を指す概念として，マイケル・ポランニー(M. Polanyi)による暗黙知という概念がある(ポランニー，2003)．暗黙知の代表的なものが，こうした運動領域の知識である．例えば，自動車の運転の仕方をいくら口頭で説明したとしても，実際にカーブでどのようにハンドルを切るかは言葉では説明しつくせないだろう．知識には，こうした暗黙知が意外に数多くある．読者の業務の中にも，数え切れないほどあるだろう．こうしたことは，テキストで伝えられるたぐいの話ではなく，実践の中で伝えられる．

3) 情意領域

情意領域とは，「こころ」の問題であり，行動のもとになる態度や価値観に関する学習を指す．教育研修でいうと，リーダーとしての態度とか，環境保護，コンプライアンスに対する考え方といったテーマがこれにあたる．近年の経営環境の変化にともなって，企業内教育でも取り上げられることが多くなってきた領域である．

当然のことだが，情意領域の学習では，理解でなく実践が大切である．いくら理解したといっても，実行しないのでは何の価値もないからである．そのため，○×テストのようなもので学習成果を測ることはできない．小論文を書かせたり，実際の行動を観察したりする方が，より適切な評価になる．また，本人の評価だけでなく，周囲の評価（他者評価）も重要な意味をもつ．本人ができていると思っても，周囲から見ればまだまだ，ということもありうるからである．

3.3 学習を評価する

（1）学習のプロセスによる区分

ここまでは，ガニエの分類を記憶理論の観点や，評価方法もまじえて紹介してきた．ガニエの分類は，学習や評価の対象になるものをおおまかに分類したものといえる．それに対して，ベンジャミン・ブルーム（B. Bloom）は，学習のプロセスをいつ評価するかという観点から，評価を3つに区分している（ブルーム，1985）．

一つめは，診断的評価である．これは，学習する前にどこまで理解しているかを見るもので，教育研修であれば，受講者がすでにどれくらい学習しているか，そもそも学習する必要があるのかを診断するためのものである．二つめは，形成的評価といい，学習の途中で，それまでにどれくらい理解したかを見るものである．研修の途中で，小テストなどを用いて，その時点までの受講者の理解をチェックするような場合が，これにあたる．三つめは，総括的評価である．これは，学習がすべて終わった時点で，どれくらい理解しているかを見るものである．研修の終了時に，総まとめのテストを実施する場合などが，これにあたる．

ただし，これらの区分は，あくまでも評価に対する観点の違いを示すものであり，ある評価がどの区分にあてはまるかは，観点によって異なることがあ

る．例えば，研修という観点から見れば，終了時のテストは総括的評価といえるのだが，受講者の業務やキャリアパスという観点からは，そこでの評価は全体の中での通過点の1つでしかなく，形成的評価と考えるべきである．つまり，同じ評価でも，どのような観点から位置づけるかによって，評価の意味は変わってくるのである．

(2) 評価基準による区分

評価を考えるうえでは，どういう基準で評価を行うのかも重要なポイントとなる．評価するためには何らかの基準が必要であり，その基準の決め方によって評価のあり方も大きく変化する．ここでは，一般にもよく知られている相対評価と絶対評価について説明する．

相対評価とは，ある人の成績が集団の中でどれくらいの位置にあるかをもとにして評価を行う方法である．集団基準準拠評価と呼ぶこともある．もっとも典型的なのは，偏差値である．偏差値は，集団のなかで自分がどれくらいの位置にあるのかを示す数値である．集団の中での順位が上がれば偏差値は上がるし，順位が下がれば偏差値は下がる．逆に，いくら努力してテストでいい点数をとったとしても，他の人たちもいい点数をとれば，順位や偏差値が変化しないこともありうる．つまり，相対評価では，自分の評価がどうなるかは，自分自身の努力だけでは決まらない．

一方，絶対評価とは，ある人の成績が，あらかじめ決められた基準に達したかどうかをもとにして評価を行う方法である．目標基準準拠評価と呼ぶこともある．もっとも典型的なのは，資格試験である．資格試験の場合には，合格するにはこれくらいの水準に達している必要がある，ということが事前に決められている．テスト問題も，この基準にもとづいて作成される．例えば，英語検定2級に合格するためには，2級はこれくらい，と決められた基準をクリアすればよいわけである．

このように，相対評価と絶対評価ではそもそもの評価基準が異なっているため，テストを設計する場合にも違いが出てくる．相対評価では，受験者どうし

に差がつくようにしないと，順位がつかない．あまりに易しすぎて全員が満点，というのでは順位などつけようがないからである．そのため，やや難しい問題を入れて正答率を下げるなどして，順位の差がつきやすいように設計する必要がある．

一方，絶対評価では，ある基準に達しているかどうかを見ればよく，受験者同士に差をつける必要もない．そのため，基準の設定に問題がなければ，受験者が全員合格ということもありうる．逆にいえば，成績のいいものを選抜するという目的にはあまり向かない．

教育研修に対するテストを設計する場合には，学習した内容をきちんと理解したり，実行したりしているかが問われることが多い．そのため，選抜を目的にしないのであれば，絶対評価が適当であろう．

3.4 コミュニティと学習

ここまで，学習や評価をどのように捉えるかを，様々な角度から考えてきた．一口に学習や評価といっても，そこにはいくつかの種類があり，それぞれに特徴があることを，ガニエやブルームの理論をもとに説明してきた．

とはいえ，ここまでの説明には，企業内教育としては少し物足りない点があるかもしれない．ガニエやブルームは，一般的な学習や評価について議論しているはずなのだが，やはり学校で机を並べて勉強するという，冒頭に述べたイメージから外れていないようにも見える．OJTに代表される現場での学習では，具体的な業務との関わりの中で学習は起きているはずなのに，これまでに取り上げてきた説明には，業務や，業務を行う職場はほとんど出てこない．

しかし，企業内教育においては，業務や職場が決定的に大切である．学習者は一人だけで学んで成長していくのではなく，業務のために学んでいるのだし，そこでは必然的に上司や同僚など，他者が関係してくる．何を学ぶかも，業務や職場の状況とのかねあいで決まってくる．企業内教育における学習は，業務や職場を抜きに考えられないのである．

そこで以下では，実践のコミュニティ(Community of Practice : COP)という観点を用いて学習を説明する．これは，ジーン・レイヴ(J. Lave)とエティエンヌ・ウェンガー(E. Wenger)による『状況に埋め込まれた学習』(1993)で提案された見方で，職場のような，実践を共有する共同体のことである．会社組織でいうと，部や課といった公式の区分よりも，同じ製品やプロジェクトに従事している人たちの集まりなどが，よりあてはまる．レイヴとウェンガーは，学習とは個人が一人でするものではなく，こうした実践のコミュニティにおいて行われる，きわめて社会的な行為だと主張した．以下では，この実践のコミュニティという観点をもとに，さらに学習について検討してみる．

1) 新しい学習論：正統的周辺参加

まず，レイヴたちの考え方を具体的に理解するために，事例を紹介しよう．ブリジット・ジョーダン(B. Jordan)は，ユカタン半島の伝統的な産婆が，どのようにして産婆術を学習するかを研究した(ジョーダン，2001)．もちろん，伝統的な産婆であるので，学校に行って産婆術を習ったりはしない．ではどこで産婆術を学習するのかというと，産婆の手伝いをすることによって学んでいるのである．彼女たちは，そもそも産婆の子どもや孫であり，幼い頃から母親や祖母の仕事を手伝っている．そのため，母親や祖母に同行して助産を手伝ったり，治療薬の買い出しを頼まれたりする．こうした日常的な関わりの中で，産婆の仕事や必要な治療薬について，自然に覚えていくのである．現代風にいうと，OJTのような形で産婆術は学ばれていたのである．

このとき，産婆本人やその手伝いをする家族が，助産という実践のコミュニティを形成していると考えられる．産婆の家に生まれた子どもや孫は，このコミュニティにおいて，初めは簡単な手伝いや買い出しなど，周辺的な仕事を与えられる．そこから，だんだん重要な仕事へと参加していき，ついには産婆としての地位を確立する．つまり，産婆の仕事を少しずつ覚えていくプロセスとは，実践のコミュニティへの参加のあり方が徐々に変化するプロセスでもある．レイヴたちは，こうした参加のありかたが変化するプロセスこそが，「学

習」の本質だと考えたのである.

　言い換えれば,実践のコミュニティは,そこでの実践を共有するメンバーにとって,実践の場であるとともに,学習の場でもある.学習といっても,テキストやカリキュラムがあるわけではない.しかし,そこで何を学ぶべきかは,活動の中でおのずと理解される.また,周囲にはより経験を積んだ産婆がいて,その存在そのものが学習のモデルとなるだろう.このように,実践における学習は,実践のコミュニティという豊かな土壌によって可能になっている.このことは,OJTに限らず,おそらくほとんどの企業内教育にあてはまるだろう.

2) 実践のコミュニティと教育研修

　次に,実践のコミュニティという観点から,教育研修について考えてみよう.正統的周辺参加の考え方によれば,実践での学習は,実践のコミュニティと非常に深く結びついている.もし,実践のコミュニティと結びつかない教育研修を行ったら,どういうことになるのだろうか.ふたたび,ジョーダン(2001)による伝統的な産婆の研究から,象徴的な事例を紹介する.

　ユカタン半島のある地区では,依然として伝統的な医療が行われており,近代的な医療は普及していなかった.そのため,メキシコ保健省などの主催により,伝統的な産婆に近代的な医療を教育するための研修プログラムが企画された.その研修では,西洋医学的な消毒の仕方や,薬品の使い方などが講義された.研修コースの最後にはテストが実施されたのだが,産婆たちの中には文字がうまく書けないものもいたので,スタッフに記入を手伝ってもらったり,あるいは答えを教えてもらったりして,何とかコースを修了した.

　問題はその後である.助産婦たちは,研修で習ったことを,ほとんど実践しようとしなかった.なぜなら,研修で扱われていた西洋医学では,伝統的な医療では重視されるポイントをまったく無視して,西洋医学の方法だけを押しつける内容だったからである.彼女たちがもともと持っていた知識や実践の体系と,研修で教えられた内容とは,あまりにかけ離れていた.そのため,助産婦

たちは，教えられた内容を実践しなかったのである．

これは，教育研修においてもよくある話ではないだろうか．教育研修で扱っているテーマや，カリキュラムで設定されている内容が現実の業務とかけ離れていたり，理想論にすぎたりすれば，同様のことは容易に起こりうる．あるいは，教育研修の担当者が教えたいと考えることと，受講者が学びたいと考えることがかみ合わない事例と見ることもできるだろう．いずれにしても，産婆たちの実践のコミュニティでは何が行われているか，そこでは何が価値を持っているかということをよく考慮しなかったために，教育研修がうまく機能しなかったことは明らかである．

3.5 知識を「活用」するために

ここまで見てきたように，実践での学習は，実践のコミュニティや，そのコミュニティにおける価値観と切り離すことはできない．そこにはテキストもカリキュラムもないが，実践を育てていくための豊かな土壌はある．伝統的な産婆の例からわかるように，助産の実践は，伝統的な地域社会やそこでの医療のあり方といった様々な"文脈"の中にあり，そうした文脈が助産の実践に具体的な意味や価値を与えているのである．

これは，学校的な学習の場面とは対照的である．学校的な学習で用いられるテキストやカリキュラムは，どんな人，どんな場面にも適用できるように作られている．逆にいえば，実践のコミュニティが持つような，そのコミュニティにおける具体的な文脈や意味，価値といったものは省略されている．その意味で，学校的な学習は，脱文脈的であろうとする．脱文脈化されることによって，どんな人にも，どんな場合にもある程度はあてはまるようになり，知識は流通しやすくなる．

おそらく，ここに落とし穴がある．企業内教育においても，多くの場合には脱文脈化された知識やスキルを教えている．それは，どんな人にも，どんな場合にもある程度はあてはまる．しかし，本当に社員に身につけさせたいのは，

そうした知識やスキルではないはずだ．むしろ，それぞれの社員が，それぞれの業務の中で活用できるような知識やスキルのはずである．

例えば，職人芸的な営業スキルを持つ人（ハイパフォーマー）がいて，その人の営業スキルを，他の人にも共有させたいとする．そういう場合には，インタビューを行ってコンピテンシーを抽出するなどの方法がとられるだろう．そうすれば，ハイパフォーマーの職人芸的なスキルを他の人にも伝えることができるし，教育研修の内容に含めることもできるようになる．

しかし，ことはそう簡単ではない．というのも，抽出されたコンピテンシーがもっともよく機能するのは，おそらくはハイパフォーマー本人が実践する場合だからである．その実践は，ハイパフォーマーの属する実践のコミュニティとも関係しているかもしれない．一方，他の人が他の顧客と結んでいる関係は，もともとのハイパフォーマーのそれとは異なっているだろうし，所属する実践のコミュニティもやはり異なっているはずだ．そのため，抽出されたコンピテンシーをそのまま教育に用いたところで，他の人が簡単に同じように活用できる可能性は低いと言わざるを得ない．

おそらくここで問題なのは，実践という文脈を持った知識を，脱文脈的に伝えられると考えた点にあると思われる．妙なたとえで恐縮だが，ハイパフォーマーの実践が，「生のしいたけ」だとすると，そこから抽出されたコンピテンシーや，それをもとにした教育研修プログラムは，「干ししいたけ」のようなものである．実践における生々しいノウハウや肉体化された技術は，そうそう他人に伝えられるものではない．それは，「生しいたけ」の状態である．それを流通させようと思うと，「干ししいたけ」の状態にすることになる．それは，コンピテンシーのリストであったり，ノウハウの羅列であったりする．そのようにすれば，テキストに書けるし，教育研修に盛り込むこともできる．

しかし，干ししいたけは，そのままでは食べられない．それは生しいたけとは別物なのである．干ししいたけをおいしく食べるためには，水で戻す必要がある．それと同じように，教育研修で得た知識を活用するには，自分の業務という文脈の中でその知識を位置付け直さなくてはならない．それは，決して簡

単なことではない．そのため，教育研修で教えられた知識は，簡単には根付かないのである．それに，新しい文脈でうまく位置づけ直されたとしても，最初の生しいたけと，水で戻した干ししいたけとは，やはり別物である．違う文脈で理解された以上，もともとのノウハウとはもはや違う，新しいノウハウになっているはずである．

教育研修では，生しいたけにあたるノウハウや肉体化された技術を，干ししいたけの形で流通させることが多い．そうしないと，教育研修の形にならないからである．しかし，そのことに気がつかずに，ハイパフォーマーから得た生のしいたけが，そのまま多くの人に移転できるように思うのは，おそらく勘違いなのである．むしろ，受講者に届けられた干ししいたけをいかにして上手に戻してもらうかを考えること，それこそが教育研修の本当の勘どころなのである．

3.6 「ヨコ」の学習から「タテ」の学習へ

ここまで，伝統的な学習についての理論と，最近の学習理論である正統的周辺参加について，ごく大まかにではあるが説明してきた．両者の違いを一言でいうなら，伝統的な学習についての理論では，学習する個人だけに注目して，個人の変化のみを取り上げてきたのに対して，正統的周辺参加の考え方では，学習する個人と，その人の参加する実践のコミュニティとは切っても切れない関係にあると考える．こうした考え方の変化をわかりやすく整理するモデルとして，最後に佐伯(1995)による学習論を紹介しよう．

佐伯は，「ヨコ」の学習と，「タテ」の学習を区別する．「ヨコ」の学習とは，伝統的な理論が注目してきたような，個人があるテーマについて習熟していく学習のことである．例えば，人材育成なら人材育成の仕事を何年もやっていくうちに，様々なことがわかってきて，より難しい課題について考えられるようになるだろう．これが「ヨコ」の学習であり，進歩とか向上，熟達といったイメージである(図3-1)．

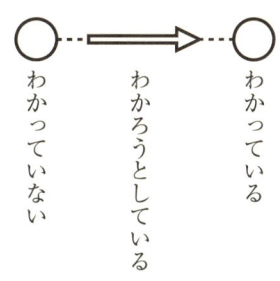

第 3 章　教育研修における学習　　　　　　　　49

わかっていない　　わかろうとしている　　わかっている

出典）佐伯胖,『「わかる」ということの意味』(新版), 岩波書店, p.3, 1995 年.

図 3-1　「ヨコ」の学習

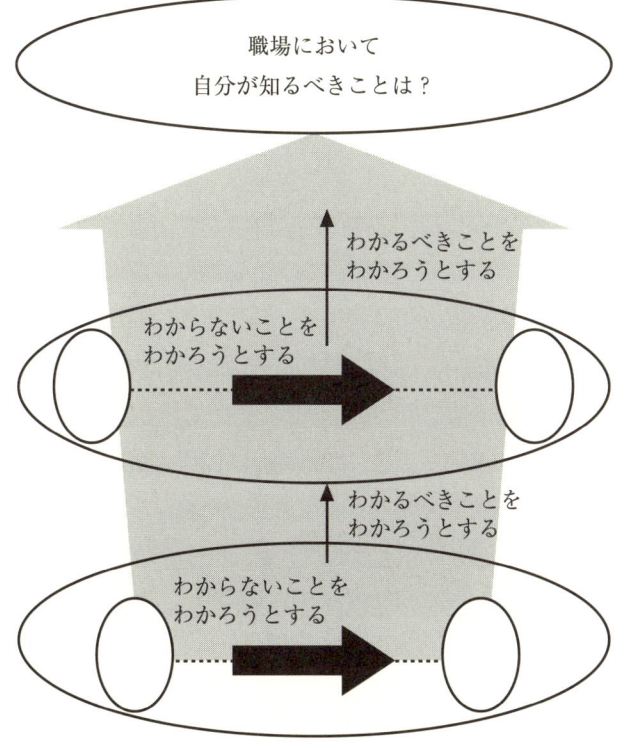

職場において
自分が知るべきことは？

わかるべきことを
わかろうとする

わからないことを
わかろうとする

わかるべきことを
わかろうとする

わからないことを
わかろうとする

出典）佐伯胖,『「わかる」ということの意味』(新版), 岩波書店, p.5, 1995 年をもとに作成.

図 3-2　「タテ」の学習

それに対して,「タテ」の学習とは,「自分は何を学ぶべきかを学ぶ」ことである(図3-2).例えば,営業から人材開発の仕事に異動してきた人にとっては,まず何を学ぶべきなのかを理解することが重要である.学ぶべきことは,その人が所属する実践のコミュニティ(ここでは人材育成部門)によっても異なるし,その人のキャリアや経験によっても異なるし,仕事の内容によっても異なるだろう.それは「何が価値のあることか」を学ぶことであり,こうした「タテ」の学習なくしては「ヨコ」の学習も成り立たない.

別のいい方をすると,「ヨコ」の学習は,本人の習熟の度合いによって決まってくるが,「タテ」の学習は,本人と他の人との関係の中で決まってくる.学習というと,個人の能力を高めることのように思いがちだが,それでは「ヨコ」からの視点だけになってしまう.正統的周辺参加の考え方からもわかるように,「タテ」の学習,すなわち何を学ぶべきかという問題を意識しないと,学習をきちんと捉えることにはならないのである.企業内教育のように,業務や職場との関係で学習を考える場合には,「タテ」の学習という視点を持つことが特に大切になってくるのである.

参 考 文 献

[3-1] B. S. ブルーム著,梶田叡一,松田弥生訳,『個人特性と学校学習 新しい基礎理論』,第一法規出版,1980年.

[3-2] R. M. ガニエ,L. J. ブリッグス著,持留英世,持留初野訳,『カリキュラムと授業の構成』,北大路書房,1986年.

[3-3] ブリジット・ジョーダン著,ロビー・デービス―フロイト改訂・拡張,宮崎清孝,滝沢美津子訳,『助産の文化人類学』,日本看護協会出版会,2001年.

[3-4] ジーン・レイヴ,エティエンヌ・ウェンガー著,佐伯胖訳,『状況に埋め込まれた学習 正統的周辺参加』,産業図書,1993年.

[3-5] マイケル・ポランニー著,高橋勇夫訳,『暗黙知の次元』,筑摩書房,2003年.

[3-6] 佐伯胖,『「わかる」ということの意味』(新版),岩波書店,2003年.

[3-7] 鈴木克明,『教材設計マニュアル―独学を支援するために―』,北大路書房,2002年.

第4章 教育効果測定調査の全体ステップ

―教育効果測定の全体像―

　第4章では，教育効果を分類するフレームワークを紹介し，それぞれのレベル定義の紹介を行う．そして，収集データの種類と特徴を説明する．また各レベルで一般的に用いられる測定ツールとデータの活用法を説明する．

　それらを理解したあと，教育効果測定の実施手順である「HRDサイクルストーリー」を用いて，おおまかな教育効果測定の実施の流れを説明する．そして，より精度の高い調査を進めるためのポイントとして，「データの活用目的の明確化」と「調査実施の10原則」を紹介する．

4.1 教育効果を分類するフレームワーク

(1) 教育効果とは一体何か

　ここまでは，「人材育成部門に対する期待の変化」や「教育効果測定を構成する技術や考え方」，「学習とは何か」について話を進めてきた．いままでの説明の中で教育効果や教育効果測定について，おおよそのイメージをつかんでいただけたと思うが，ここでもう一度整理しておきたい．

　教育研修が組織力の強化を目的に展開される人材育成施策であることを前提とし，教育効果を定義すると，「人材育成投資が個人や組織に与える影響」と表すことができる．それゆえ，投資活動自体が良い影響を与える場合と，そうでない場合が発生する．良い影響というのは，研修によって「社員のコストに対する意識に変化(良い方に)が見られるようになった」あるいは，「プレゼン

テーションスキルが高まり説明がわかりやすくなった」というようなことを意味する．反対に悪い影響とは，「研修参加のために，通常より少ない要員で工場ラインを稼動させることになり，その影響で生産量が落ち込んだ」「営業スタッフが営業活動に出られない」といった機会損失や，「職場の現状にそぐわない内容だったために参加者が研修に対して，ネガティブな感情を抱いてしまった」というようなことを指す．

　教育効果測定とは，教育研修の有効性を調査する活動である．この活動は多くのスタッフや関係者の協力を得ながら，測定ツールの開発やデータ収集，解析などの多くの工程を踏み，進めていく．そのため，教育効果測定の実行には少なからずコストが掛かる．わざわざ手間隙かけて，教育効果を明らかにしていく理由は，おおむね次のことを明らかにするためだといえる．

1) 期待したリターンを得ることができたかを確認する

　期待したリターンとは，教育研修のねらいである．例えば，現場の生産性が落ち込むというマネジメント課題が発生したとする．その落ち込みを是正するために実施された研修であれば，生産性向上がねらいになる．また，ライン課長層に部下育成活動が見られず，育成に対する責任感が乏しいと判断されて実施されたコーチング研修であれば，教育研修の期待リターンは，部下育成に対する認識の変化や，コーチング行動が職場で展開されるようになることである．そのような期待したリターンがきちんと獲得できたのかどうかを確認することが，教育効果測定の実施の目的の一つとなる．

2) 研修内容を改善するための情報を入手する

　学習目標を明確にし，そこに到達するためのシナリオを描き，綿密に学習内容を設計しても，実際に研修をやってみると思わぬところで参加者がつまずき，ねらいどおりの知識やスキルが獲得できていないことは，残念ながら珍しいことではない．なぜならば，企画側が意図する「知」を参加者の頭の中に定着させることは，簡単なことではないからである．いろいろな方法を試し，教

育研修の機能を高め，その精度を磨くことは重要な業務である．二つめの目的は研修の不具合を見つけ出し，改善を促すことである．そのために，研修改善のための手がかりとなる情報を教育効果測定によって入手するのである．

3) 変化を見える形にする

　効果的な教育研修か，そうでないかは，人材育成部門で経験を積み，あまたの教育研修企画にたずさわり続ければ，高い精度で判断できるようになる．そのような点からいえば，わざわざ人手とお金を掛けて組織的に教育効果を測定する必要性はなさそうに思える．しかし，組織内で熟練者数名だけが問題に気付いたからといって，改善や改革の手がくだされることは，現実には，まずありえない．ましてや，業績への即効性が薄い人材育成施策では，不具合が認められても放置されてしまうのが一般的である．ただ，教育研修の企画や運営には少なくないコストが発生し，実行時には，社員（受講者）に業績に直結する業務を中断させ，参加させなければならない．企画や運営以外に機会損失など多くの経費が発生している．

　ビジネス環境下では，無駄のない，効果的なお金の使い方が期待される．そのような観点からも，効果的で意味のある教育研修が実施され，そうでないものが排除される仕組みへの期待は大きい．教育効果測定は，漠然として目に見えない，とらえどころのない教育効果という構成概念を人材育成のフィールドで可視化する行為である．見る目を持った少数の熟練者だけに察知される問題の兆候を，組織内の多くの関係者に認識させることが三つめの目的である．組織内に教育研修の品質管理という新しい考えや変化を導こうとするには，変化の軌跡を目に見えるようにすることが大切となる．

4) 教育研修の課題解決機能を向上させる

　教えるべき内容そのものの必要性を吟味することも重要である．わざわざ生産ラインを止め，営業機会を減らしてでも，それを伝えるために貴重な時間を割く必要があるのかどうかを吟味することである．例えば，野球選手にサッカ

ーのルールを教える必要性があるのかという疑問である．野球とサッカーという単純な例え話ならば容易に判断できるが，実際の業務はこのように単純ではない．しっかり考えて教育施策を企画しないと，組織が目指す方向と適合しない教育研修を提供しかねない．

例えば，与信管理を徹底し，不良債権の縮小を進めるという経営方針が出され，それを受けた事業会議で「若手社員にも企業会計の知識を強化する」という議案が受理された．それに則り，入社3年目から5年目の社員を対象とした研修企画の立案が指示されたとしよう．しかし，人材育成部門で研修内容を十分に詰めることなしに，企業会計が教育テーマであるという理由で，経理部門や外部の会計専門団体に企画から運営実施までを丸投げした．その結果，研修では，財務部の社員でもめったに目を通さない企業会計原則や商法に関する学習に多くの時間が割かれてしまった．いくら研修内容が素晴らしく，参加者の評判が高いといっても，この場合，経営が期待している方向性とずれた教育研修といえる．経営戦略との適合性を定期的に確認し，経営の方向性やラインの実情に則したテーマや内容かどうかをチェックし，教育研修の課題解決機能を維持，向上させるためのメンテナンスが四つめの目的である．

教育効果測定は調査活動である．調査活動には研修を企画運営するのと同じぐらいの手間と時間が必要になる．教育効果測定は，「成果がどうなったのか」そして「何が課題か」（プログラムの不具合，内容的な不具合，戦略との適合上の不具合など）を洗い出す行為である．そして最終的な実施目的は，「より高い成果を出す教育研修を提供するための具体的アクションを導くこと」といえるだろう．

（2） 立場によって期待が異なる教育効果

教育効果測定のコンサルタントで，この分野の第一人者であるジャック・フィリップス博士に，筆者が初めてお会いしたのは2000年にアトランタで開催された学会であった．その半年後にダラスで開催された学会で再会した．その

とき彼から教わった「三人のクライアント」の話は忘れることができない．彼が語ってくれた内容は次のようなものである．

「我々が提供するサービス（ここではトレーニング）について，満足と納得を感じてもらわなければならないお客様は三人いる．一人は研修に参加する受講者自身である．二人目は，自分の部下の育成を考え，研修に送り込む上司や部門責任者である．そして最後の一人はトレーニングのために大金を準備し，企業の戦略目標達成を目的に人材育成投資を決定する経営者である．そして，今まで人材育成部門は二人目，三人目のお客様に対して，特に経営者に対し，納得のいく答えを提供してこなかった．参加者の喜びの声だけでは，彼らの満足を引き出すことはできないし，コミットメントを獲得することができない．だからROI（Return On Investment：企業の事業や資産，設備の収益性を測る指標）の考え方を，教育効果測定に取り入れる必然性がある」と語ってくれた．

効果測定といえば研修最後の受講者アンケートしか知らなかった筆者にとって，目からウロコが落ちる話であり，三人のクライアント，特に経営者への貢献という点を意識させられるようになった．興味深く感じたのは，期待されている教育効果は立場によって異なることを語っていることである．われわれ人材育成関係者は教育効果測定の実施にあたり，この点を肝に銘じなければならない．妥当な方法で，適切な情報を収集し，その結果を正確に説明することを通じて，三人のクライアントの期待に応えていかなければならない．いくら世間で評判の研修であっても，三人のクライアントの期待に応えられなければ，価値を提供していないも同然である．

（3）　教育効果レベル

先に教育効果を「人材育成投資が組織や個人に与える影響」と定義した．しかし，これでは漠然としすぎており，調査方法や測定のためのツール開発の手がかりがつかめない．教育効果測定を実施するためには，教育効果を分類し，評価可能なレベルに整理することが必要になる．この効果の分類方法はいろいろな専門家が独自の体系づけによって異なる見解を述べている．ここでは代表

的なドナルド・カークパトリック(D. L. Kirkpatrick)の「レベル4フレームワーク」とジャック・フィリップスの「ROIモデル」を紹介する．

1) ドナルド・カークパトリックの「レベル4フレームワーク」

教育効果測定の領域で有名なモデルの一つに，ドナルド・カークパトリック(1959)によって提唱された「レベル4フレームワーク」がある(表4-1)．このフレームワークは，個人への影響範囲としての教育効果を「感情」「認知・態度」「行動」の3水準に，そして組織への影響範囲を「成果」の1水準，計4水準に分けて体系化している(図4-1)．

① リアクション

カークパトリックのフレームワークでは個人が研修受講によって受け取った感情をレベル1「リアクション」と呼んでいる．リアクションでは，研修参加者がインストラクターや教材，研修内容，教室などの学習環境などを含む研修運営全体からどのような印象を受け，どんな感情を抱いているかを測定の対象

表4-1 カークパトリックの「レベル4フレームワーク」

レベル	定義名称	概 要
1	リアクション (Reaction)	プログラム参加者の反応を測定 ◇参加者はそのプログラムを気に入ったか
2	ラーニング (Learning)	プログラム参加者の知識やスキル習得状態を測定 ◇参加者は目的の能力を身につけたか
3	ビヘイビア (Behavior)	プログラム参加者の学習内容の活用状況を測定 ◇参加者は実際に職場で活用しているか(行動変容)
4	リゾルト (Results)	プログラム参加者の行動変容によって得られた組織貢献度を測定 ◇参加者(学習内容を活用し)はビジネス成果を向上させたか

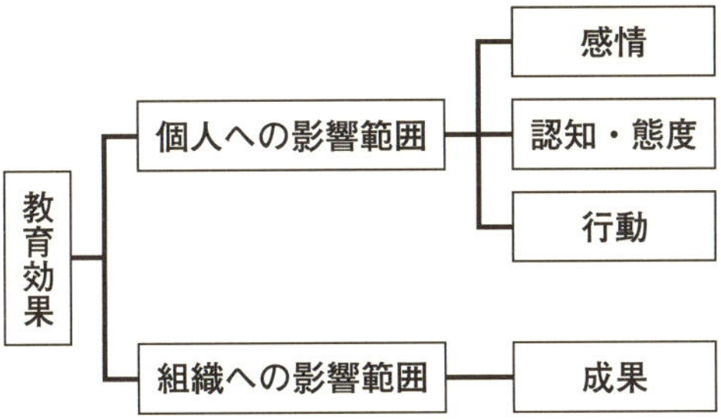

第4章 教育効果測定調査の全体ステップ—教育効果測定の全体像— 57

```
教育効果 ─┬─ 個人への影響範囲 ─┬─ 感情
         │                    ├─ 認知・態度
         │                    └─ 行動
         └─ 組織への影響範囲 ─── 成果
```

図4-1 教育効果の分類軸

範囲とする．学習した知識やスキルを活用してもらうためには，参加者にとって研修参加が肯定的な体験であることが望ましい．このリアクションのことを研修の受講満足度などと表現することもある．

② ラーニング

レベル2の「ラーニング」とは，教育研修が果たすべき主機能や価値を約束どおり提供できているかどうかを測定の対象範囲とする．教育研修の主たる機能は，不足している知識やスキルを受講者に付与することである．そのため，正しく設計され，正しく運用された教育研修であれば，学習者は意図された知識やスキル，態度などを獲得しているはずである．期待どおりの学習成果を研修が提供しているかどうかを見極めていく．

③ ビヘイビア

企業内で実施される教育研修の目的は知識豊かな組織構成員を育成することではない．戦略を立案し，その遂行を効果的にできる人材を育成し，組織力を高めることである．企業の期待は戦略の実行力．すなわち，自立的に考え，行動する人材である．レベル3の「ビヘイビア」とは，まさしく「行動」を測定の対象範囲とし，行動変容を教育研修の効果として定義している．つまり，研修によって獲得した知識やスキルが業務で，どの程度活用されているのか，期待行動の出現や行動の改善を測定の対象としている．

④ リゾルト

リゾルトとは，業務での活用によって，または改善された行動が，組織のパ

フォーマンスに貢献することを効果として位置づけている．レベル1から3までは個人を対象としているが，このレベル4では育成された個々人の活動の集積を教育効果の対象としている．

2) ジャック・フィリップスの「ROI モデル」

次に紹介するのはジャック・フィリップスの「ROI モデル」である（表4-2）．

このモデルは，カークパトリックのモデルに"教育効果の組織への影響範囲"として「投資効率」を第5のレベルとして加え，それ以外の分類として「インタンジブル（intangible）」を付加し，教育効果をモデル化したものである．

レベル1の「リアクション&プランドアクション」とは，カークパトリックのリアクションの定義にプラスして，研修参加者の職務への活用イメージや職務活用の気持ちの高まり，また実行計画の立案までを教育効果の範囲と捉えている．レベル2の「ラーニング」は，カークパトリックのラーニングと同定義である．そしてレベル3の「ジョブアプリケーション」とは，研修参加者が実際に職場に戻ってから，学習した知識やスキルを用いているかどうか，またその頻度を教育効果としている．カークパトリックと名称は異なるものの，意味するところに差異はない．レベル4の「ビジネスリゾルト」は，カークパトリックのリゾルトと同様に参加者が学習内容を職務に適応した結果，組織への貢献の程度を効果としている．そして，レベル5は「ROI」である．すなわち，研修によって得た組織貢献を金銭的価値に換算し，それと研修実施に要した費用や研修実施にともなって発生した機会損失などのコストを合算したものとを比較した，人材育成施策としての投資効果のことである．ROI はいくつかの方法によって計算できるが，通常は投資効果をパーセンテージで表すか，利益対費用の比率を用いて表される．

そして，ジャック・フィリップスの最新の著書 *How to measure training results — a practical guide to training the six key indicators* では，六つめの分類

表4-2 ジャック・フィリップスの「ROIモデル」

レベル	定義名称	概要
1	リアクション&プランドアクション (Reaction & Planned Action)	プログラム参加者の反応を測定 ◇参加者はそのプログラムを気に入ったか
2	ラーニング (Learning)	プログラム参加者の知識やスキル習得状態を測定 ◇参加者は目的の能力を身につけたか
3	ジョブアプリケーション (Job Applications)	プログラム参加者の学習内容の活用状況を測定 ◇参加者は実際に職場で活用しているか(行動変容)
4	ビジネスリゾルト (Business Results)	プログラム参加者の行動変容によって得られた組織貢献度を測定 ◇参加者(学習内容を活用し)はビジネス成果を向上させたか
5	ROI (Return on Investments)	投資としての有効性を測定 ◇ビジネス成果は投資コストに見合ったものであったか

として「インタンジブル(intangible)」、すなわち、無形の効果を提唱している。これは正確に計測しづらい組織内の雰囲気の変化や社員の微妙な気持ちの変化など、非金銭的な価値としての研修の付加価値を効果として定義し、分類したものである。

3) どちらのモデルが最適か

本書では二つのモデルを紹介したが、教育効果測定に関する論文や海外の専

門書には，いろいろと他にも異なるモデルが紹介されている．実際，どのモデルが一番使いやすいのか，どれが最適なモデルかは一概にはいえない．モデルを使用する各人が，自分の組織にとって馴染みやすく，自分の考えに合うものを選択して活用するしかないだろうと筆者は考える．また，これらのモデルを活用していくうちに，より高度化したモデルを自分自身で構築できるようになることもある．ただ，どのモデルにも共通しているのは，教育効果を1次元でとらえないということである．教育効果を矛盾なく複数の重複しないカテゴリーに分類し，モデルを構築していくのが，これらのモデルに共通する考えである．

4.2 収集データの種類と特徴

前節では，教育効果の測定目的，立場による期待の異なりを説明した．また教育効果のカテゴリー分類については，その代表的なモデルとして，カークパトリックの「レベル4フレームワーク」とジャック・フィリップスの「ROIモデル」を紹介した．つぎに，具体的に何を測定していけばよいのかを考えていく．

(1) 何を測定するのか

教育効果測定は教育研修の目的と直接的に関係するデータを収集することである．教育目標に直接的に関係するものであるから，教育目的を再確認しなければならない．そして次に必要なデータを収集していく．収集すべきデータの形態や特性から「ハードデータ」と「ソフトデータ」のカテゴリーに分けることができる(表4-3)．

ハードデータとは，経営の良し悪しを客観的に評価できる指標のことである．例をあげると，売上額，組織の生産性，生産工程でのリードタイムなどの指標が，これにあたる．ハードデータの特徴は，

① 測定が比較的やさしい

第 4 章　教育効果測定調査の全体ステップ―教育効果測定の全体像―　61

表 4-3　ソフトデータとハードデータの一覧

ハードデータ	アウトプット	生産個数, 売上高, 在庫回転率, 顧客数, 契約件数, など
	時間	サイクルタイム, 設備の寿命, 加工時間, 会議時間, 作業時間, など
	コスト	製造コスト, 変動費, 固定費, 管理コスト, 事故コスト, など
	品質	不良欠陥率, 手直し数, 事故数, 基準からのずれ, クレーム, など
ソフトデータ	満足	職務満足, 信頼感の向上, ロイヤリティ, 顧客満足, など
	勤怠	欠勤率, 遅刻, 安全規則違反, セクハラ件数, など
	風土・環境	不平・不満人数の数, 差別告発, 退職率, 職務満足, など
	スキル	意思決定・問題解決スキル, 新スキルの活用率, 習熟率, など
	育成	昇進率, 合格率, 研修への参加人数, など
	モラール	プロジェクトの成功件数, 提案件数, アイディア実行数, など

出典）　ジャック J. フィリップス,『教育研修効果測定ハンドブック』, 日本能率協会マネジメントセンター, 1999 年, から筆者が抜粋.

②　金額換算が容易である
③　客観的な指標である
④　組織のパフォーマンスの評価指標である

などがあげられる．

ソフトデータとは，組織の風土や組織構成員の気持ちなどを指す．ソフトデータの特徴は，

①　測定が難しい
②　直接測定するのが困難である
③　金額換算が大変困難である
④　主観的な指標である
⑤　業績など組織パフォーマンスに比べ，データの信頼性が劣る

などがあげられる（ジャック・フィリップス，1999）．

もし，ハードデータで教育の効果が測定できれば，皆の納得が高く，データ解釈の信頼性も高くなる．そして何よりも開発に多大な労力を要するテストや

アンケートツールの開発工程を大幅にスキップし，調査活動が進められる．しかしながら，教育研修が直接影響を与えているのは，第1章で説明したとおり，潜在能力の知識やスキル，価値観などであり，多くの場合ソフトデータを用いて教育の有効性を証明していくことになる．

(2) データの信頼性

次に測定を進めるうえで考慮しなければならない点は，データの信頼性である．データの信頼性に影響を与えるものは，測定ツール自体の信頼性や回答時の教示，回答者の記入ミスなどいろいろな因子が存在する．その中でも，ここではデータ収集の「タイミング」と「情報の入手先(データソース)」について説明する．

具体的には，いつの時点で，一体誰に回答してもらえば，より正確な研修の改善データを入手できるのかといった点についての一般原則を考えていく．

1) データ収集のタイミング

研修終了後に実施される受講者への質問紙調査を例に考える．一般的に，研修終了直後の受講者は気持ちが高揚していると考えられる．1日経った時点では，直後のような高揚感はないかもしれないが，学習したことを反芻しているかもしれない．1週間後では，強く印象に残ったことは鮮明に覚えていても，細かい部分については，曖昧になっている可能性が高い．1カ月後では，業務に忙殺されて，研修の印象のみしか憶えていないかもしれない．場合によっては同僚や上司から「研修なんて受けても役に立たないだろう」など心無い言葉を浴びせられ，活用への気持ちに水を差されているかもしれない．

このように，データ収集がいつの時点であっても受講者は研修以外の何らかの影響(バイアス)を受けているし，研修について，何らかの記憶は残っている．よって，いつの時点でも何らかのデータは測定できるのである．ここで重要なことは，測定目的である．すなわち，何のために測定しているのか，測定した結果を何に活用したいのかである．もし研修内容の改善を行うためなら

第4章 教育効果測定調査の全体ステップ─教育効果測定の全体像─　63

ば，なるべく，情報提供者の記憶が鮮明なときがよいだろう．

　また，改善の手掛りを探すには，今回のデータだけでなく，以前の参加者の評価や他の研修データなどと比較するのも有効なアプローチである．しかし，前回の研修参加者には終了1週間後に職場に質問紙を郵送して回答してもらったが，前々回は終了直後に研修会場でデータをとった．今回は研修終了後，バタバタと他の業務が飛び込んできたため，1カ月経った時点で質問紙を郵送したというケースを考えてみる．このような収集タイミングが異なるデータ同士を比較して，有意義な手がかりを見つけることは可能だろうか．そればかりか，そもそも比較自体が意味を持つのかという疑問すらわいてくる．測定の条件を統一しておかなければ，比較などできるはずがない．測定目的に合致した手順，条件，手続などを十分に考え実施することが不可欠である．

　つぎに，参加者が学習した知識やスキルを活用しているかどうかを測定する場合を例として考えてみる．プレゼンテーションスキルを学習したとする．このとき，プレゼンテーションの機会は一体どの程度の頻度で発生するものだろうか．部門や職種によって異なるだろうが，そのような機会は，毎日発生するのか，それとも半月に1回程度か，場合によっては2カ月に1回かもしれない．常識的に考えると，司会業やコンサルタントでもない限り，毎日プレゼンテーションの機会があるとは考えにくい．研修終了の1週間後に活用しているかどうか測定しても，研修参加者の多くは使うチャンスさえないまま測定されてしまうことになる．いくら受講者本人が活用したくても，チャンスがなければ活用は不可能である．これでは未活用の原因を研修の良し悪しに求めることができない．全受講者が最低数回は活用する機会を得た後で測定しなければ，正しいデータを収集することは不可能である．常識的に考えて2カ月から3カ月を経た後で測定することが望ましいといえる．

　これがもし，Excelのようなパソコンのソフトの操作を学習したのであれば，操作スキルを実行しようと思えば，自らの意思で活用の機会をつくり出すことができる．逆に，「測定は3カ月後」とアナウンスしてしまえば，自ら活用の機会を作るという意識を刺激することは難しい．このような場合は，活用

を促すための，良い意味でのプレッシャーを与えるべきである．パソコンの操作スキルは，学習後なるべく早いうちに使い，その使用回数を増やすことによって習熟度を高められるものである．そのため，1週間以内に活用度を測定するほうが妥当と考えられる．

測定に最適なタイミングを探しだすための万能の方程式は存在しない．経験則や現場とのコミュニケーションを通じ，妥当な時期を自分たちで判断することである．二つの例からわかるようにデータ収集のタイミングは，データ使用の目的と活用機会に対する妥当なインターバルの設定によって，測定の実施時期が決定される．

2) データソース

通常，教育効果測定でのデータソースは次のような対象があげられる．組織の業績指標(業績管理帳票)，研修受講生，研修事務局，研修講師，受講者の職場メンバー，受講者の上長，受講者の部下，受講者に関係するお客様，競合相手などがその代表である．すべてのデータソースの特徴をここで言及することはできないが，代表的なデータソースの特性を考えてみよう．

① 組織の業績指標(業績管理帳票)

最も信頼できるデータソースが組織の業績指標である．ハードデータで教育の効果が測定できれば，データ解釈の信頼性も高くなると前述した．このようなデータはレベル4の測定にとって好都合であり，ビジネスの成果と直結し，最も信頼でき，入手が容易といえる．しかしながら，多くの組織では正確かつ継続して記録されている可能性が低く，信頼性を担保したデータとして使用が難しいのが現実であろう．

② 研修受講者

研修受講者は最も活用されるデータソースであり，一般的に受講者は柔軟性が高く，豊富な情報を提供してくれる．研修の受講満足や知識やスキルを獲得し，業務でそれらを活用したかなどについての情報も提供してくれる．レベル4の測定においても，受講者自身の業務上での使用経験にもとづき，研修の業

績寄与や金銭的な価値など，多様な情報を提供することができる．

③ 受講者の上司

受講者の上司は一般的にいって信頼性の高い情報源の一つである．多くの場合，彼らは研修に参加した部下たちが学習したスキルや知識を使おうと試みているかどうかを観察している．また，研修がどの程度成功したか，活用時に何が障害になるのかなど，職場事情と関連づけて解釈することができる．上司は重要なデータソースであるだけでなく，学習内容の職場活用を促進させるうえでの鍵となる．

④ 受講者の部下

受講者の部下は上司である研修受講者の行動の変化を察知することは可能だが，変化した原因や理由を特定することは得意でない．またビジネスの経験が浅い部下の場合，何がビジネス成果に影響を及ぼしているかという点を知らないのが通常であり，研修の業績への貢献を論理的に考え，データを提供することは無理といえる．また，必要以上に甘く評価したり厳しすぎたりするなど，部下は上司への評価に対する心理的なバイアスが多く含まれていると予想できる．

筆者が以前実施した効果測定では，上司が研修に参加した時期を知らない部下があまりにも多すぎ，研修受講前と受講後の行動変化について結論が出せなかったという苦い経験をした．上述した特徴を踏まえ調査計画を立てていくべきだろう．

⑤ 受講者の職場メンバー

チームや同僚という立場の関係者に対して影響を与えるような研修，例えばコミュニケーション研修が実施された場合，チームメンバーや同僚らが測定の情報ソースになる．彼等は受講者の行動変化に関する情報を提供することができ，受講者を含むチームメンバーそれぞれの行動変容やチーム共同による努力成果などについても判断することができる．しかしながら，これらの評価は主観的であり，場合によっては評価スキルが不足していたりし，部下と同様に限定的な情報ソースとして扱う必要がある．

データソースを特定し，選定する際のポイントは，測定したい適切な情報を十分に持っている相手は誰であるか，またデータ提供の際にどのようなバイアスがかかりそうかを予測し，必要な情報を返してくれる相手は誰であるかを検討することである．

仮に部下育成を目的に管理職がコーチング研修を受講したとする．受講者本人である管理職に対して，「コーチングスキルを活用していますか」と質問を投げかけると，十中八九，職場で活用していると回答が戻ってくる．管理職という組織内立場を考慮すると，嘘でも「イエス」と答えざるを得ないだろう．測定の責任者は，データソースが持つ特徴を理解して，誰が正直に回答を戻してくれるかを熟考すべきである．コーチング研修の成果を正確に判断し，データを戻してくれそうなデータソースは，直接的に恩恵を受ける受講者の部下と考えることができる．

(3) 測定するデータの教育効果レベルによる分類

今度は視点を変えて，教育効果のレベル別に，通常どのようなデータを収集していくのかについて述べていく．ここでは，カークパトリックの「レベル4フレームワーク」を用いて説明していく．

レベル1（リアクション）は，研修に参加した受講者が研修をどのようにとらえているかを測定することであるので，通常このレベルで測定されるデータはソフトデータに分類され，研修の良し悪しを判断するための情報が収集される．具体的には研修内容や教材，講師の教え方，会場の快適性，参加者の質，研修の構成などが収集すべき情報項目といえるだろう．研修の改善が主目的であるならば，情報ソースは受講者が最適といえる．また測定タイミングは研修の良い点や不具合点について，まだ受講者の記憶が新鮮で，研修以外の心理的影響が入りづらい研修終了直後が望ましいといえる．

レベル2（ラーニング）の測定とは，教育効果を「研修受講によって，受講者が期待する知識やスキルを習得すること」と定義し，受講者それぞれの習得や理解の状態を測定することである．したがって，ここで測定されるデータはレ

ベル1と同様，ソフトデータに分類される．知識の増加が主目的であれば理解度確認テスト，スキルの習熟度であればシミュレーションテストやロールプレイ演習などを行い，期待するスキルのでき具合を測定する．情報ソースには，受講者自身や他の受講者，該当スキルの熟練者などがある．他者によるスキル習熟度の観察評価の実施は，研修中が一般的である．

レベル3(ビヘイビア)は，研修受講で獲得した知識やスキルの職場活用や受講者の行動変容を教育の効果と定義しているので，一般に獲得したスキルの発揮度や期待行動の発揮度の変化を比較するための情報が収集される．この場合，ソフトデータに分類できるデータだけでなく，ハードデータに分類されるデータも収集される．ハードデータの例として営業パーソンの顧客訪問回数や顧客滞在時間などがあげられる．

レベル4(成果)は，教育研修の組織業績貢献を教育効果として定義しているので，ここで測定されるデータは他の測定レベルに比較して，ハードデータに分類される場合が多い．売上額，新規顧客開拓件数，コスト改善額，生産性指標などがハードデータの代表である．また，ソフトデータの代表は，顧客満足度や従業員満足度，コミュニケーションの効率性のようなものがあげられる．情報ソースは社内に留まるだけでなく，お客様や場合によって競合他社まで広がることもある．そして測定実施のタイミングは成果が表れる妥当な時期まで待たなければならない．他のレベルとデータ収集タイミングを比較すると教育研修実施後，最もインターバルが長くなる．

4.3 教育効果の測定レベルと一般的な測定ツール

（1） 教育効果の測定レベル

教育効果は参加者の満足のレベルから業績貢献のレベルまで分類して考えるということを知ったとたん，「では当社においてはすべての研修をレベル3まで測定する」とか，「有名な大学教授を招き，日数は5日間かけ，費用も高額

な部長研修はレベル4まで」と感覚的な決めつけによって測定レベルを決定する人や組織が必ず現れる．筆者自身，過去の講演会やコンサルテーション中に，こうしたことを少なからず経験した．

しかし，効果測定の妥当な実施レベルは，総額1000万円の研修だからレベル3，50万円の研修だからレベル1，3週間の研修だからレベル4というように決まるのではなく，研修実施の目的や研修によって解決したい課題のレベルにもとづいて決めるものである．第2章で述べた「HRDサイクルモデル」の「分析」機能を実行していくことで研修実施の目的が明らかになっていく．

まず，人材育成責任者は経営戦略を正しく理解，把握することから始めなければならない．そのために戦略を具体的な実行策として推進している部門責任者やラインマネジャー等に質問していく．質問のポイントは「今，何がマネジメント上で課題となっているか」，「戦略を推進するのに，あるいは重点目標を達成する際の障害は何か」を具体化させる質問を行うことである．そして広範囲に，それらについてインタビューしていくことである．これらを通じて，解決すべき課題と解決方法を具体的にしていくのである．それゆえ，「どんな研修が必要ですか」といった研修の必要性をたずねる質問は不適切であり，決してこの時点で訊ねてはならない．人材育成の視点から何が不足しているのか，特に人の行動で何が改善すべきことかを探っていく．この過程を通常，ニーズ・アセスメントと呼ぶ．このニーズ・アセスメント活動によって，戦略推進上のあるいは業務運営上の問題点を明らかにしていく．

問題の発生原因が人の行動に関する場合とそうでない場合が生じるが，仮に主たる原因が業務ルールや技術力であることが判明したら，教育研修という手段で解決を図ろうとしてはならない．例えば，技術力や営業力を下支えする人材のコンピテンシー強化が妥当な方法と推測できる場合が発生したとする．そのような場合は，行動強化のための教育研修が必要になるかもしれない．しかし，行動しない原因がスキルや知識不足に起因しないような場合であれば，教育研修以外の施策を用い問題を解決していく．このように，あくまでも不足している知識やスキル，是正すべき考え方や価値観が存在して初めて，教育研修

実施の意義が生じる．第1章1.4節で論じた「能力と業績の関係モデルが意味するもの」を再読していただきたい．教育研修によって本当に解決できるのか，それが何に影響を与え，改善の連鎖が生じていくのかを論理的に予測し，導き出すことによって効果測定レベルならびに効果測定の調査プランを決定することが可能になる．

以下に，ジャック・フィリップスらが提唱する「ニーズ，教育実施目的，効果測定の関係性」をまとめた図を紹介する（図4-2）．この図はニーズ・アセスメントによって問題のレベルが判明し，それに対応して教育研修によって解決すべき課題が決まり，そして測定実施レベルが決定するという各々の関係性を示している

（2） 測定のための方法

次に，教育研修の効果を測定するツールや方法について紹介していく．代表的なデータ収集方法を示し，それぞれのツールや方法が持つ特徴を概観する．

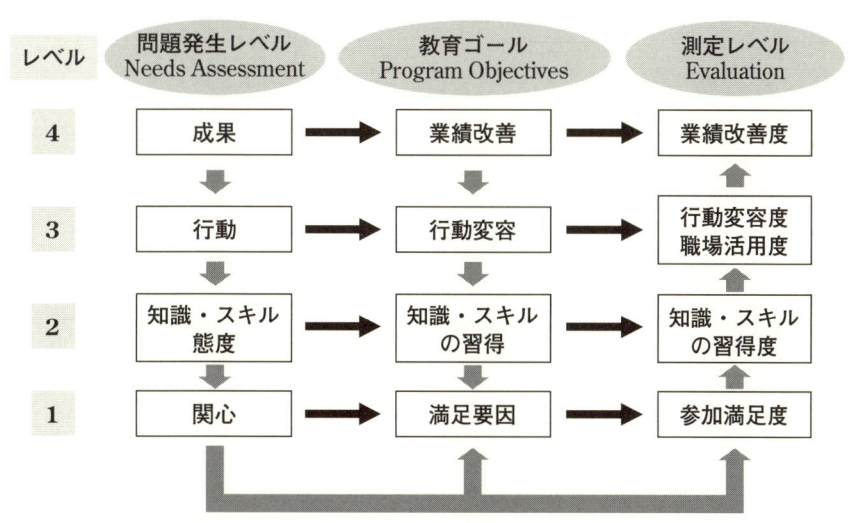

レベル	問題発生レベル Needs Assessment	教育ゴール Program Objectives	測定レベル Evaluation
4	成果	業績改善	業績改善度
3	行動	行動変容	行動変容度 職場活用度
2	知識・スキル 態度	知識・スキル の習得	知識・スキル の習得度
1	関心	満足要因	参加満足度

出典） Patricia P. Phillips, *the bottom line on ROI*, CEP Press, 2002, から筆者が抜粋．

図4-2　ニーズ・アセスメントと測定レベルの関係性
（**Linking Needs Assessment with Evaluation**）

1) 質問紙調査

　質問紙調査は研修受講に関する感想や意見を収集する際に使用される．しかし，それだけでなくこの方法の応用範囲は広く，多様な質問を投げかけることで，態度変容に関する調査から行動発揮の障害要因や改善事項など，あらゆるものが測定可能である．また，質問紙調査の形式も多肢選択，空欄埋め方式，自由記述など多様で幅広い．質問紙調査はレベル1からレベル4の測定に用いることができ，一度に多くの人から多くのデータを収集することが可能である．しかし，仮説にもとづき構造化され，さらにデータの評価方法や活用方法が明確にされ，それに沿って丁寧に吟味された質問から構成された調査票でなければ，いくらデータを収集しても信頼のおける結論を導き出すことはできない．

2) 理解度確認テスト

　理解度確認テストは，学習内容を理解したかを測定するツールとして，最も馴染み深い方法である．特にレベル2の測定に欠かせない方法であり，多くの組織で利用されている．しかしテストと一口にいってもメディア，形式，使用目的，測定対象によって多種多様であり，この教育テーマであれば，このテストが最適だと断定できるものは存在しない．学習目標に合わせて講師や該当テーマの専門家と相談し，一つひとつ開発していくしかない．

　第3章で述べたように，評価方法は基準の違いから，相対評価と絶対評価の二種類に分類できる．教育効果を測定する基本目的は，教育研修が期待どおりの成果や機能を果たしているかを見きわめることであり，受講者を評価するものではないという考え方に照らすと「絶対評価」にもとづき，テストが開発され，運用されなければならない．

　そのためには，受講者がこの研修に参加し，最終的に何が理解できるようになるのかを具体的に整理することが，テストの開発で最も重要な過程の一つになる．

3) パフォーマンステスト

パフォーマンステストとは，研修で学習したスキルを実際に演習やロールプレイングなどを通じて披露してもらうことにより，そのスキルの習熟度を判断するテストである．先にあげた理解度テストは知識の保有度を測定するのに対して，パフォーマンステストは，スキルの習熟度を測定する方法である．このテストは，実際に行動してもらうだけでなく，提案書をより見やすくするためのビジュアル化技術を学習したような場合などは，実際に提案書を作成してもらい，その作品のでき具合を評価し，スキルを期待したレベルで身につけ，使用できるかを判断する．

この方法もレベル2の測定における有効な手段である．ただし，事前にスキルを期待レベルで身につけている場合にどのような行動が観察できるのかといったことや，身につけていない受講者と身につけた受講者を区別する方法や，評価基準を明確かつ詳細に設定しておく必要がある．この基準の開発やスキル活用の条件を設定することは，案外難しい．研修の設計以上に労力を必要とする場合も少なくない．

4) シミュレーション

シミュレーションは，業務手続きの実行や実務課題が解決できるかを判断するために，実際の仕事を模してデザインされたテストである．研修で学習したことを用いて，どれくらい課題をクリアできたかで評価される．このテストは研修の最中でも，最後でも，あるいはフォローアップとしても実施できる．

シミュレーションの利点は何といっても，状況の再現性である．実際の状況で遭遇する主要な特徴をすべて含ませ，何度でも再現できる．また，繰返し練習できるため，受講者の習熟スピードを高めるのに効果的である．ただ，開発に莫大なコストが必要になることもある．しかし，受講対象者が多く何度も使用しなければならない場合や，業務上避けては通れない訓練などの場合は，有効な手段といえる．飛行機のシミュレーター，消防隊員の訓練設備，経営幹部候補者らを対象としたビジネスゲームなどがその代表である．

5) エクササイズ，演習

研修にエクササイズや演習といったツールを組み込み，演習課題の出来具合によって，受講者の習熟度やつまずき箇所(期待どおりに知識や技能が習得されていない事項)を探索するためのテストである．出来具合をインストラクター，ファシリテーターがレビューしたり，得点化したりして，受講者個々人にフィードバックすると同時に，個々人の進捗状況を把握し，学習を促していく．また，この方法は研修の実施運営にダイナミズムを生み，受講者の集中を途切れさせない効果もある．当然のことながら演習課題のチェックポイント，特に習熟の合否を見きわめる態度や行動，項目を十分に吟味し整理しておく必要がある．

6) 行動観察

観察は受講者の実際の行動を最も正確に知るための方法である．観察者が観察していることを相手に気付かれないような状況では，より一層の効果を期待できる．具体例として，サービストレーニングの受講者が学習したスキルを実際の店舗で活用しているかを調査する覆面調査があげられる．行動観察には行動を具体的に明示したガイドや，行動の質を確認するためのチェックリストを事前に準備しなければならない．また，行動観察者には，観察すべき行動を正しく見分ける力やそれがどの程度観察されたかを正確に把握し，報告するスキルが欠かせない．他の方法に，実際の作業状況をビデオ録画して行う観察法などもある．

7) インタビュー(個人インタビュー)

インタビューは関係者の情報を正確に理解する方法の一つである．特にこの方法の優れている点は，ユニークなエピソードや一人ひとりの有能性を把握できることである．学習内容を職場で活用する際の重要なポイントや詳細な心理的な障害を探し出す手段として効果的であり，微妙な気持ちや思考の変化さえもキャッチすることができる．ただし，インタビューはかなりの時間や労力，

経費を必要とするうえに，収集したデータ・情報の解釈や分析が容易でないという欠点も持つ．

8) フォーカスグループ（グループインタビュー）

フォーカスグループ（調査実施のために選ばれたグループ）へのインタビューは，個人へのインタビューに比較するとコスト的に優位である．短時間で多くの情報やグループ討議を通じて得た意見を把握することができる．特にソフトスキルに関するデータを収集するのに役立つ．しかし，この方法は集団を対象として実施されるため，参加者一人ひとりの詳細なデータを把握するのには不向きである．また，ファシリテーターのスキルに大きく依存する手法である．ファシリテーターのスキルが不足している場合，特定の個人ばかりに発言が偏る，自分の意見を押しつける，テーマと関係しない話題に終始してしまうなどといった問題を生じさせ，肝心な情報を収集できないまま調査が終了してしまうことになる．十分なスキルを有したファシリテーターによって実施されてはじめて質の高いデータの獲得が可能になる．

9) アクションプラン，改善計画

アクションプラン，改善計画は学習したスキルや知識の活用イメージを鮮明にさせるだけでなく，研修終了後のフォローアップツールとして高い効果が期待できる．レベル3やレベル4調査の場合，受講者の業務上での行動変容の程度，活用状況や活用による組織貢献結果の把握に用いることができる有効な手段である．これを用いるための事前準備として，受講者は研修中に学習内容に関係する課題遂行の詳細な実行計画を作成しなければならない．

また，解析や分析にとって有効なデータを収集するためには，次に示す情報が導き出されるよう設計することが望ましい．

① 改善のゴールイメージと現状
- 何を達成基準に，またどのような事項をターゲットにしているのか
- 現状はどのような状況で，どの程度の成果をねらいとしているのか

② 改善事項と測定の単位
- 学習した知識やスキルを用い，研修後，業務上で改善された事項は何か
- 改善の進捗や達成基準を見極めるための測定の単位は何か（円，時間，人，個，工程など）

③ 改善に対する教育研修の貢献度
- どのくらい教育研修が業務や成果改善に寄与したのか

④ 障害要因と解決策
- アクションを実行する際に予測される障害は何か
- 障害を除去するためのリソースとして何が必要か

4.4 HRDサイクルストーリーに沿って教育効果測定を進める

　教育研修を設計し，効果測定を行なう実施手順は，図4-3に示すHRDサイクルストーリーに従うと進めやすいだろう．HRDサイクルストーリーとは，筆者らが提案する人材育成部門における業務プロセスである「HRDサイクルモデル」を具体的に実行していく事項を手順化したものであり，次の五つのステップに区分できる．

　ステップ1は，組織内の課題を見極め，その課題と原因を整理し，その解決のための介入策を選択する工程「問題の明確化と現状分析」である．ステップ2は，介入策としての教育研修の設計と開発，効果測定ツールの設計と開発を行う工程「教育研修プログラムと効果測定の設計」である．ステップ3は，「教育研修プログラムと効果測定の実施」の工程であり，実行のプロセスである．ステップ4は，収集したデータによって教育研修を評価する工程「教育研修プログラムの評価」である．そして，最後のステップ5の「教育研修プログラムと効果測定ツールの改善」は，データをもとに教育研修を改善する．また，それだけでなく，測定ツールの改善も進めていくプロセスである．

　各ステップの具体的な実施方法については，第5章から第7章で詳しく説明する．ここでは各ステップの概要を説明する．

第4章　教育効果測定調査の全体ステップ―教育効果測定の全体像―　75

```
┌─────────┐  ┌──────────────────────┐ ┐
│ ステップ1 │→│ 問題の明確化と現状分析        │ │
└─────────┘  └──────────────────────┘ │ P
                      ▼                 │
┌─────────┐  ┌──────────────────────┐ │
│ ステップ2 │→│ 教育研修プログラムと効果測定の設計 │ ┘
└─────────┘  └──────────────────────┘
                      ▼
┌─────────┐  ┌──────────────────────┐ ┐ D
│ ステップ3 │→│ 教育研修プログラムと効果測定の実施 │ ┘
└─────────┘  └──────────────────────┘
                      ▼
┌─────────┐  ┌──────────────────────┐ ┐
│ ステップ4 │→│ 教育研修プログラムの評価       │ │
└─────────┘  └──────────────────────┘ │ S
                      ▼                 │
┌─────────┐  ┌──────────────────────┐ │
│ ステップ5 │→│ 教育研修プログラムと効果測定ツールの改善 │ ┘
└─────────┘  └──────────────────────┘
```

図4-3　HRDサイクルストーリー

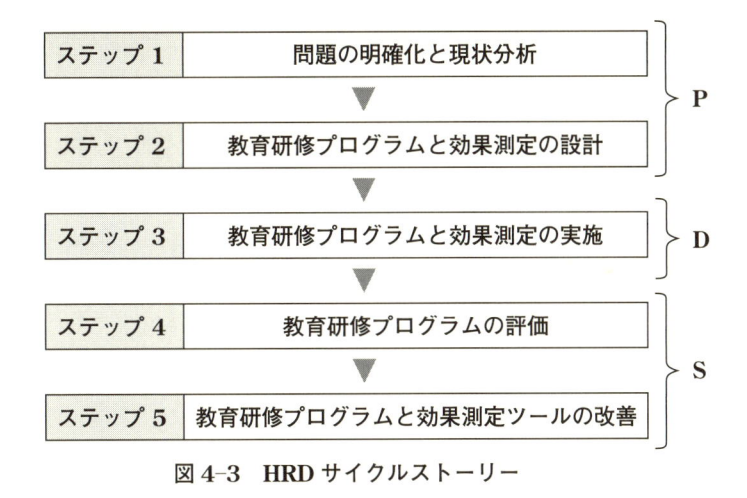

（1）ステップ1：問題の明確化と現状分析

　第1章で述べたように，組織内で発生している課題の原因は，人に起因する問題とは限らない．ましてや教育研修で解決できる原因はそう多くないといったほうが正確に現実を捉えている．このステップでは人材育成部門は経営者やラインと協働し，組織内で何が起こっているかを探り，その探索過程を通じ，問題の特定化と原因を明確化していく．このプロセスのことを通常「ニーズ・アセスメント」と呼ぶ．取っかかりとして，最初は多くの人から情報を求めず，キーとなる数人と議論し，問題の範囲や大雑把な定義を固めることが重要となる．将来のための布石や中核事業に影響を与える外的要因を，どう解釈するかが鍵を握る．そのため，信頼のおけるキーパーソンらと進めていくことに意味がある．そして，組織が目指すべき方向や手を打つべきこと，課題の発生原因，計画実行のための必要要件など様々な点から仮説をまとめ，その実証調査として広くラインや中間管理職らを巻き込み，場合によってはクライアントの協力を得ながら課題と原因の特定化を進めていく．
　つぎに，明確になった課題を解決するための適切な介入策を見きわめていく．ここで重要なことは，研修テーマの探索を目的としてはならないというこ

とである．あくまでも原因を除去する最適な介入策を探り当てることが主目的であるため，介入策によって解決されるべき具体的な課題と目標をここで設定することを忘れてはならない．言い添えておくが，この時点で教育研修が介入策として適さないと判断されたら，決して教育研修を実施してはならない．

（2） ステップ2：教育研修プログラムと効果測定の設計

以下のステップは，教育研修が介入策として選択された場合に発生する工程である．教育研修の設計，開発で重要な点は，何を教育研修によって達成したいのか，それに対する明確な目標を設定することである．教育研修によって不足している知識やスキルを付与すればよいのか，職場を巻き込んで行動変化を促すことまでをその範囲とするのか，正確に理解することである．それによって，教育研修の組立てや必要期間，教育方法が異なってくる．そして，この明確に設定された目標が教育効果の測定指標となり，調査内容が決まり，測定ツールの開発へと進んでいく．

また，教育効果測定の観点から考えると調査の目的とデータの活用方法を定めることがいたって重要となる．なぜなら，これによって収集すべきデータの種類や内容，情報源が確定していくからである．また，活用方法や目的が不明確なままでは，データ解釈の基準を設定することが困難となることからも，この段階で調査の目的とデータの活用方法を決めることは重要である．

（3） ステップ3：教育研修プログラムと効果測定の実施

ステップ2で設計開発した教育研修を実行し，ステップ2で計画した実施手順に則り，決められた時期に測定ツールを用い目的のデータを収集する．これらの工程がステップ3である．重要な点は決められた手順，ルールを遵守し，ターゲットデータを収集することである．

手に入れたい，または明らかにしたい教育効果は，長さや重さといった物理量ではなく，頭の中に思い描く構成概念である．教育効果測定を平たくいえば，われわれが勝手に考えたイメージを勝手に開発した測定ツールによって測

る行為であるため,測定の結果を客観的,絶対的に正しいと証明できるものではない.唯一,その解析結果を正しいと判断するよりどころは,測定の実施計画の妥当性しかない.したがって,勝手に測定手順を変更することは,測定活動の正確さや信憑性を台無しにすることになる.決めたとおりの手順で粛々と進めることが,この上なく重要なポイントとなる.

(4) ステップ4:教育研修プログラムの評価

ステップ4は期待した成果を教育研修によって得ることができたかどうかを見きわめる工程である.具体的には,4.1節(3)「教育効果レベル」に記した点を教育研修の実施目的に沿って,判断していくことである.ここで留意すべき点は,せっかく苦労して測定ツールを開発し,各方面からの協力を得て獲得した貴重なデータを入力ミスや勘違いなどによってゴミに変えてしまわないことである.そのため,データ入力には細心の注意を払い作業を進めなければならない.

また,データ解釈にあたっては,あらかじめ設定した解釈基準に則り,判断を進め恣意性を排除する.複数人で解釈を行う,統計を用い科学的な根拠や事実に立脚した解釈を行うなど,細心の注意を払いながら解釈を進めることが重要である.

(5) ステップ5:教育研修プログラムと効果測定ツールの改善

このステップ5の実行によって,HRDサイクルが1回転する.この工程は教育研修のみならず,データ収集のために開発したテストや質問紙,チェックリストなどすべてのツールを改善していくプロセスである.

改善箇所を見つけ,特定するためには,ここでも,データ解釈における信頼性に細心の注意を払う必要があることを忘れてはならない.データの解釈工程では多面的に,統計などの科学的な手続きも用い,客観性を担保したうえで,判断を下すことが重要である.この適切な判断によって妥当な改善を行うことができ,よりパワフルな介入策として教育研修が生まれ変わり,同時に測定ツ

ール自体の妥当性,信頼性が増していくのである.

4.5 測定結果の活用と調査業務の信頼性の担保

　繰返しになるが,教育効果測定の測定対象は,物質的な重さでも,面積でも,長さでも,波長という色でもない.教育効果という目に見えない,触れることのできない抽象的な概念である.この漠然とした対象物を正確に測定したと証明しうるものは,調査目的と測定方法の妥当性,そして計画どおりの手順で進められたという事実でしかない.そのため重要な点は,調査目的を明確化することと,調査業務に不審を抱かれないように慎重に進めることである.本章の締めくくりとして,データの活用目的と調査業務の信頼性を保障する「10の原則」について説明する.

（1）測定結果の活用目的を再確認する

　ある組織では,収集したデータを,最適な参加者の選定やインストラクターの評価をするために活用するほか,同時に次年度の教育予算を獲得するための貴重な説明資料とするなど,様々に活用している.またときには,優秀な教育ベンダーを探り当てるために,投資効率の高い教育研修を予測するために教育効果測定を実施している.すでに何度か説明したように,データの活用イメージを持たずに,ただ漫然と収集してもデータを活用できない.調査目的が明確化されていなければ,どのような問題を解決するために,どんな情報を入手し,どう解釈すべきという一連の調査プランが練れないからである.論理性と整合性のある教育効果測定では,データ活用のイメージが曖昧になることはない.教育効果測定を実施する際の参考情報として,効果レベルごとの一般的な活用目的を紹介しておく(表4-4).

1）レベル1：リアクション

　レベル1の測定で一般に使用される方法は,リアクションアンケートと呼ば

表 4-4　レベルごとの活用目的と測定ツール

レベル	一般的な活用目的	主な測定ツール
レベル1：リアクション	●研修プログラムの改善 ●研修プログラムの品質管理上の判断	●リアクションアンケート ●インタビュー など
レベル2：ラーニング	●研修プログラムの改善 ●研修ツールの改善 ●インストラクションの巧拙の評価	●理解度テスト ●演習を通じての観察 ●シミュレーションテスト など
レベル3：ビヘイビア	●スキルや知識の活用度の把握 ●職場でのスキル活用の促進要因や阻害要因の把握 ●研修の寄与度の評価	●アクションプラン ●フォローアップアンケート ●個人インタビュー ●職場での行動観察 ●フォーカスグループ ●業績指標 など
レベル4：リゾルト	●教育研修の業績貢献度の把握 ●研修の総括的評価 など	●フォローアップアンケート ●アクションプラン ●フォーカスグループ ●実験群と統制群のデータ比較 ●業績指標 など

れる研修終了時点で実施される受講満足を測る質問紙である．対象人数が少なければ，インタビューを実施する場合もある．データは，研修プログラムの改善，品質管理上の判断に用いられるのが一般的である．

2)　レベル2：ラーニング

測定ツールとして最も多く用いられる方法はテストである．演習を通じての観察もよく行われる．他にもシミュレーションテストなど，目的に合わせて，

多種多様な方法が使われる．レベル2の測定データは，一般に，研修を改善する目的で活用される．受講者のつまずき具合を判断し，教える方法や内容を改善する．業務への応用力をより強化するために，受講者の業務内容に近似した事例を新たに開発するといった研修ツールの改善策につながることも珍しくない．

また，このデータから，講師によって受講者の間違える箇所の偏りの違いや理解の度合の異なりなどが明らかにされ，インストラクションの巧拙の評価を行うことができる．

3) レベル3：ビヘイビア

アクションプラン，フォローアップアンケート，個人インタビュー，職場での行動観察，フォーカスグループ，業績指標などで測定される．データの活用目的は，実際の活用場面や業務実行でのスキルや知識の活用度を把握し，職場や個人によるばらつき具合をチェックする．そして，スキル活用の促進要因や阻害要因を把握し，行動変容を促す施策の計画や開発を検討する資料として用いられる．スキルの向上を目的とした研修の場合，研修がその向上にどの程度寄与したかを評価する場合にも用いられる．

4) レベル4：リゾルト

フォローアップアンケート，アクションプラン，フォーカスグループ，実験群(研修を受講したグループ)と統制群(研修を受講していないグループ)のデータ比較などを用いて測定される．活用目的は教育研修の業績貢献度の把握，研修の総括的評価などが代表的である．

(2) 調査の信頼性を保つ10の原則

ジャック・フィリップスは，いついかなるセミナーにおいても，調査データを解釈し結論を下す際は保守的に，そしてより慎重に行うべきだと強調する．慎重に結論をまとめることによって，経営者やマネジャー，第一線のメンバー

たちが，調査メンバーの作成した報告書に目を通し，信頼たるものと判断をしてくれる．決して過当な結論づけは行ってはならないと彼は言う．以下に，彼が提唱する測定の信頼性を高めるための「調査実施の10原則」を紹介する．

原則1：より高いレベルの効果測定を実施する場合は，下位レベルのデータも合わせて，すべて収集しなければならない．

原則2：より高いレベルの効果測定を実施する場合は，下位レベルの測定は広範囲，詳細に実施する必要はない．

原則3：データを収集，分析する場合，最も信頼のおける情報源からのデータを活用しなければならない．

原則4：データ分析を実施する場合，最も堅実的な算出方法を用いなければならない．

原則5：教育研修の最終効果に対する貢献や他の効果と教育研修の効果を分離する場合は，それらを特定化する方法を少なくとも，1つは用いなければならない．

原則6：もし改善や向上の証拠（データ）がわずかしか，あるいは，認識できなかった場合は，教育研修による効果が少しも，あるいは，まったく見られなかったと結論を導き出さなければならない．

原則7：改善成果の推定値は潜在する推定誤差に合わせて調整しなければならない（改善成果を見積もる場合は見積に含まれるエラーや誤差を排除する方法をその手続きの中に組み込み実施しなければならない）．

原則8：極端な外れ値や不確実なデータを利用して，ROIの算定をしてはならない．

原則9：短期研修による効果を分析する場合は，初年度の成果（効果）のみを用いて算出しなければならない．

原則10：ROIを算出する際は教育研修の企画から測定にいたるすべてのコスト（プログラム費用，効果測定費用，プロジェクト管理費，機会損出費用など）を含めなければならない．

(Jack J. Phillips & Ron Drew Stone, *How to measure training results — a practical guide to tracking the six key indicators*, McGraw‐Hill, 2002 p.219, を筆者が翻訳.)

引用・参考文献

[4-1]　ジャックJ. フィリップス著, 渡辺直登, 外山裕監訳, 『教育研修効果測定ハンドブック』, 日本能率協会マネジメントセンター, 1999年.

[4-2]　Jack J. Phillips & Ron Drew Stone, *How to measure training results — a practical guide to tracking the six key indicators*, McGraw‐Hill, 2002.

[4-3]　Patricia Pulliam Phillips, *The bottom line on ROI*, CEP Press, 2002.

[4-4]　Kavita Gupta, *A Practical Guide to Needs Assessment*, Jossey‐Bass/Pfeiffer, 1999.

[4-5]　ウォルター・ディック, ルー・ケアリー, ジェイムズ・O・ケアリー著, 角行之監訳, 『はじめてのインストラクショナルデザイン　米国流標準指導法 Dick & Carey　モデル』, ピアソン・エデュケーション, 2004年.

第5章　教育研修のつくり込みと効果測定の実施 — Part 1 —
問題の明確化と現状分析の詳細

　組織における人材育成は，経営戦略を実現するために実施されるものである．人材育成は，決して福利厚生の一環として行われるものではない．

　しかしながら，経営トップから求められるままに，人材に関して何が問題であるかを明確にしないまま，教育研修を実施してしまう場合も少なくはない．このように問題が不明なまま実施される人材育成施策であっては，実施前からその効果を期待することはできない．本章では，問題を明確にしていくための代表的な三つの調査方法（ニーズ・アセスメント）を概説し，続いてニーズ・アセスメントから導きだされた分析結果から，どのようにしてあるべき人材像を整理するのかを説明する．そして最後に，あるべき人材像の育成・開発の手段を合理的に選んでいく方法を紹介する．

5.1　問題の明確化と現状分析（ニーズ・アセスメント）のフロー

　HRD サイクルストーリーの最初のステップである「問題の明確化と現状分析」では，図 5-1 に示す項目を実施する．

　問題を明確にすることは，適切な人材育成施策を選択するうえで必須の実施事項である．問題が明確でないと，何のために人材育成施策を実施するのかが不明確になってしまい，人材についての問題を解決することが難しくなってしまう．問題を明確にするためには，現状がどのような状態になっているかを知らなければならない．問題は現状と目指す状態との差である．そのため，多角

```
┌─────────────────────────────────┐
│ ステップ1  問題の明確化と現状分析 │
└─────────────────────────────────┘
         │      ┌──────────────────────────────────────┐
         │      │ ステップ1-1  人材育成強化の必要性の調査 │
         │      └──────────────────────────────────────┘
         ▼      ┌──────────────────────────────────────┐
                │ ステップ1-2  人材のあるべき姿を描く     │
                └──────────────────────────────────────┘
                ┌──────────────────────────────────────┐
                │ ステップ1-3  人材育成の最適方策の検討   │
                └──────────────────────────────────────┘
```

┌──┐
│ ステップ2 教育研修プログラムと効果測定の設計 │
└──┘
                      ▼
┌──┐
│ ステップ3 教育研修プログラムと効果測定の実施 │
└──┘
                      ▼
┌──┐
│ ステップ4 教育研修プログラムの評価   │
└──┘
                      ▼
┌──┐
│ ステップ5 教育研修プログラムと効果測定ツール改善 │
└──┘

図5-1 教育研修のつくり込みとHRDサイクルストーリー

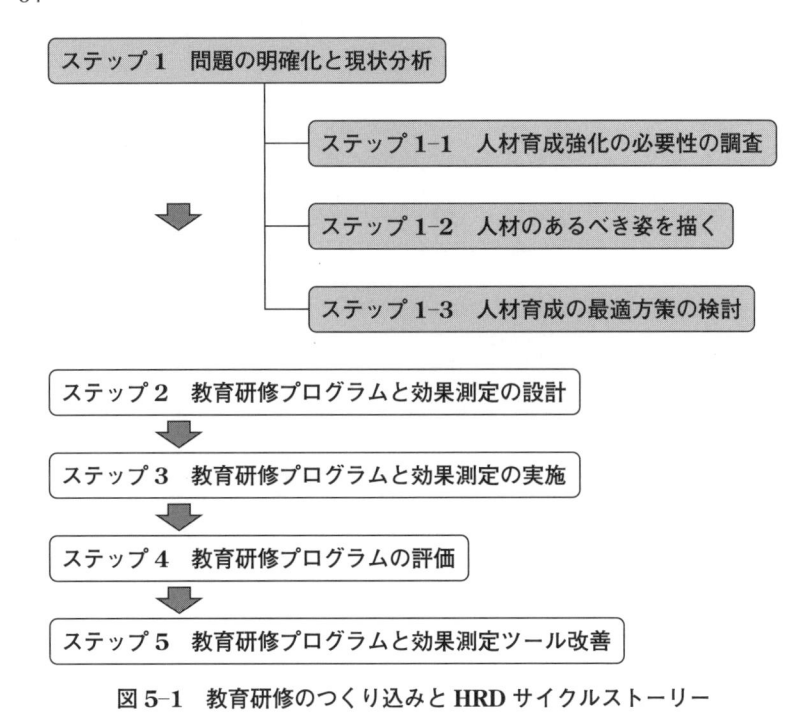

的な見方で現状を十分に把握し，その上でしっかりとした分析を行うことが重要になってくる．

人材育成スタッフが人材育成強化の必要性を感じるのは，経営トップからの指摘や管理職層からのアドバイスがきっかけになることが多い．しかし，経営トップから指摘があったからといって，すぐに教育研修を新設したり改善したりすることはない．教育研修は，人材育成施策の1つにすぎない．スタッフの業務能力強化のため，OJTを充実させることも考えられるし，上司に対して人事上の施策をうつこともある．また，外部から必要人材を調達する方法や，マニュアルを整備することも効果が期待できる方法である．このように，人材育成を強化する施策には，教育研修以外にも多くの選択肢があり，どの方法が最適かを見極めることが重要である．

また，経営トップからの指摘や管理職層からのアドバイスは，定量的なもの

ではなく定性的，あるいは感覚的であることがほとんどである．このような情報だけで人材育成施策を検討しはじめるのは，問題の大きさを見間違える危険性が大きく，避けた方が無難である．

人材育成スタッフとしては，経営トップや管理者層からの指摘やアドバイスを真摯に受け止め，事実を確認し，人材育成強化の必要性に客観性を見いだしてから，人材育成施策の検討に入るべきである．

教育研修プログラムの実施を決めるまでには，以下に述べる［ステップ1-1］から［ステップ1-3］の手順を踏む必要がある．

5.2 ［ステップ1-1］人材育成強化の必要性の調査

(1) 人材育成強化の必要性の調査ポイント

人材育成強化の必要性の調査では，以下の三点を最低限明確にすることが求められる．
- 誰(階層，職種)が人材育成強化の必要性を感じているのか
- どの層(階層，職種)に人材育成の強化が必要なのか
- 人材育成強化の重要ポイントは何か

1) 誰が人材育成強化の必要性を感じているのか

まずは，「誰」に焦点をあて，検討する．組織の中で人材育成強化の必要性を感じている人が多い場合は，人材育成は大きな問題としてとらえられている．全部門・全階層で人材育成強化の必要性を感じている場合は，組織共通の問題として認識されている．このような場合は，人材育成強化の必要性がないと誤って判断してしまう危険性はほとんどなく，人材育成部門としては早急に何らかの人材育成施策を実施する必要がある．

逆に，人材育成強化の必要性を感じている人が少ない場合，人材育成強化の必要性を見過ごして判断してしまう危険性が高く，特に注意が必要となる．人

材育成強化の必要性を経営トップや管理者層が感じている場合，多くは中長期の視点で人材育成の強化を感じている．そこで人材育成部門で人材育成実施の必要性の調査を行う場合は，現在の状況だけでなく，3～5年後の状況を想定し調査を行う必要がある．

また，管理者が人材育成強化の必要性を感じている場合，現在の業務上での人材に関する問題に直面していることが多い．この場合は，ある特定の部署や職種の問題であるか，それとも組織全体の問題であるかを見極めることが重要になる．

その道のプロ(Subject Matter Expert : SME)だけが人材育成強化の必要性を感じている場合，人材に関する問題が顕在化する前である可能性が高く，通常より踏み込んだ調査が必要となる．その道のプロに，調査に協力してもらい，その道のプロが感じていることを仮説とし，その仮説を検証することをお勧めする．このとき，日本の人材育成スタッフは，専門性が十分確立されていないことが多く，その道のプロが感じていることを理解できない場合もある．その場合でも，まずはその道のプロが感じていることを受け止める姿勢が必要である．

2) どの層に人材育成の強化が必要なのか

つぎに，「対象層」について考察を行う．すべての層を対象に人材育成施策を実施，提供できれば，最もよいが，人材育成に投入できるリソースは限られているため，施策を提供する対象を絞り込むことが必要となる．人材育成部門には，焦点を絞り込み，少ないリソースの投入で，最大の効果をあげることが求められている．

3) 人材育成強化の重要ポイントは何か

三点目として人材育成強化のポイントを検討する重点が明確になっていない人材育成施策では，単に実施したという記録だけが残り，問題解決に至らない．知識の習得を重点にするのであれば，どのような知識を習得させるのか

を，仕事の進め方を変えたいのであれば，どのような仕事の進め方に変えていくのかを，また全体の底上げか，将来を担うトップ層の強化なのかなどを，明確にすることである．

また，人材育成強化の必要性調査は，一度行ったら十分というものではなく，人材育成施策をつくり込んでいくプロセスで，必要であれば何度でも行わなければならない．例えば，経営環境が短期に大きく変化する場合や，人材育成施策のつくり込みの途中で疑問に思うことが出てきた場合である．このような場合は，迷わず人材育成の必要性調査を再度行うことが，効果的な人材育成施策の立案につながる．

また調査は，事実にもとづいて行わなければならない．そして，調査結果をまとめるときも，勘や思いこみではなく，事実を正確に把握する姿勢が非常に大切である．事実にもとづいて計画され実施されたものであれば，人材育成施策の対象者やその上司などに理解され，協力してもらうことができる．

(2) ニーズ・アセスメントの方法

人材育成強化の必要性の調査は，ニーズ・アセスメントと呼ばれ，表5-1に示すような方法がある．以下に，各方法について説明する．実際の調査にあたっては，各方法のねらいや，長所・短所を理解しておくことが肝要である．

1) 戦略的ニーズ・アセスメント

人材育成を含め，組織の諸活動は組織の戦略に沿ったものでなければならない．戦略的ニーズ・アセスメントは，現在での組織の戦略が将来においても通用するかを判断するために実施される調査である．この調査により，組織業績に大きく影響を与える業界内部の要因や，業界を超えたマクロ要因を分析，整理する．そして，戦略を実現するために補わなければならないリソースを探し出し，同時に戦略の中にどう人材育成を組み込んでいくか，そのシナリオを作成するための材料を収集するのである．

表 5-1 ニーズ・アセスメント一覧

	種類	ねらい	特徴	時間的観点
1	戦略的ニーズ・アセスメント	組織戦略を実現するための人事施策を明らかにする	長期的な解決策を得ることができる	長期的観点に立った調査
2	コンピテンシーにもとづくニーズ・アセスメント	特定の職種において成果をあげることができる人材群を明らかにする	手本とすべき行動を知ることができる	中期的観点に立った調査
3	職務・業務分析	特定の職務・業務を遂行するための技能をもった人材群を明らかにする	特定の職務を遂行するために必要な能力を知ることができる	短期的観点に立った調査

　戦略的ニーズ・アセスメントを実施すべきケースは，組織を取り巻くビジネス環境が大きく変化し，新たな事業戦略を展開しなければならないときや，組織が長期的な業績向上策をとらねばならないときなどである．また，戦略的ニーズ・アセスメントの長所は，なんといっても，業績向上のための長期的対策を確立でき，現時点での中核事業に関連する問題を探りあてられることである．短所は，大量のリソースを投入する必要が生じることである．

　戦略的ニーズ・アセスメントは，次の五つのプロセスを通して段階的に進めていく．

① 現状把握
② 外的要因の調査
③ 内的要因の調査
④ 将来の事業環境の予測
⑤ 計画の立案

　最初の段階は，現状把握である．現状把握の目的は，業績に関する問題を深く理解することであり，まず数人の主要なメンバーとディスカッションを行う

ことから始める.すなわち,数人の経営幹部に面談し,直接質問を投げかけ,考えや予測を確認していく.その後,情報収集の範囲を上級管理者や中間管理者に広げていく.場合によっては,顧客関連情報から裏付けを得ることもできる.

第二段階は,影響を与えている外的要因の調査である.人材育成強化の必要性や問題を生じさせている外的要因を特定したり,外的要因が何を意味しているかを考察したりすることが目的である.外的要因に関係する情報は,管理職層からのディスカッションで得られるほか,業界紙,市場調査データ,顧客満足度調査,仕事上のパートナーなどからも情報を得ることができる.なお,外的要因を調査するときには,新たな政策や法的な規制にも注意をはらう必要がある.

第三段階は,内的要因の調査である.ここでは,外部要因の制約のもとで自組織が優位に立てる事業や技術は何か,今直面している業績問題やニーズに影響を与えている業務プロセスはどれか,業績に関する問題とは何かを明確にする.

第四段階は,将来の事業環境を予測し,その結果を新たな業務フローや組織を見つけやすくなるように図示することである.

そして,最後の段階は,業績を向上させるための計画を立案することである.計画立案に際しては,組織の変化に対する許容度を考慮する必要がある.

戦略的ニーズ・アセスメントを成功に導くには,経営トップの支援,上級管理者の関与,リソースの獲得,組織が変化することへの許容度が必要である.そのため,戦略的ニーズ・アセスメントは,人材育成に関する問題やニーズが中核事業に関係し,中長期的な施策が必要なときに用いるべきでる.

2) コンピテンシーにもとづくニーズ・アセスメント

コンピテンシーとは,1950年代にロバート・ホワイト(Robert White)とデビッド・マクレランド(David McClelland)の二人の心理学者により提唱された概念であり,「高業績をあげる人に特徴的に見られる,行動・考え方」と定義さ

れる．わかりやすくいえば，「仕事のコツ・勘所」である．

　コンピテンシーにもとづくニーズ・アセスメントの目的は，コンピテンシーを明確にすることとコンピテンシー・モデルをつくることである．これらを活用することにより，人材育成に大きな効果をもたらすことができる．

　コンピテンシーにもとづくニーズ・アセスメントの長所は，業績を高めるベストプラクティスとなる行動の特徴を明確にでき，現在だけでなく将来の業務成果に対する情報も与えてくれることである．反面，多大なリソースを必要とすることと，高度なプロジェクト管理能力が必要となることが短所である．

　コンピテンシーにもとづくニーズ・アセスメントで，人材育成に役立つコンピテンシーやコンピテンシー・モデルを作成するうえで，

- コンピテンシーやコンピテンシー・モデルを組織のニーズに合わせる
- コンピテンシーやコンピテンシー・モデルは，活用を意識したシンプルなものにする
- スポンサーまたは強力な推進者が存在する

などは，欠くことのできない成功要因である．

　さらに，インタビューによりコンピテンシーを抽出する対象者を，いかに選定するかということも非常に重要である．ハイパフォーマー（高業績者）は，仕事を通じ，実践経験から教訓を学び，それらを意味づけた体系的で生々しいノウハウや肉体化された技術を有している．コンピテンシーを抽出する対象者にふさわしいといえる．ハイパフォーマー選定のコツは，成果をあげている部門のトップにたずねることである．成果をあげている部門のトップは，自らがハイパフォーマーであり，かつ身近にいるハイパフォーマーを知っていることが多い．なぜならハイパフォーマーは，ハイパフォーマーを育てることができ，またハイパフォーマーを見つけることもできるからである．一人のハイパフォーマーを探し出せば，インタビューに必要なハイパフォーマーを見つけることは，それほど難しいことではない．

　コンピテンシーにもとづくニーズ・アセスメントは，次の四つのプロセスを通じて段階的に実施する．

① 計画の立案
② コンピテンシー抽出インタビューの実施
③ コンピテンシー・ディクショナリーの作成
④ コンピテンシー発揮状況の把握

　最初の段階は，計画を立案することである．計画の中でも最も重要なことは，獲得した情報やデータの活用目的を明確にすることである．経営者や上級管理者へのインタビューにより，コンピテンシーを習得する目的，組織のビジネス・ニーズとの一致性，どのようなコンピテンシー・モデルをつくるかを明らかにしていく．さらに，投入できるリソースを確認することも忘れてはならない．また，コンピテンシーにもとづくニーズ・アセスメントへの協力者の人選は，とても重要である．プロジェクトには，人事管理者，人材育成部門の担当者，その道のプロ(SME)，ハイパフォーマー，研修の専門家らが必要とされる．さらに，より大規模なプロジェクトでは，運営委員会やプロジェクト・コーディネーターも必要になる．

　第二段階は，コンピテンシー抽出インタビューの実施である．インタビューでは，仕事の背景と関連情報，業績をあげるために仕事で行ったことに関する情報を引き出していくことがねらいである．なお，インタビューの方法は，フラナガン(Flanagan)によるクリティカル・インシデント法が一般的である．

　具体的な進め方は，最近の仕事で成果を上げ，かつ印象に残っている仕事を特定してもらうことからスタートする．その仕事はどのような状況で，そのときどのように考えてどう行動したか，またそのときの気持ちはどうであったかを時系列に訊いていく．このとき，語ってくれた内容を，業務遂行の文脈を含めできる限り詳細に記録する．これによって，コンピテンシー・ディクショナリーを作成するための情報の収集ができる．

　なお，インタビューで重要なことは，インタビュアー(聞き手)の力量である．インタビューの対象となっているハイパフォーマーと確かな信頼関係をつくり，レベルの高い傾聴をすることが要求される．クライアントとコーチの確かな信頼関係を築くコーアクティブ・コーチングでは，単なるスキルの習得だ

けでなく，自分自身を高める訓練も行う．特に，傾聴のトレーニングでは，五感での傾聴を強く実践するため，一般的な傾聴よりレベルの高い傾聴が可能となる．このため，コーアクティブ・コーチングのスキルを有していると，より多くの情報を引き出すことができる．

　第三段階は，コンピテンシー・ディクショナリーをつくることである．収集した情報（言語データ）を吟味し，類似性を見つけ出しコンピテンシーのグループをつくり，そのグループに名前を付ける．そして，コンピテンシーと行動項目の一覧を作成する．

　第四段階は，コンピテンシーがどれくらい発揮されているかを把握することである．360度診断，垂直診断（直属上司と本人による診断）や自己診断を行い，強み弱みを明確にする．これにより，コンピテンシーに関する問題点を明確にすることができる．

3）　職務・業務分析

　職務・業務分析は，仕事に関する情報を収集し，整理・評価し，まとめるプロセスと，その仕事を遂行するために必要な知識・技術・スキル・条件・要求項目を整理するプロセスからなる．職務・業務分析は，特定の職務や業務に関連した範囲で，責任や仕事に関連した情報を収集し，現在あるいは将来の研修につなげるものである．職務・業務分析は，仕事が見直され必要な知識，技術を特定しなければならないときに実施される．

　職務・業務分析の長所は，特定の職務を遂行するために必要な知識，技術を把握できることである．また，同じ職務でレベルの異なる仕事に必要な能力要件や質的な差を明確にし，同職務でのより高いレベルの仕事に挑戦するときに必要な知識・スキルを知ることもできる．短所は，業績に影響する外部要因がまったく考慮されないこと，協力者の多大なる支援が必要になることである．職務・業務分析を成功させるためには，管理職層からの支援やリソースの獲得，組織の戦略や戦術が安定していることが必要になる．

　職務・業務分析は，次の六つのプロセスを通じて段階的に進める．

第5章 教育研修のつくり込みと効果測定の実施—Part 1—

① ハイパフォーマーの特定
② 職務分析質問票の作成
③ 職務・業務分析のワークセッションの実施
④ 職務責任の役割担当リストの作成
⑤ 業務のリストアップ
⑥ 育成計画の立案

第一段階は，分析対象の職務におけるハイパフォーマーを特定することである．選ぶ基準は，コンピテンシーにもとづくニーズ・アセスメントの項で前述したとおりである．

第二段階は，職務分析質問票を作成し，ワークセッション（参加型の演習）開催前に参加者に配布し，回答を回収する工程である．これにより，参加者に職務・業務分析のワークセッションに対する興味を喚起させられるかもしれない．また事務局は，回収した回答を十分に読み込み，ワークセッションのシナリオを作成する．

第三段階は，職務・業務分析のワークセッションを実施することである．具体的には，質問票で収集した業務に必要な知識・スキルやコツ，責任，役割，業務フロー，ボトルネックとなる箇所などを事務局が整理したのち，回答者やハイパフォーマーに集まってもらう．そして，それらの内容の真偽を確認したり，修正情報を収集したり，またはどのような方法で必要な知識やスキルを獲得するのか，どんな体験を経ることによってその能力を開発することができるかなど，生々しい実態をインタビューする．より多くの情報が得られるワークセッションにするためには，ファシリテーションのスキルが必要となる．高いファシリテーションスキルは，本音を引き出すための場つくりと適切な質問を行うために重要である．ワークセッションを成功させるためのポイントは，安心してワークセッションを楽しんでもらうことである．

第四段階は，職務責任の役割担当リストを作成することである．ここで作成するリストは，担当分野と役割がわかる程度でよく，例えば製造業であれば，「電動モーターの開発担当」くらいのレベルであればよい．

第五段階は，それぞれの職務責任を果たすための業務をリストアップしてもらうことである．すべてリストアップできたら，全体レビューを行って重要でないものは削除し，整理されたそれぞれの業務に必要な知識，スキルを特定してもらう．

最後の段階は，獲得すべき知識やスキルの項目を特定し，育成計画を立てることである．ここまでの情報と分析結果から，育成計画は容易に立てられる．育成計画を立てるポイントは，いつまでに，どのレベルに到達するかという目標を明確にすることが重要となる．

(3) ニーズ・アセスメントに役立つ手法

ニーズ・アセスメントに限らず，調査・分析を繰り返しながら人材育成施策は進められる．以下に，調査方法の中でも代表的で活用しやすい手法をいくつか紹介する．

1)「きく」こと

問題の明確化と現状分析（ニーズ・アセスメント）のための調査手法で，最も実施しやすい方法が「きく」ことである．

「きく」とは，単に「聞く」ではなく，「きく」＝「訊く」＋「聴く」ことである．一般的には，インタビューといわれる方法であるが，「はい」，「いいえ」の二択ではなく，自由に答えられる質問をすることと，五感を集中させて聴くなど，レベルの高い傾聴をすることがポイントになる．

また，「きく」，すなわちインタビューする対象者は次のとおりである．
- 経営トップおよび管理者層
- 部門長
- 部下に対する育成責任がある上司
- 社内のその道のプロ
- 継続して担当してもらっている社内外の研修講師
- 育成の対象となっている人の中で問題意識の高い人

● 長く付き合いがあり信頼できるコンサルティングファームの人　など

　ニーズ・アセスメントでのインタビュー対象は，経営トップが最適である．経営トップへのインタビューでは，仮説，特に「競合他社では，問題解決のインストラクターがスタッフの10％もいるにもかかわらず，当社では5％もいない」のように定量的表現を含んだ仮説をもって，「きく」ほうがよい．経営トップは非常に多忙であるため，こうした仮説を提示し「はい」か「いいえ」かの回答をもらい，その後に意見をもらうという手順で進めるとよい．中長期的な人材育成を検討するためには，経営トップへのインタビューは欠かすことができない．

　経営トップ以外の社内のインタビュー対象者には，部門長，あるいは部下の育成責任がある上司，社内のその道のプロなどがあげられる．また，現時点だけではなく，何年にもわたり研修講師を務めている人にインタビューすると，有用な情報が得られる．

　また，育成対象となっている人の中で，問題意識の高い人にインタビューすることも有効である．このような人は，自分たちに何が足りないか，将来どのようになっていくべきかについての明確な意見を持っていることが多い．それらをきき出し，問題点をより明確にすることができる．ときには，インタビューの協力者たちは教育研修や人材育成施策を実施した際に，味方になってくれたり，人材育成施策に対するフィードバックを提供してくれる．

　効果的なインタビュー実施のためには，次のようなポイントがある．

① インタビューの趣旨を事前に伝えておく
② 核心に関する質問からではなく，周辺の質問から始める
③ 自由に回答できる質問をする
④ インタビュー時間は対象者に負担をかけない長さに設定する
⑤ 質問者は一人ではなく，二人(質問者と記録者)で行う
⑥ 信頼関係を築くため，五感での傾聴につとめる
⑦ 記録はすぐに整理する

① インタビューの趣旨を事前に伝えておく

　人材育成部門のヒアリングは，インタビュー対象者に警戒感を持たれることが多い．インタビュー対象者に本音を語ってもらうためにも，スケジュールを確保するときに趣旨説明を十分行い，理解が得られるように配慮することが大切である．

② 核心に関する質問からではなく，周辺の質問から始める

　インタビューの導入は，非常に大切である．時間をとってくれたことへのお礼から始まり，趣旨の確認，自己紹介を行う．質問の順番は，最初から核心に迫る質問ではなく，漠然とした質問や関連する周辺の質問から入る．例えば，「最近の人材育成について，どう感じていますか」，「活躍している人は，どのような人ですか」などの質問からスタートする．最初は，訊きたいことを聴く時間ではなく，インタビュー対象者が話したいことを自由に話してもらう時間と考えたほうがよい．導入によってお互いの信頼感が形成されてから，「人材育成に関して，○○○のような問題があると思うのですがいかがでしょうか」などの核心に迫る質問を投げかけていく．そうすることで，対象者から本音をきき出せる可能性が高くなる．

③ 自由に回答できる質問をする

　質問の形式は，「はい」，「いいえ」で答えられるものではなく，自由に回答できる質問を心がけるとよい．なぜならば，「はい」，「いいえ」で答える質問は，次の質問に関連づけることが難しく，さらに深く質問したいときには不向きだからである．もし，「はい」，「いいえ」で答える質問をする必要があるときは，「はい」，「いいえ」の回答を得たあとに，「その理由を教えてください」という質問を行うと，さらに深い情報を入手することができる．

④ インタビュー時間は，対象者に負担をかけない長さに設定する

　インタビュー時間は，対象者に負担をかけない長さに設定する．話の内容を録音できるのであれば，30分以上の時間でも構わないが，インタビュー内容をメモにとって記録する場合は長時間の実施は適さない．時間が長くなれば，きくことに集中できなくなり，重要な情報を見逃してしまう危険性が出てく

る．そのため，きくことに集中できる時間内に収めるようにしたほうがよい．

⑤ **質問者は一人ではなく，二人(質問者と記録者)で行う**

インタビューの際に，一人で質問と記録の両方をしようとしても，訓練を積んでいなければ上手くできるものではない．そのため，役割を分担し，質問者は質問に，記録者は記録に集中することを勧める．また，一人で実施した場合，質問の抜け落ちが起こる危険性が高くなる．もう一人いることにより，質問項目の抜け落ちを防ぐこともできる．記録者は，単に記録するのではなく，「ききたいこと」を質問者がすべてきけているかを確認する役割も持っている．

⑥ **信頼関係を築くため，五感での傾聴につとめる**

インタビュー対象者に信頼される姿勢できくために，傾聴することは必須である．対象者に向けて五感すべてを集中し，周囲がまったく気にならないような傾聴ができると，インタビューが非常に熱いものになる．この状態をつくりだせると，対象者もきく側も深い内省ができ，有効な情報を得ることができる．

人材育成部門は，「人」を対象にする仕事である．人材育成部門担当者のコアスキルの一つとして，是非ともインタビュー技術を習得してもらいたい．

⑦ **記録はすぐに整理する**

インタビューが終わったら，すぐに記録を整理する．中心になる情報は，回答内容であるが，付帯する情報もしっかり整理しておく必要がある．付帯情報とは，どのような質問の流れでその回答が出てきたのか，回答をしたときの表情はどのようであったかなどの情報である．

インタビューがすべて終了したあと，調査のまとめとインタビュー結果をどのように活用していくかの結論を出す．このとき，インタビューで得た付帯情報が重要になってくる場合がある．何人もの人から似たような回答が得られたとしても，回答したときの状況や表情により，回答の意味が異なってくる．質の高い人材育成施策を望むのであれば，インタビューで得た情報のすべてを記録，整理する姿勢が大切である．

2) 質問紙調査

質問紙調査いわゆるアンケート調査は，仮説を検証するための調査法である．インタビュー調査や人材育成関係者とのディスカッションにより，人材育成に関する問題点の仮説を立て，質問紙を作成し，調査を行う．質問紙調査は，多くの対象者に実施できるという特徴を持つが，探索的な調査ができないことを留意しておかなければならない．

質問紙は，趣旨説明，質問部分，フェイスシート，謝辞などで構成される（図5-2）．

① 質問紙の作成

質問紙調査をうまく行うためのポイントは，三つある．

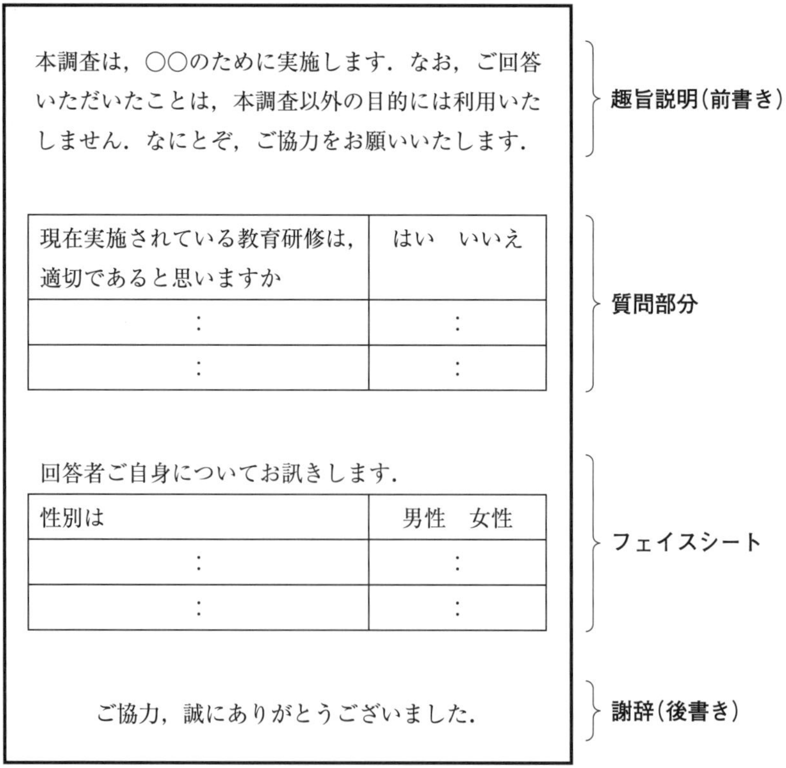

図5-2 質問紙の構成

一つめは，仮説がしっかり立てられているかどうかである．仮説というのは，どこに焦点を当てるかということである．質問紙調査は，探索的な調査ではなく仮説検証を行う手法であるので，しっかりした仮説を立てることが必要になる．しっかりした仮説を立てるには，インタビューの実施や，ディスカッションを重ねることが大切である．質問紙調査の失敗原因の多くは，一人で仮説（仮説ではなく思いこみ）を立てて，調査を行ってしまうことである．仮説が違っていると判断されたら，調査は最初からやり直しになる．そのため，仮説は間違ってはいない，または正しいと思われるという結論が得られてから調査を実施すべきであり，仮説立案には時間と労力を惜しまないことである．

二つめは，質問文が適切かどうかである．よくあるケースとして，二つのことを一つの質問で問いかけてしまう，複数の意味にとれる質問文を作ってしまうなどがある．このような質問文は，調査の信頼性を下げる原因となり，絶対に避けるべきである．そこで，質問紙のレビューが大切になってくる．質問紙のレビューは，作成者自ら質問紙調査に回答してみたり，信頼できる第三者に回答してもらい行う．また，何人かでレビューすることにより，より回答しやすく，かつ間違いのない質問紙に仕上げることができる．

三つめは，解析方法まで見通して質問紙を作成しているかどうかである．解析方法を，質問紙の設計段階から決めておくと，質問の選択肢の設計で間違うことが少なくなる．解析の方法としては，度数を集計したり平均値を算出する一般的な解析方法だけではなく，多次元的に解析する方法も想定したほうがよい．例えば，属性項目と質問項目とのクロス集計や，少し高度な解析になるが多変量解析法を用いると，より深い考察が可能になる．多変量解析法は統計の知識・スキルが必要になるが，データを扱ううえでは必須のスキルである．人材育成部門の担当者は，統計の基礎を身につけておくと，よりよい人材育成施策の計画をつくり込める．統計の知識については，品質管理分野の統計的方法の入門書などを参考にするとよい．

なお，質問紙調査に回答する時間は，10分以内を目安にするとよい．回答

に時間を要する質問紙調査では，熟考した回答を得ることが難しい．そのため，心理的に負担のない分量にとどめておくことが，信頼性の高いデータ収集のポイントとなる．

② データ解析のポイント

データの解析は，質問紙への回答を読むことから始める．1人ひとりの回答を読むことにより，大まかな傾向がつかめたり，不真面目な回答を見つけることができる．収集データを吟味することはとても重要である．このステップを省略すると，不自然なデータが混入し，結果が不正確になる．

回答の吟味が終了したら，単純集計を行う．度数を集計しグラフ化し，分布状況を把握したり，中心的傾向を表す統計量である平均値，メディアン，モード（最頻値）を求めたり，ばらつき具合を表す統計量である標準偏差，範囲を求める．単純集計では，平均値などの中心的傾向に注目しがちであるが，データには必ずばらつきが存在するので，ばらつきの傾向に注目して解析を行うことも大切である．

単純集計の次は，クロス集計を行うとよい（表5-2）．単純集計は，収集データを1次元で考察している．しかし，質問項目間に関係のあることも多い．1次元の考察では，質問項目間の関係を考察することができないので，2次元のデータ集計法を代表するクロス集計を用いると，質問項目間の関係を考察でき，単純集計以上の情報が得られる．

表5-2 クロス集計表

		職　種		職　位			
		事務部門	技術部門	一般	係長	課長	部次長
質問1	回答1						
	回答2						
	回答3						
質問2	回答1						
	回答2						

クロス集計で注目する点は，各質問項目と回答者の属性の関係である．この関係を考察することにより，人材育成に関する問題を絞り込むヒントがある場合が多い．例えば，職種と質問項目の関係に注目したとする．職種により，回答の傾向が大きく異なるようなときは，職種固有の問題が起こっていることも考えられる．また，質問項目どうしの関係で度数の高いものがある場合もよくある．この場合は，関連性や因果関係が考えられるので，注意深く考察するとよい．

クロス集計の次には，多次元の解析方法である重回帰分析，主成分分析，因子分析，数量化III類などの多変量解析法を活用すると，質問紙調査で得られたデータのさらに深い考察ができる．クロス集計で関連性や因果関係を考察する必要を感じたとしても，3項目以上の関連性や因果関係は2次元の解析では考察できない．そのため，多次元の解析方法である多変量解析を用いるとよい．

収集したデータの解析は基本的に，1次元のデータ解析である単純集計，次に2次元のデータ解析であるクロス集計，最後に多次元のデータ解析である多変量解析法という順序で行う．この順番で解析を行うことにより，データの吟味不足や情報の見落としを防ぐことができる．単純集計やクロス集計を行わず，多変量解析法を用いた解析のみを行っても，結果の解釈ができなかったり，異常データに惑わされた解釈をしてしまうことがある．これらのミスを防ぐためにも，基本の手順でデータ解析を行うことが必要である．

多変量解析法は，コンピュータの発達により簡単に活用できるようになった．解析の理論を完璧に理解しておく必要はないが，どのようなアウトプットを得ることができ，どのような考察ができるかは，人材育成部門の担当者の基本スキルとして身につけておくべきである．例えば，重回帰分析は総合満足度がどの質問項目の影響を大きく受けているかを知ることができ，主成分分析は質問項目を少数の変数に圧縮することで収集データの考察を助けてくれる．なお，詳細については品質管理分野の統計的方法の入門書を参照いただきたい．

最後に，効果的な質問紙調査をするためのポイントを次にまとめておく．

- しっかりした仮説が立てられているか

- 複数の内容を一つの質問で訊こうとしていないか
- 質問文が複数の意味でとれるあいまいな記述になっていないか
- 作成者だけでなく，複数の目でレビューをしたか
- 解析は単純な集計だけではなく，クロス集計や多変量解析法も想定したか
- 回答時間が10分を越えていないか

3) 既存の調査データの活用や専門家への委託

継続して行っているサーベイや様々なアセスメントなどの調査データも人材育成強化のニーズ・アセスメントに活用できる．

例えば，組織が提供するバリューや事業方針などの浸透度合いの調査である．この調査結果を，職種，階層，職場，勤務地域などで層別し，人材に関する問題を明らかにすることもできる．継続して行われている調査であれば，推移をみることも問題点の明確化には役立つ．

また，多額の費用がかかってしまうが，専門家による調査を行うことも一つの方法である．信頼できる専門家やコンサルティングファームであれば，優れた調査ノウハウと調査ツールを持っており，有用な情報をもたらしてくれる．外部に業務委託を行えば，人材育成スタッフは手間と時間を節約でき，大変便利である．しかしながら，調査ツールの妥当性や調査方法の妥当性を確認できるだけの知識がなければ，質の高い業務委託はできない．

4) その他の方法

そのほかにもいくつかの方法があるが，その中から活用しやすいものを紹介する．

業績(利益)貢献要因の分析は，よく行われる方法である．この方法は，戦略的ニーズアセスメントに特に有効である．経営企画部門は，年度または半期，四半期ごとに，業績に何が貢献したのかを分析し，次の戦略策定に役立てている．とくに上場企業では，IRの必要性が高まってきているので，業績貢献要因の分析は必ず行われている．この分析を活用し，人材育成強化の必要性を調

査することもできる.

また，研修のセッションを活用する方法もある．研修のスムーズな始動を促したり，受講者の興味を喚起させるために，アイスブレイキングが研修の導入時に行なわれる．このアイスブレイキングで，「人材に関して日頃感じていること」，「後輩をいかに育てたいか」などのテーマで，感じていることをありのままに出してもらうことも有効な方法である．

研修のまとめやレポートを時系列で考察することにより，人材育成の問題点を明確にすることもできる．研修のまとめやレポートは，同じ形式で作成されている場合が多い．これの時系列変化を見ていくことにより，伸びていない能力を知ることができる．

（4） 事例

機械メーカーのK社では，ある日，経営トップ層で，当社の核となる技術部門の問題解決能力が落ちているのではないかという話題が持ちあがった．人材育成部門のスタッフも，度重なる教育研修体系の変更や教育研修の行き過ぎた効率化により，以前に比べ技術部門の能力開発，特に問題解決の進め方がうまくいっていないと感じていた．

そこで，人材育成スタッフが今までの問題解決の能力向上に関する施策の振り返りを行い，これをもとに時間をかけてディスカッションを行った．教育の受講率などの定量的データを用いて振り返りを行った結果，「基礎的な知識は習得されているが，習得した問題解決の知識を実務で活用できていないのではないか」という仮説が浮かび上がった．そこで，人材育成部門のトップや何人かの技術部門長に訊いたところ，以前に比べて論理的な問題解決ができていないということが次第に明確になってきた．

問題が明らかになったことを受けて，どのような施策を実施すべきか人材育成スタッフがディスカッションを重ねた．ディスカッションでは，問題解決能力向上のために，今まで実施されてきた施策，中止してしまった施策，まったく実施できていなかった施策の洗い出しから進め，人材開発スタッフ自ら反省

し，深い検討へ入っていった．このプロセスを通じて明確になったのは，問題解決の基礎研修は90％以上の受講率を維持しているということだった．しかし，研修で習ったことを実践できておらず，活用していないことがわかってきた．さらに，効果的な問題解決を行い成果をあげた体験を有している技術者の所属部署では，研修で学習したことを効果的に継続活用して成果をあげていることも判明してきた．これは，成功体験を持つ技術者自らがロールモデルになり，部下や後輩を指導しているためと予想された．

　人材育成部門での検討の結果，成功体験を有する技術者に共通する特徴や行動特性を明確にし，それを施策に適用していくことが決まった．これは，まさしくコンピテンシーにもとづくニーズ・アセスメントであり，問題解決を効果的に進めるコンピテンシーを抽出し，整理することである．今回は，技術部門のオリジナルのコンピテンシーを抽出することになった．コンサルティングファームに依頼し，彼らが所有するコンピテンシー・ディクショナリーを利用して，育成に活用できるコンピテンシーを設定するというアプローチも可能であるが，この方法では運用上の問題が発生する懸念が生じるため，オリジナルのコンピテンシーを抽出することにした．運用上の懸念とは，人材育成部門自ら事実にもとづいて作成したものであれば，自信を持って活用し提供することができるが，そうでない場合，自信を持って活用できないという点である．

　コンピテンシーの抽出は，クリティカル・インシデント法を用いて行った．クリティカル・インシデント法では，インタビューの協力者の選出がポイントとなるため，業績をあげている技術部・生産技術部の部門長に趣旨を説明し，インタビュー対象者を選出してもらう方法をとった．候補者の名前はすぐにあがった．しかし，推薦された人数は在籍人数の2％程度(実際には2～6名)であり，問題解決手法を上手く活用し成果をあげている技術者の少なさを改めて知ることになった．

　インタビューは，専門家の協力を得て，8名(技術部4名，生産技術部4名)の技術者に実施した．インタビューの運営は，専門家3名と人材育成スタッフの3名の計6名の体制とした．専門家の一人にインタビュアー(質問者)を担当

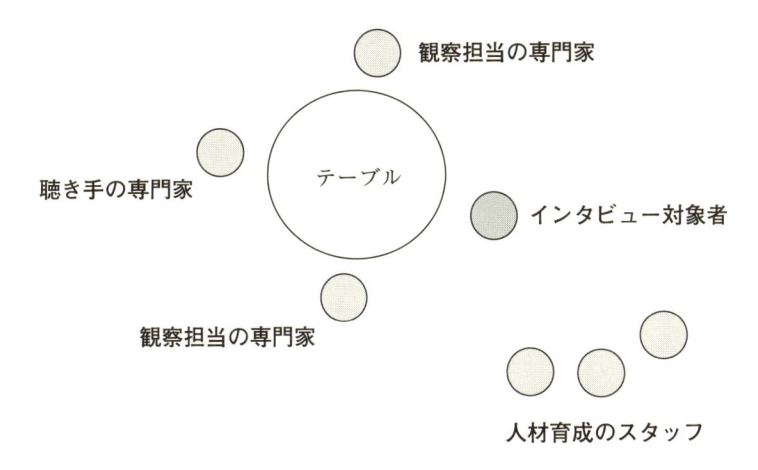

第5章 教育研修のつくり込みと効果測定の実施— Part 1 — 105

図5-3 クリティカル・インシデント法を用いたインタビューの様子

（図中ラベル：観察担当の専門家／聴き手の専門家／テーブル／インタビュー対象者／観察担当の専門家／人材育成のスタッフ）

してもらい，そのほかのメンバーはオブザーブ（観察）担当となった．オブザーブ担当は，インタビュー対象者の発言を記録するだけでなく，話の文脈やインタビュー対象者の表情や話し方の抑揚など，付帯情報もできる限り多く記録することにした．これは，重要なコンピテンシーを見逃さないためと，コンピテンシーの記述を正確に行うための方策である（図5-3）．

　インタビューは，「最近の仕事の中で印象に残っている仕事について教えてください．まず，その仕事の概要をお話ください」という質問からスタートした．仕事の概要を聴いたあとで，インタビュー対象者がその仕事に取り組むことになったきっかけから解決までを，時系列で，どのような状況で，どのように考え，実際にどのように行動したのか，その結果どうなったのかという質問を繰り返し，一人あたり約90分のインタビューを行った．一人のインタビューが終了するたび，30分のインターバルを取り，その時間に簡単なインタビューのまとめを行った．このような流れで，一日に4名のインタビューを実施した．実際のインタビューでは，「実験をしたら，思いもよらない不具合が起きてしまった．不具合現象を解消するだけなら対策案は簡単に思い浮かんだのだが，現象に手を打っても本当の原因に手を打たなければ必ず再発してしまう

ので，真の原因を追求し根本的な対策を打つことを重点に進めた」など，たくましい改善への取り組みについて聴かせてもらうことができた．

　一日の全インタビューの終了後，インタビューに関わった専門家と人材育成のスタッフで，コンピテンシー・アイテムを作成する作業を行った．インタビュー記録を全員で確認し，重要と思われる行動をリストアップした．リストアップした行動の吟味を行い，残った行動項目の表現を見直し，コンピテンシー・アイテムを作成した．先ほどの話は，「不具合は，表面的な現象だけではなく，真の原因を追及している」というコンピテンシー・アイテムになった．

　最終的にコンピテンシー・アイテムとして整理されたものは，次の20の行動項目である．

1) 不具合は，表面的な現象だけではなく，真の原因を追及している
2) 不具合発生の時には，周囲の状況・環境を確認する
3) 可能な限り，定量的データをとるようにしている
4) 定量的なデータがとれない場合，工夫した定性データをとっている
5) 短期的な目標達成だけでなく，長期的な視点ももっている
6) 緊急の問題に取り組むときも，将来の課題を考えている
7) 与えられた仕事の範囲だけでなく，全体を見通している
8) 自部門だけでなく，他部門のことも考慮して仕事を進めている
9) 最終目標までのチェックポイントを設定している
10) 厳しい状況でもゴールをイメージし，前向きに取り組む
11) 行き詰まったときには，自分だけでなく周囲を巻き込みヒントを考える
12) 長期的なテーマでは，少しずつでも目標に近づいていることを確認している
13) 目標達成のための概要計画と詳細計画をたてている
14) 行き詰まったときに，最初からのやり直しにならないよう代替案をもっている
15) 計画との差が出た場合には，すぐに対策をとっている
16) 可能な限り前倒しした計画をたてている
17) 報告書にまとめるだけでなく，口頭で詳細説明ができるように整理している

18) いつでも利用できるよう，使えそうな情報を整理している
19) 関係のない展示会やセミナーにも参加し，将来のための情報を収集している
20) 発表会では，積極的に発表を行っている

これらのコンピテンシーを技術者が身に付けていくことが技術部門の人材に関する課題であり，何らかの施策で，技術者にこれらを伝え習得させていくことの必要性が確認できた．

本事例のポイント
① **人材育成の担当者自ら事実を探り，人材育成強化の必要性を確認する**
　トップからの指摘があると，現状はどのような状態であるかを十分調査することなく，人材育成施策を実施することもしばしばある．しかし，本事例では，トップの指摘を十分受けとめて，人材育成スタッフで十分なディスカッションを行い，仮説を設定し調査を行っている．現状を十分に把握しないと，問題を明確にすることができない．本事例はニーズ・アセスメントの重要性を示している．
② **調査業務を外部に依頼するときも，人材育成スタッフが調査に参加する**
　本事例のように，調査業務を外部のコンサルタントに依頼することはよく行われる．しかし，事例では外部コンサルタントに全面的に頼るのではなく，人材育成スタッフも調査に参加している．人材育成スタッフが調査に参加することで，調査の焦点のズレを防ぎ，データ解釈の妥当性を担保しようとしている．また調査に参加し，外部コンサルタントと協働することを，人材育成スタッフの専門性を開発する機会ととらえている．本事例は，人材育成スタッフの積極的な関与の重要性も示唆している．

5.3 ［ステップ1-2］人材のあるべき姿を描く

(1) あるべき姿の描き方

　人材育成強化を行い，最終的にどのような状態にしたいかを明確にすることが，「あるべき姿」を描くことである．「あるべき姿」とは，求められている人材がどのようなものの見方・考え方をしており，そしてどのような行動をしているかということである．

　「あるべき姿」を描くときは，一人ではなく複数名によるディスカッションによって検討を進めていく．たくさんの視点から吟味していくことで，最適な「あるべき姿」を構築していく．また，「あるべき姿」は，自立（または自律）など，一般的で抽象的な表現になりやすいため，言葉の定義もディスカッションで明確にしておかなければならない．

　ディスカッションの内容をまとめるには，親和図法を用いることを勧める．ディスカッションの中で出された意見（親和図法では，原始データと呼ばれる）を，一つの文章で一つの意味を持つ言語データに整理し，さらにそれらをカー

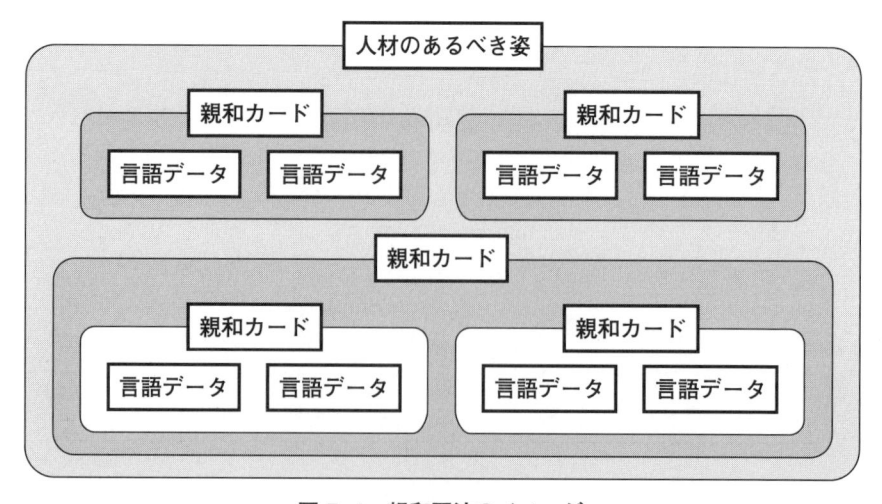

図5-4　親和図法のイメージ

ドに記入していく（図5-4）．このような作業を通じて，「あるべき姿」を明確に描いていくのである．

このプロセスは非常に時間がかかるが，できるだけ多くの人と時間を費やしたほうがよい．このあとの，「教育研修プログラムの設計」，「教育研修プログラムの実施」のステップに主体的に責任を持って取り組んでいくためにも，人材育成スタッフのコンセンサスを統一するためにも，ここでリソースを投入することは重要である．ディスカッションに十分な時間をかけない，人材育成スタッフ全員の合意を得ないなど，このステップで効率性を求めすぎると，教育研修のつくり込みへのコミットメントを弱めてしまうことがある．「あるべき姿」を描くためのディスカッションにリソースを費やすのは，一見ムダなように感じられるかもしれないが，より良い人材育成施策や教育研修プログラムをつくり込んでいくためには，必要な投資である．

（2） 事例

K社では，抽出したコンピテンシー・アイテムからその背後にあるコンピテンシーを見つけ出していった．インタビューに参加した専門家と人材育成スタッフが集まり，コンピテンシー・アイテムが抽出された経緯を振り返った後，親和図法により親和性のあるコンピテンシー・アイテムを集め，それらを代表

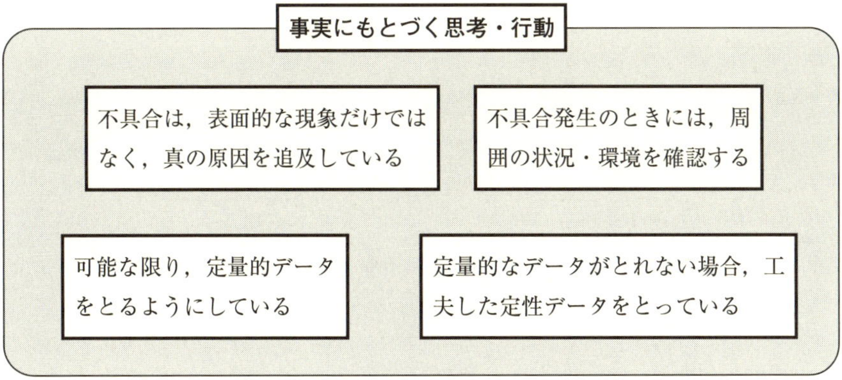

事実にもとづく思考・行動

- 不具合は，表面的な現象だけではなく，真の原因を追及している
- 不具合発生のときには，周囲の状況・環境を確認する
- 可能な限り，定量的データをとるようにしている
- 定量的なデータがとれない場合，工夫した定性データをとっている

図5-5　作成された親和図（一部抜粋）

する表現を考え，コンピテンシーとしてまとめていった(図5-5).

その結果，次のようにコンピテンシー・アイテムが分類され，五つのコンピテンシーを抽出することができた(表5-3).

技術部門人材のあるべき姿は，五つのコンピテンシーを発揮している人材であると定義し，五つのコンピテンシーにまとめる工程では，インタビューの振り返りを行い，コンピテンシー・アイテムが，どのような文脈で抽出されたかを確認し，親和図法を用い集約していった．このとき，人材育成スタッフがインタビューに参加し，可能な限りメモを取ったことが非常に役立った．

本事例のポイント
- 整理のプロセスはていねいにすすめる

本事例のポイントは，インタビューに参加した専門家，人材育成スタッフ全員が集まり，多面的にあるべき姿を検討していった．また，検討の際，詳細に記録されたメモを十分に吟味し，一つひとつ時間をかけてまとめていった．整理のプロセスをていねいに進めることにより，納得感の高いコンピテンシーを抽出することができた．

5.4 ［ステップ1-3］人材育成の最適方策の検討

(1) 実現可能な方策の洗い出し

人材育成に関する方策には，教育研修以外にも，インセンティブ制度を設ける．福利厚生を充実させる．あるいは，マニュアルを刷新する．上司の関与を強化しOJTを充実させるなどいくつかの方策が考えられる．

そこで，まずどのような人材を育成したいかが明確になったのならば，それを実現する方策のアイデアを，できる限り多く出すことが重要になる．

アイデアを出す方法としては，ブレーンストーミングや系統図法がよく用い

表 5-3 五つのコンピテンシーとコンピテンシー・アイテム

○ 事実にもとづく思考・行動
1) 不具合は，表面的な現象だけではなく，真の原因を追及している
2) 不具合発生のときには，周囲の状況・環境を確認する
3) 可能な限り，定量的データをとるようにしている
4) 定量的なデータがとれない場合，工夫した定性データをとっている

○ 多角的なものの見方
1) 短期的な目標達成だけでなく，長期的な視点ももっている
2) 緊急の問題に取り組むときも，将来の課題を考えている
3) 与えられた仕事の範囲だけでなく，全体を見通している
4) 自部門だけでなく，他部門のことも考慮して仕事を進めている

○ 目標へのこだわり
1) 最終目標までのチェックポイントを設定している
2) 厳しい状況でもゴールをイメージし，前向きに取り組む
3) 行き詰まったときには，自分だけでなく周囲を巻き込みヒントを考える
4) 長期的なテーマでは，少しずつでも目標に近づいていることを確認している

○ 充実した計画
1) 目標達成のための概要計画と詳細計画をたてている
2) 行き詰まったときに，最初からのやり直しにならないよう代替案をもっている
3) 計画との差が出た場合には，すぐに対策をとっている
4) 可能な限り前倒しした計画をたてている

○ 情報の共有化
1) 報告書にまとめるだけでなく，口頭で詳細説明ができるように整理している
2) いつでも利用できるよう，使えそうな情報を整理している
3) 関係のない展示会やセミナーにも参加し，将来のための情報を収集している
4) 発表会では，積極的に発表を行っている

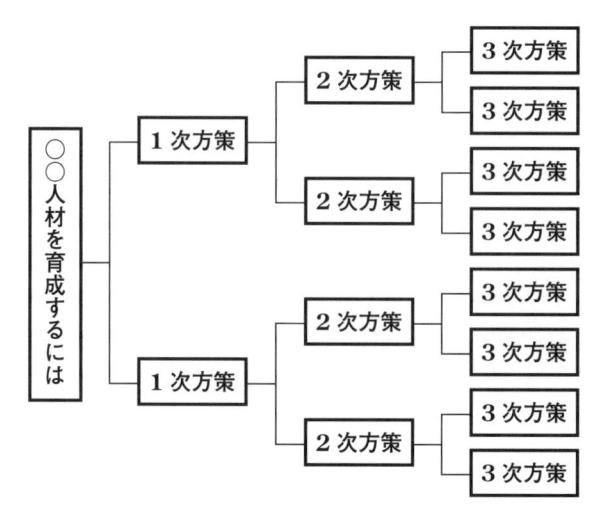

図 5-6　系統図のイメージ

られる．ブレーンストーミングで重要なことは，ブレーンストーミングの4原則の，批判厳禁，相乗り歓迎，自由闊達，量を好むを厳守し，安心してアイデアを出すことができる「場」をつくることである．出されたアイデアがどのようなものであっても否定せず，まずは受け止めることができる雰囲気をつくり出すことである．可能であれば，ファシリテーションスキルが高い人材育成スタッフが中心となり，ディスカッションの進行をするとよいだろう．

また，品質管理(QC)で用いられる手法である系統図法(新QC七つ道具の一つ)を用いて，人材育成の最適な方策を検討することもできる(図5-6)．系統図法とは，「△△という人材を育成したい」，または「○○人材を育成するには」といった項目をトップとして，これを実現するための方策を，1次方策，2次方策，……，というように，実現可能なレベルまで順次展開していく手法である．系統図法を用いた場合のメリットは，考えられる方策が漏れなく出せることである．系統図法は，上位の項目(方策)が目的となり，展開される方策がその目的を達成する手段となる．すなわち，目的と手段の連鎖で展開される．このため，十分考えて方策展開を行っていけば，漏れなく方策を抽出できる．

(2) 方策の評価

考えられる人材育成方策がすべて抽出できた後，どの方策から実施するかの優先順位づけを行う．優先順位を検討する場合，コスト，実現性，期待効果の3項目で点数付けし，その積により総合評価点を算出し優先順位を決めるとよい（表5-4）．コストは，教育研修にかかるすべての費用を考慮する．講師の費用，会場費，教材費はもとより，参加者の労務費も考慮に入れる必要がある．実現性は，いかに早く施策を実施できるかという評価軸である．人材育成が問題として顕在化しているので，この評価軸を用いてより早く実施できる施策を選択する．期待効果は，どれだけの効果が予想できるかという評価軸である．この評価軸を用いてより大きな効果の得られる施策を選択する．なお，3項目の評価点を和ではなく積で比較するのは，方策ごとの評価点の差をはっきりさせるためである．

また，この時点から投資対効果を考慮すべきである．当然，最小リソースの投入で，最大の効果を得られる方策が最も望ましい．この投入リソースには，施策を実施する側のコストや工数だけではなく，施策を受ける側の工数や職場への影響も考慮することを忘れてはならない．施策を実施する側だけのメリットだけではなく，施策を受ける側のメリットも同時に考えることが重要である．

これらの検討の結果，人材育成の最適方策は教育研修であることが裏づけられてはじめて，教育研修の実施が決定される．

表5-4　方策の評価方法

	方策案	コスト	実現性	期待効果	総合評価
1	教育の新設	4	4	3	48
2	人事制度の改定	1	2	3	6
:	:	:	:	:	:

(3) 事例

K社では，技術部門のスタッフにコンピテンシーを習得させる方法を，人材育成スタッフでじっくり時間をかけてブレーンストーミングを行い，検討した．その結果，以下の次の四つの案が出てきた．

案1) コンピテンシーの解説書を育成したい社員の上司に配布し，OJTに役立ててもらう
案2) 係長クラスを対象にコンピテンシーの評価とフィードバックを行う
案3) 係長クラスを対象にコンピテンシーをベースとした研修を実施する
案4) 係長クラスを対象に，コンピテンシーの評価とフィードバックを含むコンピテンシーをベースとした研修を実施する

これらの案を，コスト，実現性，期待効果の三つの評価軸を用い，時間をかけたディスカッションで評価した結果(表5-5)，案4を展開することに決め，その内容を経営トップにプレゼンテーションを実施した．すると，経営トップから，「しっかりやれ」とのゴーサインが出され，教育研修プログラムの開発のステップに進むことになった．

表 5-5　方策の評価

	方策案	コスト	実現性	期待効果	総合評価
1	案1	4	4	1	16
2	案2	3	4	4	48
3	案3	2	4	4	32
4	案4	4	4	5	80

本事例のポイント

● 人材育成施策の検討，評価では，ディスカッションに十分時間をかける

本事例のポイントは，ディスカッションに十分時間をかけたことである．施策案のアイデア出しに時間をかけ，さらに案の評価にも十分なディスカッショ

第5章 教育研修のつくり込みと効果測定の実施— Part 1 —

ンを行い，論理的で納得のいく施策を決定することができた．

参 考 文 献

[5-1] Jack J. Phillips & Ron Drew Stone, *How to measure training results — a practical guide to tracking the six key indicators*, McGraw‑Hill, 2002.

[5-2] Kavita Gupta, *A Practical Guide to Needs Assessment*, Jossey‑Bass/Pfeiffer, 1999.

[5-3] George M. Piskurich, *Rapid Instructional Design*, Pfeiffer & Co., 2000.

第6章　教育研修のつくり込みと効果測定の実施 ─ Part 2 ─

教育研修プログラムと効果測定の実施[ステップ2, 3]の詳細

　解決すべき課題がニーズ・アセスメントによって明らかになり，その対応策として教育研修という手段が選択されたなら，どのようなプログラムで実施するかの検討に入る．プログラムを検討するうえで，絶えず意識しなければならないことは，「解決すべき課題」である．この解決すべき課題が教育研修を実施する際の目的となり，これを達成していくための具体的方法を設計することが，ステップ2になる．またこのステップでは，何をもって効果の「ある・なし」を判定するのか，そのための調査方法も同時に設計する．そして，ステップ3では，ステップ2で計画した手順どおりに研修を運営し，同時にそれを評価するための客観的データを収集していく．

　本章の前半では，教育研修プログラムの開発方法を概観し，その次に教育効果測定のための測定ツール設計についての一般的な方法を説明する．そして後半部分では，教育研修プログラムと教育効果測定の実施上のポイントについて述べる．

6.1　教育研修プログラムと効果測定の実施まで[ステップ2, 3]のフロー

　教育研修プログラムと効果測定の実施までは，図6-1に示すフローにそって進めていく．ステップ1では，人材に関する問題が明確になり，その解決策として教育研修プログラムを実施することが決まった．その決定を受けて，教育研修プログラムを設計し，実施するステップがステップ2, 3である．

```
ステップ1  問題の明確化と現状分析
   ↓
ステップ2  教育研修プログラムと効果測定の設計
             ├─ ステップ2-1  概要設計
             ├─ ステップ2-2  詳細設計
             └─ ステップ2-3  実施に向けた準備
   ↓
ステップ3  研修プログラムと効果測定の実施
   ↓
ステップ4  教育研修プログラムの評価
   ↓
ステップ5  教育研修プログラムと効果測定ツールの改善
```

図6-1 教育研修プログラムと効果測定実施までのフロー

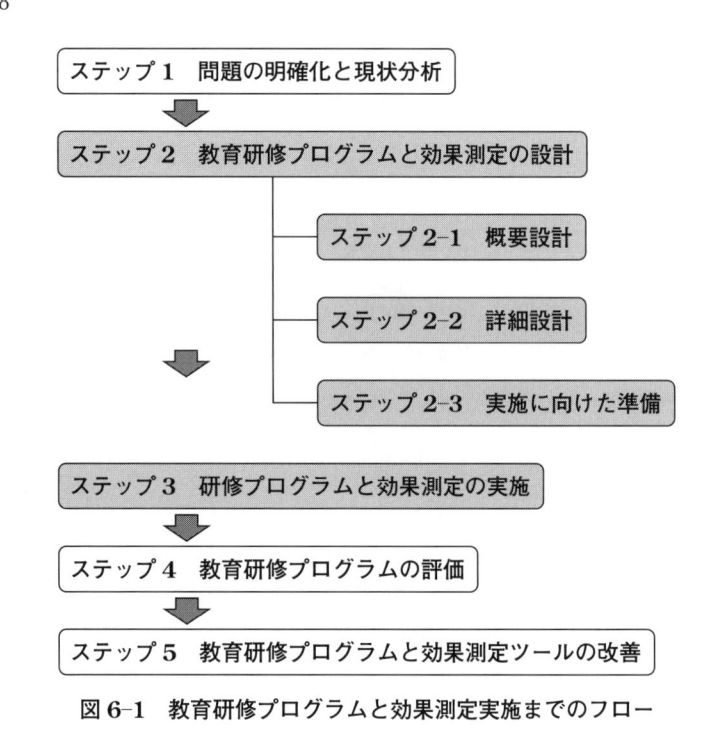

　また，このステップ2を着実に進めることにより，教育研修プログラムの期待効果，構造，運営シナリオなどを詳細に描くことができる．本書で再三述べているように，教育効果測定の目的は，教育研修の「質」を向上させることである．そのため，教育研修の計画と教育効果測定の計画とを切り離して考えることはできない．教育研修と効果測定の計画立案は，同時にスタートする．

　教育研修プログラムも効果測定の設計も，最初からいきなり詳細を決めていくのではなく，概要を固めてから詳細設計へと手順を踏んで進めていく，この手順を踏むことによって目的から外れることなく，また漏れや重複なく，必要なすべての実施事項を整理でき，双方を適切に設計することができる．

6.2 ［ステップ2-1］概要設計

(1) 教育研修プログラムの概要設計

どのような人材を育成したいか，どのような課題を解決していくべきかが，ニーズ・アセスメントによって明らかになった．今度は，それら課題を解決するために，教育研修プログラムによって，どのような知識やスキルの変化を，場合によっては態度の変化を促したいかを明確にし，学習目標を設定するのか，参加対象者は誰になるのか，教育研修の手段や方法は何を用いるべきなのか，それらの大筋を決めていく工程が概要設計である．第2章で述べたように，教育研修の開発の方法として，インストラクショナルデザインという方法論が確立されている．本書の趣旨は，教育効果を測定するための方法論を述べるものであり，ここでは研修開発の概観を述べるにとどめることを最初にお断りしておく．研修開発の詳細については，ディック(2004)などを参照いただきたい．

1) 教育研修プログラムの概要設計で整理する事項
概要設計で整理する事項は概ね，以下のとおりである．
- 活動施策(プロジェクト)全体の目標
- 教育研修による獲得成果(目標)
- 主たる対象者
- 教育研修の実施期間
- 実施手段
- 教育研修の費用概算

一体どのようなリソースが必要になるのか，またどのような施策を組み合わせて成果を出していくのかを体系化することが，概要設計の要点である．必要事項が漏れなく，重複なく整理され明文化されることによって，実行すべきこととそうでないことが明確になり，プロジェクトメンバーに活動の目的をより

深く理解させることができる．

① 活動施策（プロジェクト）全体の目標

ニーズ・アセスメントで明らかになった解決すべき課題が，「商品知識を新人営業パーソンに習得させる」，「最新の加工機械の操作法ならびに保守スキルを身につけさせる」，「上級 SE を 3 年間で 100 名育成する」といったような，課題がシンプルで比較的方法論もわかりやすいものであればよいが，多くの場合そう単純ではない．課題全体の中のある一部分を教育研修によって解決させる目的で，活動は進められる．その活動全体の目標を文書に整理することである．

② 教育研修による獲得成果（目標）

活動施策全体の目標が決まることで，教育研修プログラムによって解決すべき課題や範囲といった手段として果たすべき責任範囲が明確になる．それにもとづき解決すべき課題を目標として具体化する．インストラクショナルデザインでは，この具体化された目標のことを教育ゴール，もしくは学習目標と呼ぶ．

③ 主たる対象者

ニーズ・アセスメントの実施によって，主な対象層は明らかになっている．しかし，ここでもう一度，ターゲットにすべき対象範囲や層に間違いはないかを活動施策全体の目標，学習目標から振り返り，確認をする．

④ 教育研修の実施期間

学習目標や対象となる層の実力を考慮し，研修に費やすべきおおよその期間を見積もる．正確な時間をこの段階では見積もれないにしても，解決すべき課題と達成すべき学習目標から常識的に必要とされる時間の見積りを行っていくべきである．それによって，開始すべき時期の見当がつき，開発にどの程度の期間がかけられるのか，全体のスケジュールも明らかになっていく．

⑤ 実施手段

主な対象者の特徴や学習目標，実施期間をもとに，教育研修プログラムとして活用でき，受講対象者の学習スタイルにあった手段や方法を予測することが

できる．これによって開発期間や実施期間の見積りの正確さがチェックでき，また教育全体にかかる必要コストの大枠が推定できるようになる．

⑥ 教育研修の費用概算

学習目標，対象層，対象人数，実施手段の概要が見えてくることによって，教育研修の予算が見積もれるようになる．詳細設計を行わない限り，開発にかかる付帯業務費用や具体的な教材印刷費，会場代など細々としたものはわからないが，3000万円ぐらい必要なのか，その10分の1の300万円でまかなえそうなのかといった，予算規模のイメージはつかめる．この概算を手がかりとして，解決課題と見合う投資といえるのか，そうでなければ，何を削減すべきかなど，効果的な資源配分を検討することができる．

(2) 事例

K社では，「事実にもとづく思考・行動」，「多角的なものの見方」，「目標へのこだわり」，「充実した計画」，「情報の共有化」の五つのコンピテンシーを持った人材像を，人材のあるべき姿として設定した．このあるべき姿を持った人材を育成することが教育研修プログラムによって獲得すべき成果である．すなわち，教育研修の学習目標は，受講者がこれらのコンピテンシーを習得することとなる．具体的には教育研修施策実施後，受講者は「20のコンピテンシー・アイテムのうち，いくつかのコンピテンシーが開発され，コンピテンシーの発揮を裏付ける行動がとれている」ことを目標とした．

行動が変わり，それらが習慣化するには，長い時間を必要とする．しかし，数年にわたり研修を同じ人に提供し続けることは難しい．そのようなことからも，すべての教育研修終了後に，開発できたコンピテンシー・アイテム数がたとえわずかでも，また開発の程度は少しでもよいという条件を目標に付した．

さらに，コンピテンシー強化の機会を実務の場に求め，その強化活動を通じ実務成果をあげるということも同時にねらい，それを目標に含めた．

ニーズ・アセスメントによって絞り込んだ「係長クラス」を主たる対象層とすることについては，そのまま合意された．

このような検討によってまとめられた研修コンセプトシートを表6-1に示す．

表6-1　研修コンセプトシート（概要設計）

活動施策全体の目標	今回の施策実行を通じ，若手技術者の問題解決に関するコンピテンシーを開発させ，業務課題の改善と自社の業績向上に貢献する
教育研修による獲得成果（目標）	〈研修目標〉 ① 自己のコンピテンシーの強み・弱みを理解し，強化すべきコンピテンシーが設定できるようになる ② 業務改善のためのアクションプランを妥当に描けるようになる 〈実践目標〉 ① コンピテンシー開発の機会として，業務改善活動を位置づけ，自身でコンピテンシーの強化を進められる ② 学習した知識やスキルを業務改善という実践の場で活用することができる
主たる対象者	係長　50人
実施期間	集合研修3日，および自職場での実践活動6カ月，報告会半日で構成 トータル8カ月
実施手段	集合研修および自職場実践
教育研修の費用概算	300万円 ※ただし，コンピテンシーディクショナリー開発費，教育効果測定実施費用は含まない

本事例のポイント
● ニーズ・アセスメントの結果を忠実に反映する

ニーズ・アセスメントで得られた結果を十分理解し，概要設計を行うことが重要である．本事例では抽出したコンピテンシーをもとに概要を設計し，目標も設定している．このように得られた事実を最大限活用していくことが重要である．

(3) 教育効果測定の概要設計

教育効果測定の概要設計は，効果測定のレベルを決め，その測定調査によって何を明らかにしたいか，問題意識や調査テーマを固め，全体の調査計画のフレームワークを決定するステップである．

1) 教育効果測定の概要設計で整理する項目
概要設計で整理する具体的事項は，以下のとおりである．
● 調査対象の教育研修プログラムの学習目標
● 教育効果の測定レベル
● 調査目的
● 調査プラン
● 調査結果の活用目的

これらの項目を整理していくことによって調査の全体の青写真をつくっていく．なお，巻末の付録に概要設計書を掲載した(p. 230)．次の①～⑦を踏まえたうえで活用していただきたい．

① 調査対象の教育研修プログラムの学習目標
教育研修プログラムの概要設計で既に学習目標を整理し，明文化した．それをそのまま転記する．繰返しになるが，経営課題や実際の現場で生じている不具合原因が明らかにされ，解決すべき課題を設定し，その解決策として人事施策が選定され，その一手段として教育研修プログラムが実行される．教育研修プログラムによって解決したい，もしくは達成したい成果が学習目標であり，

同時にそれは達成を見極める指標でもある．このゴールと成果指標という二面性を有する学習目標によって，研修開発と効果測定が連結する．

② **教育効果の測定レベル**

教育効果のレベルについては，第4章でドナルド・カークパトリックやジャック・フィリップスのレベル分類モデルを説明した．それらのモデルを参考に，測定すべき効果の範囲を決める．このレベルを決定するための裏付けが，学習目標であり，教育研修プログラムによって解決したい具体的課題となる．しかし，ニーズ・アセスメントが十分に行われ，その結果にもとづいた論理的な意思決定によって教育研修プログラムの開発が進められていれば，解決すべき課題は明確であり，自然と教育効果の測定レベルが決まる．

③ **調査目的**

今回の効果測定では一体何を明らかにしたいのか，その調査目的を明確にする．なぜ時間とコストをかけ，教育の効果を測定するのかという基本的な問題意識を確認し，どのような情報が必要なのかをはっきりさせることである．来期も引き続き，この教育研修を実施すべきかどうかを決めるための判断材料を集めたいのか，全社展開を考えている教育研修の品質をチェックするためのデータを集めたいのか，研修で学習した知識やスキルがどれくらい現場で活用されているのかを明らかにしたいのかなど，教育効果測定の目的はそれぞれに異なる．調査目的を明らかにすることによって，どんなデータを収集すべきか，おのずと具体化される．

④ **調査プラン**

調査目的が明確化できたら，次に検討すべきことは調査プランの概要である．なかでも重要な点は，「仮説」を設定することである．仮説を設定し，それを手がかりに実施事項を整理していく．実施事項には測定項目，測定手段，測定時期の検討をはじめ情報収集の対象を絞り込むことも含まれる．

⑤ **調査結果の活用目的**

調査目的が明確になり，また調査プランが整理できたところで，再度調査結果をどのように活用するのかを検討することが重要になる．活用目的が明らか

になることで，どのようなデータを集めればよいかがイメージできるようになる．今回の研修への期待と，職場でのサポート体制を提案するための調査目的のため，協力的な事業責任者10人から本音をじっくりと聴きだす．あるいは研修の改善箇所の見当をつけることが目的であるため，定量的なデータをできるだけ多く取った方がよいなど，収集すべき情報がより鮮明になる．また，ここでの検討によって調査で明らかになる範囲とそうでない範囲が見えてくる．情報収集の対象範囲が受講者だけでよいのか，それとも上司まで広げなければならないのかも見えてくるようになる．

⑥ **調査全体の体系化**

概要設計の立案の際に，いつも設定する必要はないが，教育効果測定のレベルがレベル3以上になるような場合，おおよその調査スケジュールをこの段階で決め，青写真を作成しておくと便利である．具体的には，どの時期に調査結果が必要になるかという調査期限をはじめ，研修実施前に測定すべき事項，研修実施中に測定すべき事項，研修終了後に測定すべき事項についての中味やいつ，誰から測定するのかを検討し，調査全体を体系化する．なお，具体例は本章の事例（図6-8，p.159）をご覧いただきたい．

⑦ **調査のマスタープラン**

これも教育効果測定のレベルがレベル3以上になるような場合に検討し，概要を整理しておくと便利である．これは測定レベルごとに，どのような手段で，誰から，どのようなタイミングで，データを収集し，それぞれの実施責任者は誰かなどの情報を一覧にし，整理することである．調査全体の工数がほぼ明らかになるので，調査費用の概算を見積もることができる．また，この調査のマスタープランを関係者全員に配布し，実行事項を共有する．

6.3 ［ステップ2-2］詳細設計

詳細設計は，概要設計で整理した事項を具体的なツールや研修教材，カリキュラムなどについての詳細な設計図を作成する工程である．予想外のことや未

検討のことが発生したら概要設計書に立ち返り，関係者間で話し合い適切な対応をとり，詳細設計の活動を展開していく．

また教育効果測定においても，同様に概要設計で体系化された項目を一つひとつ分析整理し，測定ツールを設計し，開発していく工程である．

(1) 教育研修プログラムの詳細設計

教育研修プログラムの概要設計(6.2節(1))で説明したように，本書は，研修開発を主眼に置いたものではない．そのためここでも研修開発の詳細設計については概観を紹介することにとどめることをご理解いただきたい．詳細設計について，より深い情報を知りたい読書は，インストラクショナルデザインの専門書をご一読いただきたい．

詳細設計で検討していく事項は，以下のとおりである．
- 学習目標
- 学習者のプロフィールならびに習得知識・スキルの活用場面
- 学習項目(研修項目)
- 評価基準
- 研修の進め方
- 使用教材

これらの項目を一つひとつ分析し開発することによって，勘や度胸によらない，科学的で教育効果に焦点を当てた教育研修プログラムが生まれるのである．

1) 学習目標

学習目標は，教育研修プログラムに参加した受講者が，研修終了時点でどのような状態になっているのかを，あるルールにもとづき具体化し，文書化することによってできあがる．

ID(インストラクショナルデザイン)の父といわれるメーガー(Robert F. Mager)は，学習目標が正しく設計されたかどうかを確認する質問として，次

の3つを提唱している．

① Where am I going? （どこへ行くのか？）
② How do I know when I get there? （たどり着いたかどうかをどうやって知るのか？）
③ How do I get there? （どうやってそこに行くのか？）

一つ目の質問は，研修のゴールを示す方向についての質問である．つまりどんなテーマや学習指導を受講者に提供するのかを明確にすることである．二つ目の質問は，到着したかどうかが，どうしたらわかるのかという質問である．つまり，受講者が学習したこと，具体的には「知識を得た」，「スキルをマスターした」，「考え方が変わった」などといった研修ゴールの到達を判定する基準を明確にすることである．そして最後の質問は，研修のゴールにたどり着かせる方法への質問である．つまり，研修ゴールへ向かう道筋を明らかにすることである．

これらのシンプルで本質的な質問にこたえられるかどうかと，その回答内容の適切性によって学習目標の完成度を推し量ることができる．学習目標は，教育研修プログラムで受講者に身につけてもらいたいこと，知ってもらいたいことなどといった「ねらい」を具体的に，誰にとっても理解の齟齬が生じないよう明文化したものである．学習目標を明確にすることにより，受講者のみならず研修開発者側にとっても，教える内容や程度がはっきりするため，その効用は実に大きいものといえる．

では次に，学習目標の構成要素を紹介する．学習目標が明確になるためには，目標行動，評価条件，合格基準の3要素が適切に構成されていなければならない．

ⅰ） **目標行動**

目標行動とは，受講者の行動として目標を表すことである．よく見られる表現に「…を理解する」，「…を知る」，「…に気づく」などがある．学んでほしいことを受講者の行動で表しているが，このままでは受講者が目標に達したのかどうかを客観的に判断しづらい．そのため，よくできた学習目標は，「…を説

明する」，「…を書き直す」，「…を指し示す」など，観察可能な表現で，受講者の行動として具体的かつ客観的に判断できるように表現されている．

　ⅱ) **評価条件**

　評価条件とは，目標行動が評価される条件を明らかにし，文書化することである．資料を見て説明するのと，手元に資料がなく自分の記憶だけで説明するのとでは，期待される目標遂行の困難さが大きく異なる．このような受講者が目標行動を行う際の条件が明確になっている必要がある．

　ⅲ) **合格基準**

　合格基準とは，目標が達成されたかどうかを判断する基準を表現することである．具体的には，「10問の質問項目のすべてに正解しなければならない」とか，「半分以上に正解しなければならない」といった合格判定ラインや，「20分以内で組み立てる」といった遂行時間の基準，「3000字以内でまとめる」といった必要条件などを目標に含め表現することである．

2) 学習対象者の情報，習得知識・スキルの活用場面

　学習対象者の範囲については概要設計の段階で，すでに決めた．ここで行うことは，学習対象者群の中から最適な対象者を絞り込んでいくことである．それとともに，受講者が習得したスキルや知識を活用する条件や，活用場面に関する事実を把握することである．これら双方を整理することによって，学習目標を達成するために，どのような内容をどの程度の深さで，どのような方法で教えていけばよいかが，より具体的になっていく．研修開発者にとって有効な学習対象者の情報は，次に示すようなものがあげられる(ディックら，2004)．

- 前提行動と称される受講者が有している一般知識や経験，態度など．教えようとしている内容に対して受講者はどの程度の知識をすでに有しているかといった前提知識
- 受講者はグループで学習を行うのが好きなのか，それとも個人学習を好むのかといった学習スタイルの好み
- 研修事務局や研修部門に対する受講者の態度(肯定的な態度か，建設的か

あるいは懐疑的かなど）

● 職場環境や活用場面

これらのうち，受講者の職場環境や実際の活用場面を事前に把握し，分析された情報は，学習項目を決定する際にとても重要な情報となる．職場環境で分析すべきことは，上司や同僚から支援が受けられる状況か否か，また活用するために必要な施設や器具が整っているのかなどがあげられる．また活用場面の分析には，学習したことを一人で活用するのか，チームで活用するのかといった側面や学習内容を活用する頻度といったものなどがあげられる．このとき，可能であれば，研修開発者はスキルが実際に使用される現場を見ておくことが望ましい．

3) 学習項目（研修項目）

学習目標が最終目的地とすると学習項目（研修項目）は，そこへたどり着くまでの通過点に例えることができる．必要な学習項目を洗い出していくための貴重な情報源が SME である．ここで犯しやすい間違いは，「知っておくべき項目」でなく，「知っておいたほうが良い項目」を洗い出し，それをもって教育研修プログラムを構成してしまうことである．しかし，学習すべき項目を効果的に組み合わせ，必要最小限の指導で，教育効果を最大化させることが研修開発の目的である．「知っておくべきこと」を SME と共同で整理することによって，その目的を達成できる．

学習項目を整理する方法は大きく分けて階層型分析とクラスタ分析がある．階層型分析は，学習目標に関係する下位のスキルを洗い出し，そしてまた，そのスキルの下位スキルを連鎖的に洗い出し，階層構造化し学習項目を組み立てていく方法である．クラスタ分析は，ゴールに達成するために必要な情報を洗い出し，整理していく方法である．

この方法の適用の違いは，第3章で説明した学習領域の違いによる．例えば，認知領域の中の言語情報を習得することが学習目標である場合，クラスタ分析を用いる．なぜなら，言語情報は記憶理論の中で意味記憶にあたり，必要

な情報を洗い出し，意味あるまとまり（クラスタ）として整理していく方法が，理にかなっている．また，同じ認知領域の中の知的技能は，計算のやり方や辞書の使い方，ルールを理解するといったことを指す．この知的技能は一つの知的技能だけで成り立っているわけでなく，前提となるスキルの存在によって成立する．言い方を換えれば，上位の知的技能を使いこなすには，前提となる下位の知的技能をマスターしていることが必要となり，初級―中級―上級といった階層化が成立する．そのため，知的技能をマスターすることが学習目標である場合，学習目標から下位のスキルを連鎖的に洗い出して階層構造化するというアプローチをとることになる．

4) 評価基準

評価基準とは，学習目標に達成したかどうかを見極める合理的な指標を意味する．評価基準を検討することは，それを設定し，客観的に測定するための手段を設計することである．教育研修の学習目標の測定であれば，カークパトリックのレベル4フレームワークでいうレベル2を測定することとなる．具体的な作業は，教育効果測定の測定ツール開発と同じことを行う．

具体的な設計の仕方や開発方法については，教育効果測定の詳細設計の中で説明する．

5) 研修の進め方

研修の進め方とは，学習目標を明確化し，受講者の能力や前提知識，実際に活用する場面を把握し，教えるべき学習項目を合理的な手順にのっとって洗い出した後に行う設計のことである．この研修の進め方は，「洗い出した学習項目をまとめ，セッションに組み立てる」，「インストラクションの進め方を設計する」「インストラクションを行う手段を選択する」などによって構成される．

① 洗い出した学習項目をまとめ，セッションに組み立てる

洗い出した学習項目をまとめ，セッションに組み立てるには，取り扱う内容のグループを決めることと，教えていく順序を決めていくという二つの側面を

設計していくことが必要である．取り扱い内容のグループ化は，学習項目を似たような内容，似たようなレベルでグループ化していくのが一般的である．

また，教えていく順番は，前提となる最も下位のスキルからスタートし関連する上位スキルへと進め，最終的に学習目標へと到達するよう系列を組むとよい．それ以外の一般原則としては，単純なものから複雑なものへ，概要から詳細へ，やさしいものから難しいものへなどがあげられる．

② **インストラクションの進め方を設計する**

どのような手順を踏んでインストラクションを進めていけば受講者にとって，もっとも効果的な学習が可能になるかを考えるのがインストラクションの進め方の設計である．インストナクショナルデザインの分野で，よく知られている一般原則に，ガニエが提唱している九つの教授事象（events of instruction）があるので，それを紹介する．

- 注意をひきつける
- 学習者に目標を知らせる
- 前提学習を思い出させる
- 学習すべきことを提示する
- 学習の指針を与える
- パフォーマンスを引き出す
- パフォーマンスについてのフィードバックを与える
- パフォーマンスを評価する
- 学習の維持と転移を促す

これら九つの原則を上手く活用し，より効果的な指導方法を検討，設計するのである．

③ **インストラクションを行う手段を選択する**

インストラクションを行う際，学習内容，受講者のタイプ，能力，好みなどに合った手段を選択することは極めて重要である．なぜなら，使用する手段によって学習効果に差が生じるだけでなく，コスト，時間的にも差が生じるからである．手段を選択する際の留意点を以下に述べる．

- 目標とする演習や作業などを行うことができるか
- 予定している設備で実施可能か
- 講師,受講者双方がその手段を使いこなせるか
- 講師,受講者はその手段を使用することを好んでいるか
- 開発者がその手段で,教育研修プログラムを開発できるか
- 手段の柔軟性
- 手段を使用した場合にかかるコスト

これらのようなポイントを手がかりとして,最適な方法を選ぶ必要がある.

6) 使用教材

研修に用いる教材は,受講者の学習理解を支援し,また講師のインストラクションの効果を高めるためのツールである.選択された実施手段によって使用教材の形式や形状,様式などが大きく異なる.ここでは受講者―講師という視点からの使用教材に関する基本的な考え方を説明する.

研修開発者が開発している教育研修プログラムの基本的機能は,ニーズ・アセスメントによって明らかにされた解決課題の全部,もしくは一部を学習目標として再定義し,それを学習者の能力開発を通じて達成させるための「学習を促す」ことである.そのため,研修教材は学習を促す機能を備えていなければならない.どのような方向に向かって促すかといえば,学習目標に向かってであり,学習目標に向かわせる対象は受講者である.

そのためにまず,教材が備えていなければならない条件は,学習者のレベルに合っていることである.すでに学習者のプロフィールの分析によって,一般知識,経験,役割,権限などのほか,研修に必要な前提知識,学習スタイルの好みなどが明らかになっている.そのことに照らし合わせ,いかなる教材が最適かを判断し,開発を進めることが肝心となる.

次に必要な条件は,教材にリアリティがあるかどうかである.ここでいうリアリティとは,内容的なリアリティと,活用場面での教材の使い勝手という点から考慮すべきである.これらを評価する情報は,習得知識・スキルの活用場

面を検討する際に，受講者の職場環境，活用場面を整理しているので，それらの情報をもとに用いて最適教材の開発を進めていけばよい．

最後に学習目標との整合性が条件となる．使用教材に求められる条件のうち，教材のレベルとリアリティの二つが受講者の観点であったのに対して，これは，講師あるいは研修開発側の観点といえる．学習目標との整合性については，以下の6点が留意点としてあげられる(ディックら，2004)．
- 教材の内容と学習目標との整合性
- 内容，範囲の適切性，完全性
- 権威
- 正確性
- 最新性
- 客観性

これらの点を考慮することによって，学習目標との整合性を保つことができる．

(2) 事例

K社では，教育研修プログラムのカリキュラムを設定するにあたり，対象の再検討から始めた．大きな効果を得るために，実務の中心であり，また後進の指導もしなければならない係長クラスを対象とすることが再認識された．係長は，実務のリーダーであり，職場の同僚や後輩に与える影響も非常に大きいものがある．係長層の育成は，職場全体の底上げに大きく貢献するというスタンスで，教育研修プログラムの詳細を決めていくことになった．

次に，従来から実施されている「教える」形式の教育研修プログラムでよいかどうかを検討した．係長であれば，必修の問題解決研修を受講しており，また実務で成果をあげてきていることから，今までの仕事のスタイルを振り返ってもらい，今後のためにいろいろなものの見方や考え方を得て，「自ら考える」ことを要請する教育研修プログラムが適切であると考えられた．そこで，事前調査で明確にしたコンピテンシーを活用した診断とフィードバック，ケース

タディを用いたグループディスカッションを行い，講師が教えるという一般的な教育研修とは異なる教育研修プログラムをつくりあげていくことにした．

さらに，日数の検討も行った．係長層は，職場で重要な位置におり，多くの時間は割けないというのが実情であるため，3日間の集合研修と設定した．3日間としたのは，問題解決研修では4日間を基本としており，連続3日でなければ十分受け入れられると判断したためである．また，問題解決スキルは実践をともなうことによって向上するため，実践への適用が重要な学習機会となる．6カ月後に実践活動の発表会を設定することによって，実践への強制力を高めると同時に，問題解決の進め方を振り返ってもらう機会とした．

講師は，社内事情に詳しい社内講師によって，すべてのプログラムを実施する方向で検討したが，コンピテンシーを活用したフィードバックについてはスキルの不足から社外講師にお願いし，その他は社内講師で実施することを決定した．担当していただく社外講師には，教育研修プログラムの設計に深く関与してもらうことを条件とし，人選を進め，直接お会いし研修企画の意図を理解してもらえたプロ講師を選定した．

表6-2 カリキュラム

	No.	内容	講師
一日目	1	オリエンテーション	社内
	2	問題解決の進め方確認	社内
	3	コンピテンシー診断によるフィードバック	社外
二日目	4	ケーススタディ1	社内
	5	ケーススタディ2	社内
	6	ケーススタディ3	社内
三日目	7	ケーススタディ4	社内
	8	ケーススタディ5	社内
	9	問題解決のためのアクションプラン作成	社内
6カ月後		実践テーマ発表会	社内

第6章 教育研修のつくり込みと効果測定の実施— Part 2 —

　これらの検討により，できあがったカリキュラムは，表6-2に示すとおりである．

　カリキュラムが決定したのち，教育研修プログラムの効果を評価する測定ツールの検討に入った．この教育研修プログラムの目標は，コンピテンシーを習得させ，実務成果に寄与することである．そのようなことからも，レベル1, 2だけではなく，レベル3, 4までを測定することに決めた．レベル1から4の定量把握では，教育の効果をすべて把握できないと考え，インタンジブル（無形の効果・波及効果）の測定も実施することにした．また，将来の参考としてROIモデルのレベル5の測定も行うことにした．

　測定のタイミングは，レベル1は研修終了直後に，レベル2は研修の最後のセッションで作成するアクションプランのでき具合を測定することにした．教育効果測定を実施するうえで重要視したことは，受講者に余分な負担をかけないことであった．教育研修プログラムのつくり込みのために，多種多様な測定を行い，受講者に負担をかけデータを収集することは避けるべきと考えた．可能な限り，受講生にも役立ち，できれば研修項目の一つとしてプログラムに組み込んだものにしたいと考えた．そのため，レベル2の測定は，一般的に行われる理解度テストではなく，受講生が作成した問題解決のシナリオを評価することにした．なぜなら，このプログラムは知識の付与が目的ではなく，受講者が持っているものを引き出し，グループ内で知識を共有し，これらをもとに受講者本人が考え，今後の仕事に活かしていくことを目的としているためであり，一般的な知識の理解度を測る測定方法は適切でないと判断したからである．

　レベル3とレベル4の測定は，6カ月後に研修の最終項目として実施される，実践テーマ発表会を活用することを考えた．レベル3の行動変容を6カ月後に測定することは難しいかもしれないが，K社は人とのつながりを重視する組織文化があり，たとえわずかな行動変容でも気づいてもらえるのではと考え，実践テーマ発表会のタイミングで測定することにした．なお，データは，本人からのみ取得することにした．レベル4についても，6カ月後の時点では取り上げた改善活動が完了していない可能性があるが，実践テーマ発表会終了

後，間をあけての測定では，受講者に対するインパクトが弱まると考え，実践テーマ発表会時点での業務成果への貢献を測定することにした．この測定も，本人からのみデータを取ることにした．実践テーマ発表会では，総括の時間を設け，この中で受講者に対し，有効となる何らかの情報を提供していくことにした．具体的には，教育研修プログラムの詳細設計で決めていくことにした．

効果測定を行うタイミングを決めた後，レベル3，レベル4のデータを解釈するための基準値を検討した．具体的な基準値を決めるにあたり，参考になる情報を社外で探したが，有効な情報は見つけることはできなかった．そこで，暫定的ではあるが，行動変容の目標であるコンピテンシーの獲得は，コンピテンシー・アイテム五つの習得を基準値とした．また，業務成果への貢献は，実践テーマとして取り上げた改善活動に対する寄与度25％を基準値とした．成長や業務成果には，様々な要因が関係してくるが，この教育研修プログラムを提供することにより，成長や業務成果に少なくない貢献をしたいという人材育成担当者の意志を込めたものである．

また，教育研修は洗脳ではなく啓発である．成長や業務への寄与度を強く求めすぎるものではないという点も，人材育担当者間で議論された．ディスカッションの結果，コンピテンシー・アイテム五つの習得と業務成果への寄与度25％は決して大きな値ではないが，しかし挑戦的な数値目標であると合意できたので，この数値を教育効果の「ある・なし」を判定する基準値として設定した．

本事例のポイント
- **教育効果を測定する尺度ににコンピテンシー・アイテムを活用する**

本事例のポイントは，コンピテンシー・アイテムを活用したことである．コンピテンシー・アイテムを活用することにより，レベル3の効果測定ツールの開発が大きく前進した．

(3) 測定ツールの詳細設計

　この工程では概要設計で整理した教育効果測定の概要をより具体化，詳細化し，実際の測定ツールを開発していく．測定ツールを開発する際には，細々と留意しなければならないルールや考え方が存在する．ここではレベル1と2を中心に説明を行う．それは，レベル1と2の測定ツールが高い精度で開発できれば，レベル3やレベル4はそれらを応用して開発できるからである．

1）測定ツールに求められる3つの留意点

　すでに第2章で述べたように，測定ツール開発時に留意しなければならないのは，「信頼性」，「妥当性」，「調査目的の明確化」の三点である．繰返しになるが重要な点なので再度ここで強調しておく．

① 教育効果測定ツールの信頼性

　信頼性とは測定ツールの一貫性や再現性と表現することができる．信頼性の高い測定ツールでは，同じ測定対象者に対して繰り返し測定をした場合，同じ結果を得ることができる．すなわち，測定における再現性を担保しているということである．しかし，信頼性の低い測定ツールの場合は，結果がばらつき，一体どれが本当に正しい結果なのかわからないものになってしまう．そのような再現性のない，信用のおけない測定ツールを用い教育効果測定を実施しても，測定結果自体を信用することができず，教育効果測定自体がまったく意味をなさなくなる．なお，信頼性を検証する方法として「再検査法」，「折半法」，「内的整合性法」などがある．

② 教育効果測定ツールの妥当性

　妥当性とは，測定しようとしているものを適確に測定しているのか，測定における一致度，適確性と表現できる．妥当性の概念は，内容的妥当性，構成概念妥当性，基準関連妥当性などに分類することができる．本書が主として扱うテーマでないため，信頼性，妥当性に関する詳述は割愛するが，是非，心理測定や社会調査，統計に関する書籍を一読いただき，その重要性を認識してほし

い．

③ 教育効果測定を行う目的の明確化

　教育効果測定では，最低でも以下にあげる二つのことを具体的にしなければ調査目的を明確にしたとはいえない．一つは，調査で何を明らかにしたいのかが明らかになっていなければならない．教育効果測定の実施目的は，思いつくままでも，「教育研修の運営上の不具合点を見つけること」，「研修満足度の高い受講者群に共通する属性を探し出すこと」，「受講者の知識の習得を定量的にとらえること」，「受講者が職場でうまく学習内容を活用できない原因を特定すること」など，様々あげられる．そのような目的の中から，明らかにしたい重要な目的へと「まと」を絞る必要がある．

　もう一つは，調査目的を達成するために，具体的に何を調べればよいかという点が明らかになっていることである．調査で具体的に調べたい事項を整理することである．このような事項を調査項目と呼ぶ．

　この調査目的の明確化の過程で，収集データの活用目的についても同時に整理しておく必要がある．活用目的とは，調べる観点から見た調査目的を，利用する立場から眺めた言い方であり，調査目的と活用目的は表裏一体を成す．これによって，質的データなのか，量的データなのかというデータの形式やデータ解釈時の基準を決めることが可能になる．

　繰返しになるが，これら調査目的や調査項目は，調査自体の根幹を成し，これによって，調査自体の妥当性，信頼性を推し測り，測定ツール，測定対象，実施タイミングなどが決定されていく．そのため，この調査目的と調査項目は，調査関係者全員に共有され理解されなければならないし，明文化することを怠ってはならない．

2) 測定ツールの開発フロー

　図6-2は，測定ツールの開発フローである．「調査目的の明確化」は前述したとおりである．次の「測定手段の選定と測定手順の整理」では，明確化された調査目的を達成するためには一体どのような方法（最適な手段選定）で，誰か

```
┌─────────────────────────┐
│    調査目的の明確化      │
└─────────────────────────┘
    ↓ ● 調査目的の絞込み
      ● 調査項目の整理
      ● データ活用の目的整理
┌─────────────────────────┐
│ 測定手段の選定と測定手順の整理 │
└─────────────────────────┘
    ↓ ● 測定手段の選定
      ● 測定対象者の決定
      ● 測定データの形式の決定
      ● 測定のタイミングの決定
      ● データ解釈の基準の作成
┌─────────────────────────┐
│     測定ツールの開発      │
└─────────────────────────┘
    ↓ ● 質問文/試験問題の作成
      ● 調査紙/テストの印刷　など
```

図 6-2　測定ツールの開発フロー

らデータを入手し(データソース), どのようなデータをとり(入手データの形式), いつ測定を実施するのか(測定実施のタイミング), 何を基準にして判断するか(データ解釈の基準)を決定していく工程である. そして最後の「測定ツールの開発」が, 実際に質問文や問題を作成し, 測定ツールに組み立てていく工程となる. 以下の 3) と 4) では, 調査目的を仮に設定し, 具体的に開発の手順を説明していく.

3)　レベル 1 調査のための測定ツールを開発する

　第 4 章で, レベル 1 の測定結果の一般的な活用目的は, 研修プログラムの改善であると述べた. ここでは調査目的を次のように仮に設定し, それをもとに具体的な測定ツールの開発手順を説明する.

　調査目的：教育研修の質的改善を行うために, 研修運営上の不具合点を見つけること

　活用目的：他の研修や同じテーマで異なる回の研修と比較し, 良い点・悪い

点を探し出すこと

① **調査目的を達成するのに必要な情報（要因）を分類する**

　教育効果測定の活用目的が整理されたあと，次に成すべきことは，「質的改善を行うために，不具合点を見つける」にはどのような情報が必要かを整理することである．ここで重要になるのが「仮説」である．仮説とは，受講者の研修に対する満足に影響を与えると考えられる様々な要因，あるいはこれら要因の因果関係や要因どうしの結びつきの強さのことを指す．この仮説をもとに何を調べればよいか，どんな情報を摑めばよいかを洗い出し，それらを論理的に組み立て構造化していくことになる．筆者は，研修満足に影響を与える要因を10項目に分類したリアクションアンケートを開発し，現在所属する組織で測定を行っている．10の要因は表6-3のとおりである．

　この調査項目を整理する際の重要点は，調査メンバー全員で，各々の視点から仮説をもとに調査項目の候補を出し合い，それを全員でまとめて構造化していくことである．この手続きを踏むことによって，一人では気づかない点や調査目的を達成するための必要情報の全体像が，より鮮明になっていく．

　全体像が明らかになり，調査項目が固まったら，各調査項目について，受講者が回答できるように具体的な質問項目を作成していく．また，測定データの形式は，活用目的を考慮し，自由記述に代表される質的データにするのか，多肢選択などの量的データにするのかを決定する．

② **測定手段の選定と測定手順を整理する**

　レベル1の測定は，質問紙を用いて実施される場合が多い．その理由は，研修対象者の母数が多く，何回かに回数を分けて教育研修が運営されることが多いからである．もし，母数が少ない場合は，質問紙を用いるまでもなく，受講者へのインタビューによって情報を入手することも可能である．調査目的を達成するための調査対象者とその母数ならびに，収集したデータの活用目的から考慮し，測定手段を決定すればよい．

　測定データの形式を決める際のポイントは，収集したデータをどのように活用しようと考えているかである．前述のように，活用目的は，研修満足に関す

表6-3 研修満足に影響を与える要因(サンプル事例)

No	構成要素(尺度名)	定義
1	マインドセット	研修参加に際し，学習者への事前説明や動機付けが十分になされ，研修への前向きな気持ちが芽生えているかどうかを見極める尺度
2	研修総合満足	研修を受講し，学習者は研修に満足度をおぼえているかどうかを見極める尺度
3	講師	担当講師は学習者の学習支援と動機づけを行い，学習目標の達成と同時に職場活用への橋渡しを行ったかどうかを見極める尺度
4	研修教材	使用教材・配布資料は学習者の内容理解を助長するための効果的なツールであったかどうかを見極める尺度
5	事務運営	研修選定，申込み，受講通知等の受け取りから受講，会場を去るまでの一連の過程で，学習者にストレスを感じさせることなくスムーズなオペレーションが実行されたかどうかを見極める尺度
6	研修企画	明示された学習目標を達成するために，論理的かつ整合性のとれた内容や流れに研修が設計されたかどうかを見極める尺度
7	研修環境	学習者の学習意欲を維持，促進し，集中力を持続させる適切な環境であったかどうかを見極める尺度
8	参加者のネットワーク	他事業部やグループ各社に関する理解や人脈形成の機会として，また相互啓発の場として本研修が機能したかどうかを見極める尺度
9	学習内容の理解度(自己認知)	学習者は研修内容にどの程度の納得感と理解の手応えを認識しているかを見極める尺度
10	職場への活用意識	学習内容の職場活用意識や活用の見通し感が学習者に芽生え，活用環境の状況認識が認められるかどうかを見極める尺度

る良い点・悪い点を探し出すことであり，その探し出し方は，他の回との比較や他の研修との比較によって，「良い・悪い」の判断を決めようとしている．このようなときは，自由に感想を記述する質的データを収集するよりは，調査項目それぞれに対して，評価を行う量的データを収集した方が，比較検討しやすく，また統計解析も容易になり，取り扱いやすくなる．

データのとり方が，各調査項目に対して，「大変不満足～大変満足」の範囲を5段階に分けて評価させるリッカートスケール*を用いるなら，データ解釈に評価得点の平均値が活用できる．また，平均値の比較検討には統計的な検定を用い，データ解釈の主観性を抑え，より客観的な判断を行うことを忘れてはならない．

最後に測定のタイミングを再確認する．データの比較検討結果も判断基準にするならば，それぞれが同じ条件下で測定されたデータでなくては比較の意味がない．また，受講者が研修全体を評価できる情報を十分に入手し，かつ研修受講以外の要因がなるべく入らない時期を選定しなければ測定データを信用できない．第4章で既に説明したとおり，レベル1の調査は研修終了直後の研修会場で実施されることが望ましい．なぜなら，実施環境の同一，評価のための全情報の入手，研修以外の要因が入りづらいという条件を満たすだけでなく，データが100％回収できるという有利な機会でもあるからである．

4） レベル2調査のための測定ツールを開発する

レベル2の測定では，学習目標の違いによって多種多様な測定ツールを用いる．その理由は，知識の増加が主目的であれば理解度確認テスト，スキルの習熟度であればシミュレーションテストやロールプレイ演習など，測定したい調

---

*） 厳密には，リッカートスケールの尺度水準は，順序尺度である．そのため，利用できるのは中央値，四分位偏差などであり，平均や標準偏差を用いることはできない．しかし，心理測定では尺度の間隔を5段階以上設けて間隔尺度として扱い，データ処理を行う場合が多い．

査項目を測定できる妥当性の高い手段を選択する必要性があるからである．また，情報収集も受講者自身や他の受講者，講師など多様なデータソースから行われる．

一般的にレベル2の測定の場合，調査目的と活用目的は，次のように設定することができる．

調査目的：提供した教育研修によって，受講者は期待された知識やスキルを習得できたかどうかを評価すること

活用目的：教育研修の質的改善を行うために，研修内容上の不具合点を見つける．特に多くの受講者が，つまずいている内容や事項を探し出すこと

① 調査項目を学習する内容で分類する

調査目的は，受講者が，教育研修提供側の期待した知識やスキル，考え方を習得したかを見極めることである．しかし，同一テーマであっても，教育研修の内容によって学習目標が異なる．何を習得させたいのかという学習目標が，すなわち調査項目となる．この調査項目を整理するための領域が，第3章（pp. 39-41）で述べた認知領域，運動領域，情意領域の三つである．この三領域の考え方に沿って学習目標を整理していくと具体的に測定すべき調査項目が明らかになっていく．

また同時に，これらの作業を通じて，妥当な測定ツールやその組合せの見当がついてくる．また，測定データの形式は，使用する測定ツールによって，質的データになるか量的データになるか，おのずと決定される．

② 測定ツール（テスト）開発で準拠すべき基準

調査項目が明らかになったら，次は具体的に試験として問うべき事項や期待スキルを習得したことを判定する観察項目を洗い出していく．その場合，その学習テーマのSMEの支援を受けながら，測定によって問うべき内容を吟味，精緻化し，測定内容の妥当性を高めていく．

学習目標に準拠した測定ツールを開発するには，次に示す四つの基準を満たす必要がある．一つ目は測定ツールで評価する項目や成果は，学習目標に一致

していなければならないという基準である．要するに学習目標があるスキルを使いこなせるようになることであるのなら，測定ツールはそのスキルを使えるかどうかを確認できる内容にしなければならない．そのスキルの手順説明や用語説明を要求するのでは，ツールとして，測定の妥当性を欠いていることになる．

　二つ目は，学習者のレベルに合った難易度やテストの範囲に限定して，試験項目を作成しなければならないという基準である．例えば問題解決能力を強化する研修を実施し，その能力の成長を評価するような場合は，学習者の経験や役職，役割に応じた試験内容にしなければばらない．例えば，課長層が受講対象であるならば，職場や所属部門の問題を提示し，それを学習した理論や方法で解決できるかをチェックすべきであるし，事業部長層であれば，全社にまたがる広い範囲の課題を提示し，解決の腕前を評価するという方法をとることによって，測定の妥当性を高めることができる．

　三つ目は，評価する条件や評価される対象が，学習者が使用する場と同質，同環境であるという基準である．活用の場と同条件で評価ならびにテストされることによって，現実の場で活用する際のコツを同時に学習することになる．もし，プロジェクターを用いないでプレゼンテーションをすることを要求されているのなら，テスト実施時にも，プロジェクターの使用は禁止されるべきである．

　そして最後が，ひっかけ問題をつくるな，という基準である．学習目標に準拠するということは，学習目標に記述されている標準的な環境や状況下を意味するのであって，特殊な状況を想定しているわけではない．ひっかけ問題では通常予想されないような条件での対処や本質的でない対応を評価していることになる．また，同時に学習者が試験に集中できるように，回答の方法や質問の問いかけ，答案用紙のレイアウトにも配慮することがテストとしての質を担保することにつながる．

　③　測定のタイミング

　レベル1の測定であれば，研修終了直後に測定を実施するのが良いと想定で

第6章 教育研修のつくり込みと効果測定の実施— Part 2 —　　145

きた．ではレベル2はどう考えればよいのだろうか．一般に研修全体の総合理解を把握する，言い換えれば，学習目標への到達をチェックすることが目的であれば研修終了後に実施すべきである．ただ，測定時期は，研修内でどのような目的で各種測定ツールを使用するかによって異なる．しかし，常識的に考えて測定の実施時期は，研修受講前，研修中，研修終了後の三つに大別される．研修受講前に実施されるテストや試験を通常，プレテスト(pre test)と呼ぶ．このテストは受講者の実力を評価することが主目的である．受講者の実力を研修前に評価する目的は，研修に適した受講者かどうかを見極めることである．研修を受ける際の前提となる必要な実力を備えていない人など，研修を受講するのに適しない者を排除するために用いられる．ちなみに研修で学ぶ内容をすでに身につけている実力者も研修の受講に適しない．また，このテスト結果（データ）は受講者が研修によって，実力をどのくらい向上させることができたかを評価するための基準となる．

　次に，研修中に実施されるテストや試験がある．エンベデットテスト(embedded test)と呼ばれる．このテストは研修の最終ゴールにたどり着くまでの通過点のいくつかのポイントで実施される．研修は通常，簡単なものから難しいものに，単純なものから複雑なものへ，また前のテーマと異なる新たなテーマへと学習ステージが移る．次のステージを学ぶにあたり，前のステージで習得することが前提となる考え方や技術をマスターしたかをチェックするために用いられる．マスターしていることが判断できれば予定どおり，次に進めばよいし，そうでない場合は補講などを行い，次に進むための基準値まで引き上げることが必要となる．また，このエンベデッドテストによって，受講者は今まで学んだことの再整理や再確認をすることができる．

　三つ目は，研修終了後に実施される試験やテストである．ポストテスト(post test)と呼ばれる．主目的は，最終的に学習目標へと受講者の実力が到達したかどうかを見極めることである．プレテストの得点と比較し，得点差や改善度を教育研修の効果ととらえることができる．もし，到達していなかったら，受講者の出来具合をつぶさに分析し，どこに受講者の理解不足や勘違いな

どのつまずきが見られるかを探し出し，学習内容やインストラクション方法などを改善するためのデータとして活用していく．

これらが実施目的から見たレベル2測定の実施時期に関する基本的な考え方である．この基本を理解し，研修目的や学習目標にあわせて，測定ツールを活用すれば受講者のモチベーションの維持や研修運営にメリハリが生まれ，効果的な演出ともなる．レベル2の測定は，調査目標，調査項目，測定ツールの特徴を十分認識していれば，おのずと実施すべきタイミングを見出すことができる．

④ データ解釈の基準

最後にデータ解釈の基準について触れておく．測定ツールの種類によってデータ解釈の基準は大きく異なる．しかし，大切なことは判断基準を事前に設定し，それを用いて解釈を行うことである．ここでは，レベル2の測定で最も頻繁に使われる理解度テストを例に考えてみる．測定ツールの開発にあたり，活用目的は，「特に多くの受講者が，つまずいている内容や事項を探し出すこと」とした (p. 143)．では，多くの受講者がつまずいた現象と断定するには，具体的に何パーセントの受講者が間違うことを想定すればよいのかといった基準は，教育研修の実施目的によって異なり，特定できない．ここでは，学習目標の到達基準が，「全受講者の80％が正解すること」として設計された教育研修を想定し，仮に20％以上の不正解者が発生した場合とする．この場合，正答率80％未満の問題をつまずいている箇所として判断し，研修改善を施すことになる．

再三説明しているとおり，調査目的は教育研修の「よし・あし」を判定するためのデータを収集することである．しかし，データを収集しただけで，どのような場合が良くて，どのような場合が悪いという判断基準がなければ，改善へのアクションにつながらない．また，事前に基準を設定することにより，判断に恣意性が入ることを防ぐことにもなる．

5) 測定ツールの開発上の留意点：質問文で留意すべきこと

調査目的を明確にし，調査項目を整理し，質問項目を精緻に作りこみ，実施タイミングや判定基準も論理的に決定した．しかし，データを貰う相手に質問の意図が正確に伝わらなかったり，質問内容を誤解したまま回答されてしまっては，測定結果の信頼性，妥当性が担保できない．ここでは，正確に調査側の意図が伝わるための，質問文作成上のいくつかの留意点を紹介する．

① 一つの質問で二つ以上の内容を訊ねない

一つの質問に二つ以上の回答可能な内容や論点が含まれないようにする．

② 回答者に質問の意味がはっきりと理解できるように工夫する

質問の意図を伝えるためには，回答する人にとってなじみのない専門用語や略称，略語は使わない，曖昧でどのような意味にでも取れるような抽象的な表現や言葉を用いるのを避ける，解釈が人によって異なる形容詞や副詞をなるべく使わない，二重否定など否定的な表現を多く用いない，敬語や丁寧語を用いすぎない，といったことに気をつける．

③ 回答すべき観点や立場を明確にさせる

個人としての意見を答えるのか，組織の代表として意見を答えるのかなど，回答の立場を明確にする．また，いつの時点や期間内の評価を行うのかなど条件を明確にする．

④ 回答者が答えづらい質問をしない

回答者の立場上，答えづらい．または，答えられない質問をしない．

⑤ 回答の方法を明確に指示する

回答方法に迷うことにより，データの信頼性に影響を与えることもある．番号に○をすればよいのか，関係するものを線で結べばよいかといった回答方法を回答用紙にわかりやすく明示する．なお，回答用紙は直感的に回答方法が理解できるようにレイアウトを考える．

6) 測定ツールの開発上の留意点：質問の順序の一般原則

データソースである回答者になるべく負担をかけずデータを入手することに

留意すべきである．なぜならば，回答への負担感が大きいと，回答がいい加減になり，データの信頼性が落ちるばかりか，データの回収率を大きく下げることにつながるからである．一人でも多くの人からデータを回収し，より実態を反映した質の良い情報を収集できるような工夫を行なうべきである．ここでは，負担感を感じさせず，最後まで集中して回答してもらうためのポイントとして，質問の順序についての一般原則を紹介する．

- 回答しやすい質問，やさしい質問を最初に置き，徐々に難しい質問がくるように配置する
- 一般的な質問からはじめ，徐々に複雑な質問を配置する
- 客観的事実に答える質問からはじめ，個人の意見などを答える質問は，後方に配置する
- 相互に関係のある質問は，まとめて配置する
- 回答者の思考パターンや業務プロセスと合った質問の流れを作り，違和感をおぼえさせないようにする

(4) 事例

K社では，詳細プログラムの検討をケーススタディから開始した．技術者を対象とした研修ということもあり，誰もが馴染み深い製品を対象に，製品の企画から保証までを五つのステップに分け，各々のステップをグループ内でディスカッションし，グループ単位で回答をまとめて発表するというスタイルを基本とした．研修対象者の係長は，問題解決の基本はすでに習得している．しかし，習得した知識を業務上では十分活用できていないことがわかっていた．そのようなことから講義形式ではなく，グループワークを中心とし，ディスカッションを通じ問題解決の進め方をメンバー同士で考えあう方式の方が，より実践的と判断したからである．

対象とする製品は，ミニカーとした．ミニカーは受講者の多くが幼い頃に遊んだ経験をもち，ディスカッションしやすいと考えたからである．そして，ケースの全体設計は，開発計画，製品の企画の立案，事前検討，不具合対策，製

造不良の低減の五つのステップそれぞれをテーマとした状況を設定した.

ケース1は，小学生を対象とした高級ミニカーを開発するという内容である．未経験の分野であり，受講者はどのようなシナリオで進めていくかの計画を手探りで立てなければならない．ハイパフォーマーにインタビューを実施した際，多くのハイパフォーマーが全体計画の大切さを語っていたことを根拠に，最初に全体シナリオの立案を行った．

ケース2は，製品企画をテーマにした．高級ミニカーの開発決定に必要とされる情報を入手するための市場調査を行うという設定である．お客様に受けいれられる製品をつくるには，開発の上流から十分検討していくことが必要である．最上流のステップは製品企画である．K社は，商品企画・製品企画が得意ではないというのが現状のため，このような状況を設定した．

ケース3は，懸念事項の洗い出しと事前検討をテーマとした．無駄なく開発を進めるためには，問題を先送りしないこと，前倒しすることが重要である．そのため，現時点で考えられる問題や懸念事項を列挙し，優先順位をつけ，重要項目から一つひとつ対策を打つことが，ますます必要になってくると考えたからである．

ケース4は，ミニカーを売り出した．しかし，ボディーの強度不足が発見され，早急にボディー強度の向上を図らなければならないといった設定である．どのような検討や実験を行い，ボディー強度を高める条件を見つけるかという内容である．このケースは，グループごとに実験計画を立てさせ，その実験計画にもとづき事務局がコンピューターでシミュレーションし，その結果をグループに返し，また次の実験を計画してもらうという内容である．現実の場面では，一つの条件のみを変更して実験を行い，その条件が決定したら次の要因の条件を検討していくといった，不効率な進め方が行われている．効率的な検討，実験のしかたを経験してもらうことが，その意図である．

ケース5は，ボディー強度の問題も解決し，ミニカーの売り上げも順調に伸びている．しかし，製造不良が多いという状況設定である．1カ月間の検査データをもとに，不良低減の進め方を計画してもらうという内容である．このケ

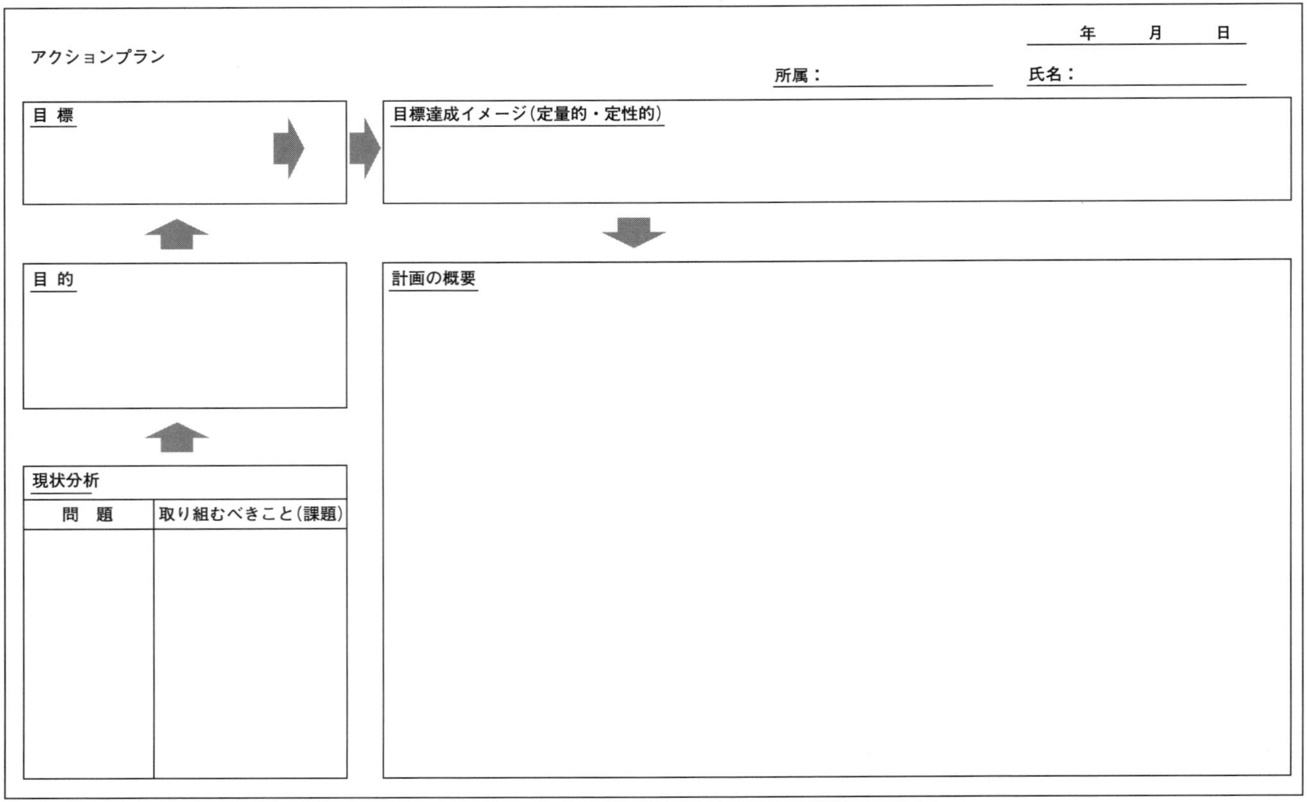

アクションプラン　　　所属：　　　　　　　氏名：　　　　　　　　　年　月　日

目標

目標達成イメージ（定量的・定性的）

目的

現状分析
問題	取り組むべきこと（課題）

計画の概要

図6-3　アクションプランシート

第6章 教育研修のつくり込みと効果測定の実施― Part 2 ―

ースでは，1カ月の検査データとパソコンをグループに配布し，グループ独自に解析を実施し，不良低減の進め方を検討する．実務の現場では，様々なデータが存在する．しかし，それらから十分に有効情報を引き出していないというのが現状であり，このケースを設定することした．

なお，ケーススタディを進める際，社内で作成したテキストや参考書籍，実際のミニカーを用意し，必要に応じ活用できる環境を準備した．自ら必要な情報を獲得し，自ら学ぶことを意図し，講師はディスカッションを見守るというスタイルをとった．

五つのケーススタディが終了した後，受講者が現在実務上で取り組んでいる課題を抽出し，それをどのようなシナリオで解決していくかを考え，アクションプラン（図6-3）を作成するセッションを設定した．ケーススタディのグループワークを通じて，仕事の進め方やそれらに関する有用な情報を多く手に入れたと思われるので，これらを忘れないうちに活用してもらい，今後の業務に連動させることをねらっている．個人でのアクションプランの作成が終わったら，グループ内発表を行ない，ほかのメンバーからアドバイスを受ける時間を設定した．

次に，コンピテンシーによるフィードバックの詳細設計を行った．フィードバックをするには，コンピテンシー・アイテムを用いた診断を行い，何らかのギャップを明らかにしていかなければならない．そのためにも，研修開始前に，直属上司を含む他者4人と本人による360度診断を実施することにした．研修の進め方は，診断結果をフィードバックレポートにまとめ，それを研修内で返却し，それをもとに自分自身で振り返りを行う．そして，気付きをグループ内で発表しあう形式を取り入れた．フィードバックのために用いる時間は合計7時間．最初の1時間30分は，アイスブレイキングとして，「最近の失敗，大きな失敗」というテーマで，グループ内での自己紹介を兼ねて，自身の失敗体験を語ってもらった．失敗事例を語ることにより，自己開示を促し，本音が言える場所という安心感をもってもらうことをねらったセッションである．次に，1時間かけてコンピテンシーの解説を行った．何を目的にコンピテンシー

を明確にしたか，どのような調査を行ったか，どのように活用してほしいかを社外講師からではなく，人材開発部門の管理者から直接話しかけることにした．診断というと，あやまって考課と受け止められる危険性がある．自分自身のこれからの業務に役立てるという診断の目的を繰り返し説明し，納得してもらうことをねらいとした．

その後，一人ひとりにフィードバックレポートを渡し，昼休憩までの30分間は，じっくりとフィードバックレポートを読み込むための時間とした．

昼休憩終了後，講師からフィードバックレポートの分析方法の説明を受け，個人による分析を行うことにした．分析は，自分自身の得点と協力者の平均得点のギャップが大きいコンピテンシーとコンピテンシー・アイテムを把握することからスタートした．今まで，自分自身で気付いていなかったことについて気づいてもらい，今後の仕事に役立ててほしいという意図である．自分が付けた得点が高く協力者の診断結果の平均得点が低い項目，自分の得点が低く協力者の診断結果の平均得点が高い項目を，それぞれ正確に把握する演習である．自分自身の得点が高く協力者の平均得点が低い項目は，自分自身で気づいていない「弱み」であり，その逆の場合は，自分自身で気づいていない「強み」である．

次の作業は，明確になった強み・弱みを今後どうしていくかを考えることである．強みをさらに強く，弱みを克服するために，どのようなことに気をつけ，具体的にどのような行動を起こしていくかを考えてもらう時間とした．個人作業には，合計3時間をあてることにした．

個人作業の終了後，演習を通じて「わかったこと・考えたこと」をグループ内で発表し，メンバーからアドバイスをもらう時間とした．診断結果をどのように受けとめ，どのように考えたかを語ってもらう時間である．声に出し，自分自身で語ることにより，コンピテンシー開発に対するモチベーション向上をねらっている．なお，フィードバックに割り当てた残りの時間は，すべてグループ内発表の時間とした．

研修内容を設計した後，研修効果を高めるための導入プレゼンテーションの

設計を行った．本研修は，知識を教えてもらう機会ではなく，自ら主体的に仕事のコツに関する情報を獲得する機会である．そのため，いかに主体的な気持ちにさせるかが，導入プレゼンテーションのねらいである．受講者は問題解決スキルが不足しているのではなく，活用のコツがつかめていない，さらなる活躍のために，学びましょうというメッセージを投げかける内容とした．また，グループディスカッションが研修の中心となるため，安心してディスカッションできる場づくりにも考慮し，プレゼンテーションの内容とスライドのつくり込みを行った．また，受講者の中には，行動にいたる考え方・ものの見方を明らかにすることを望む者もおり，プレゼンテーションは考え方を中心に説明を組み立てた．

6カ月後の発表会は，行動した事実だけを発表してもらうのではなく，行動の背景にあるものの見方・考え方を中心に発表してもらいたいと考え，「講演会」という名称にした．どのように考え，どのように行動したか，その結果をどのように捉え，次にまた，どう行動していったかを時系列で語る形式である．発表資料は特に指定せず，個人個人の好きなスタイルで講演してもらうことにした．形式を指定することにより考えを言語化しにくくなる可能性がある

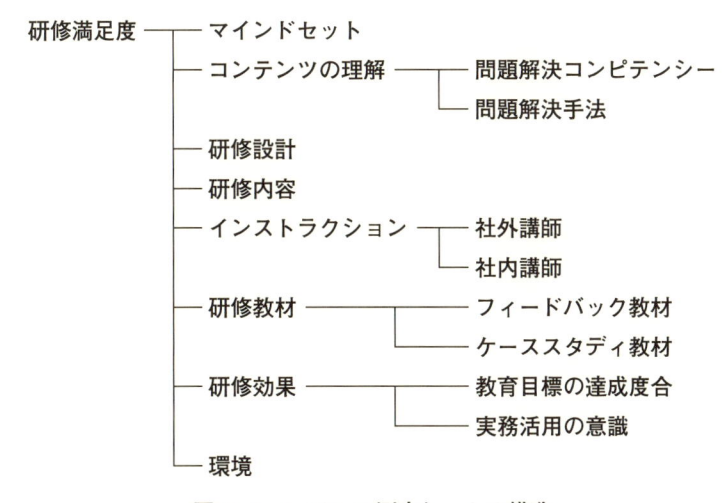

```
研修満足度 ─┬─ マインドセット
           ├─ コンテンツの理解 ─┬─ 問題解決コンピテンシー
           │                   └─ 問題解決手法
           ├─ 研修設計
           ├─ 研修内容
           ├─ インストラクション ─┬─ 社外講師
           │                     └─ 社内講師
           ├─ 研修教材 ─┬─ フィードバック教材
           │           └─ ケーススタディ教材
           ├─ 研修効果 ─┬─ 教育目標の達成度合
           │           └─ 実務活用の意識
           └─ 環境
```

図 6-4　レベル1測定シートの構造

【A】	研修全体について，おたずねします。 以下の項目を読んで，該当する数字（1～5）を○で囲んでください．	そう思わない	どちらかといえばそう思わない	どちらともいえない	どちらかといえばそう思う	そう思う
1	研修を受講して良かったと思う	1	2	3	4	5
2	他の社員にも，このコースの受講を勧めようと思う	1	2	3	4	5
3	今後もこの研修を継続していくべきだと思う	1	2	3	4	5
4	この研修目的は，明確に設定されていた。	1	2	3	4	5

【L】	研修全体の学習内容の有効性や職場での実践について，おたずねします． 以下の項目を読んで，該当する数字（1～5）を○で囲んでください．	そう思わない	どちらかといえばそう思わない	どちらともいえない	どちらかといえばそう思う	そう思う
39	この研修を受講したことによって仕事の進め方が改善されると思う	1	2	3	4	5
40	職場に戻ってから早速にアクションプランを実行しようと思う	1	2	3	4	5
41	職場に戻って，学習内容を活用してみようという気持ちになった	1	2	3	4	5
42	私の上司は，私が研修で何を学習したかを知っている	1	2	3	4	5
43	学習した内容を活用できる環境が私の職場には整っている	1	2	3	4	5
44	私の職場メンバーは学習内容を職場で実践する際，支援をしてくれると思う	1	2	3	4	5
45	自分に必要な知識やスキルを学習できた	1	2	3	4	5

【L】 さらに本コースをよりよいものとするために，どのような点を改良すればよいとお感じになりましたか？ 素直なご意見をお聞かせください．

下記スペースに，自由かつ具体的に記述ください．

図6-5 レベル1測定シート

表 6-4 レベル 2 測定の基準

ランク	アクションプランシートの記述レベル
A	アクションプランが，様々な視点で検討され，多くの人が納得できる記述になっている
B	アクションプランシートが，すべて記述できている
C	アクションプランシートの一部に，記述できていない部分がある
D	アクションプランシートが，まったく記述できていない

と考え，最も言葉にしやすい方法を自分自身で選択してもらった．

　効果測定の設計は，受講者に負担をかけないことを念頭に置いて設計した．通常の研修でも，終了後にアンケートに協力してもらっており，レベル 1 の教育効果測定は，教育研修プログラム終了後の受講満足度アンケート（図 6-5）とした．受講満足度アンケートは，教育研修プログラムの不具合箇所を見つけ出し，その原因究明に役立たせることをねらいとした．社内で実施する教育研修であり，満足度向上そのものの評価がねらいではないので，改善に役立つデータの収集を主目的とした．そのためには，図 6-4 (p. 153) に示すように，構造化をする必要があった．

　レベル 2 の測定は，ケーススタディ終了後に作成するアクションプランを評価することにした．この研修は，問題解決の進め方を向上させることを目的としており，受講者が自分自身でこれからの問題解決をいかに進めていくかを考え，より質の高い問題解決ができるようになることである．そのため，ケーススタディで得た知識を活用し作成されたアクションプランを評価することが，妥当であると判断したからである．また，測定基準は，表 6-4 に示すとおりである．ランク A は，現状を十分認識し問題点が明確にしたうえで，その問題を解決するためのシナリオとゴールが明確になっているレベルである．特に目標が達成された場合，何が改善されているかという姿が明確に描かれているかを重視した．ランク B は，計画の概要は描けているが，現状把握が十分でなかったり，目標達成時の姿が十分に描かれていないレベルである．ランク C

【A】		あなたは研修受講前に比べ，下記に示す行動に変化が認められますか．該当する数字(1, 2)に○を付けてください．	成長しているとはいえない	成長している
A	1	短期的な目標達成だけでなく，長期的な視点ももっている	1	2
	2	緊急の問題に取り組むときも，将来の課題を考えている	1	2
	3	与えられた仕事の範囲だけでなく，全体を見通している	1	2
	4	自部門だけでなく，他部門のことも考慮して仕事を進めている	1	2
B	5	最終目標までのチェックポイントを設定している	1	2
	6	厳しい状況でもゴールをイメージし，前向きに取り組む	1	2
		～なく周囲を巻き込みヒントを考える	1	2

【B】 このほかに成長したと感じることがあればご記入ください．

図6-6 レベル3測定シート

第6章　教育研修のつくり込みと効果測定の実施—Part 2— 157

```
技術部門係長のための問題解決研修
「貢献」の自己確認＆事務局へのフィードバックシート

従番：　　　　　所属：　　　　　氏名：

1.「貢献」の自己確認
 (1) 得られた結果の効果金額を見積もってください。またこの見積もった金額の
     信頼度はどのくらいですか。50%（半分くらい信頼できる）～100%（確実であ
     る）の範囲で、信頼度をお答えください。
     効果金額　　　　　　　　円
     信頼度　　　　　　　　　%
 (2) 金額換算できない（無形の）効果を記述してください。

2. 研修企画者へのフィードバック
 (1) 上記で見積もった金額に対し、この研修の受講がどの程度貢献したと感じて
     いますか。0%（まったく寄与していない）～100%（全ての研修効果の範囲で研
     修の寄与度をお答えください。またその理由も、併せてお答えください。
     寄与度　　　　　　　　　%
     寄与したと感じた理由

 (2) この研修の効果であると感じたことがあれば、記述してください。
```

```
〈参考〉　　　　　貢献金額算出ガイド

テーマ内容別に、貢献金額算出のヒントを示します。
以下のことを参考に、貢献金額を算出してください。

(1) 技術開発・製品開発 (Q) をテーマとした場合
    世の中の技術動向・技術レベルと比較して、
    ① いくらであればこのノウハウ・工夫を他社（お客様）に買っていただけるか
    ② 社外から購入するとしたら、いくらで購入するか
    という観点で、金額を算出してください。
    また、開発が終了していない場合、どこまで進んでいるか（全体の何パー
    セント完了したか）を考え、その比率をかけて貢献金額を算出してください。

(2) 原価低減・不良低減 (C) をテーマとした場合
    年間の効果金額を貢献金額として算出してください。

(3) 期間短縮 (D) をテーマとした場合
    世の中の技術のノウハウ・工夫を金額換算してください。
    ① いくらであればこのノウハウ・工夫を他社（お客様）に買っていただけるか
    ② 社外から購入するとしたら、いくらで購入するか
    という観点で、貢献金額を算出してください。

(4) 生産性向上 (D) をテーマとした場合
    生産性向上前と後の原価低減額に年間生産数をかけて、貢献金額を算出し
    てください。

(5) 安全性 (S) をテーマとした場合
    回避した危険が起こってしまった場合の会社の損失を、貢献金額として
    ください。

(6) その他 (M) のテーマの場合
    得られたノウハウ・行った工夫を金額換算してください。
    世の中の技術動向・難易度レベルと比較して、
    ① いくらであればこのノウハウ・工夫を他社（お客様）に買っていただけるか
    ② 社外から購入するとしたら、いくらで購入するか
    社内導入するか
    という観点で、貢献金額を算出してください。
```

図 6-7　レベル 4 測定シート

はアクションプランシートの一部分に空白があるものであり，ランクDはアクションプランシートの半分以上に空白があるものとした．合格ラインはランクB以上である．

　レベル3の測定は，「成長診断」と名付け，6カ月後の講演会の前に，研修開始前に実施したコンピテンシー診断を用い，研修受講前と比較して成長しているか，あるいは成長しているとはいえないかを問う診断を行うことにした．研修前の診断では，ギャップを明確にすることが目的であったため，上司を含む4人と本人による360度診断としたが，成長診断では本人のみの診断とした．この診断評価は，実践課題として取り上げた改善活動で感じた範囲での成長感である．しかし，問題解決は研修終了後も主要業務として続く．そこで，今後の問題解決へのモチベーションを向上させるためにも，受講者本人に成長感を再認識させる機会として捉え，本人のみの診断とした．なお，この成長診断はレベルの上達度合を明らかにするものではなく，向上という方向に向かっているかどうかを認識させることを意図している．そのため，「成長している」，「成長しているとはいえない」の2択診断とした(図6-6)．

　レベル3の測定では，教育効果測定だけを考えているのではなく，これからの問題解決に対するモチベーションの向上もねらっている．そのため，講演会の最後に，簡単なフィードバックを実施することにした．それは，コンピテンシーごとに，「成長した」と判断した項目の数を自分自身でグラフ化し，成長を実感してもらうことである．このとき，行動変容は短期間では起こりにくいため，6カ月という短い期間で一つでも成長を実感できる項目があれば，それは素晴しい成長であると強調し，6カ月間での成長の価値を伝えた．

　レベル4の測定は，成長診断と同時に実施し，講演会の最後にデータを回収した．このシートは，「貢献の自己確認＆事務局へのフィードバックシート」と名付け，自身の成果を確認してもらうほかに，研修すべてが終わった時点の事務局への意見の収集機能を持っている(図6-7，図6-8)．

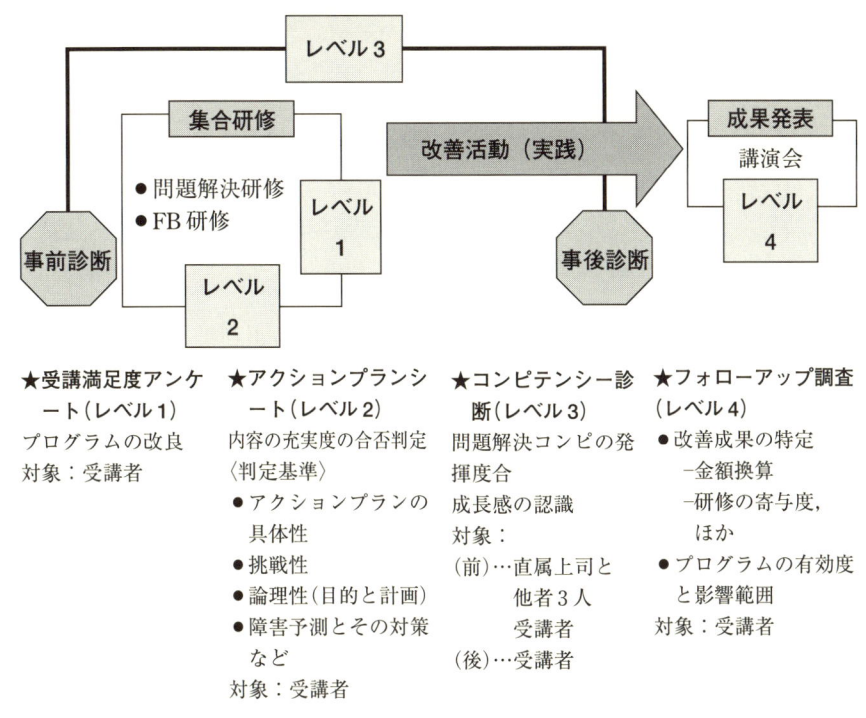

第6章　教育研修のつくり込みと効果測定の実施―Part 2―

```
                    レベル3
          ┌─────────────────────────┐
          │  集合研修                │
          │                改善活動（実践）  →  ┌─────────┐
  ┌───┐   │ ●問題解決研修  ┌───┐                │ 成果発表 │
  │事前│  │ ●FB研修        │レベル│     ┌───┐  │ 講演会   │
  │診断│──│               │ 1  │     │事後│  │ レベル  │
  └───┘   │      ┌───┐    └───┘     │診断│  │   4    │
          │      │レベル│              └───┘  └─────────┘
          │      │ 2  │
          │      └───┘
          └─────────────────────────┘
```

★受講満足度アンケート（レベル1）
プログラムの改良
対象：受講者

★アクションプランシート（レベル2）
内容の充実度の合否判定
〈判定基準〉
●アクションプランの具体性
●挑戦性
●論理性（目的と計画）
●障害予測とその対策
など
対象：受講者

★コンピテンシー診断（レベル3）
問題解決コンピの発揮度合
成長感の認識
対象：
（前）…直属上司と他者3人
　　　受講者
（後）…受講者

★フォローアップ調査（レベル4）
●改善成果の特定
　−金額換算
　−研修の寄与度，ほか
●プログラムの有効度と影響範囲
対象：受講者

図6-8　教育研修プログラムと効果測定の全体像

本事例のポイント

効果測定も研修の一項目となっている

　本事例のポイントは，効果測定の実施を研修の中に組み込んだことである．効果測定の実施は，研修プログラムとは別になってしまうことが多いが，別にすると受講者への負担感が大きい．そのため，研修プログラムに組み込み，受講者の負担感を軽減している．また，この方法は研修運営側の負担も減らすことができる．

6.4　［ステップ2-3］実施に向けた準備

　教育研修プログラムや測定ツールが完成しても，すぐにそれらを実施するこ

とは，品質を担保することに問題があり，お勧めできることではない．開発者は，概要設計，詳細設計を手順に沿って進め，自分なりに納得できる教育研修プログラムや測定ツールができたと思っている．しかし，異なる視点でレビューすると，改善点が見つかることも多いからである．そのため，第三者による評価やトライアルを実施し，さらなる改良を加え，教育研修プログラムや測定ツールの完成度を高める必要がある．このプロセスは，モノづくりの中のデザインレビュー*と呼ばれる性能，機能，信頼性などを審査する品質管理の工程と同様であり，人材育成の分野でもこれらの考え方を援用することができる．

（1） 第三者評価

モノづくりの分野では，デザインレビューに，設計，製造，検査，運用などの各分野の専門家が参加するのが一般的である．同様に，人材育成の分野では，SME，インストラクションの専門家や受講者の協力を得て行われるのが一般的といえる．

開発された教育研修プログラムや測定ツールを外部の専門家にチェックしてもらう価値は十分にある．ただし，チェックを行う検討者は，開発プロジェクトに関っていない人たちであることが条件といえる．彼らから特にアドバイスを得る項目は，内容の正確性，内容の過不足，内容の最新性，用語の適切性，例題の妥当性，構成概念の妥当性，実施手段の妥当性などがあげられる．また，もう一人の検討者としての受講者には，メッセージや学習内容の明瞭性，興味，インストラクションに対するインパクト，所要時間や時間配分の適切性，教材と学習目標との整合性，学習内容に対する理解などの項目についてア

---

*) デザインレビューとは，開発する商品の目標品質（機能，コスト，市場性，品質，信頼性，外観，梱包，納期など）を客観的に評価，審議することである．

デザインレビューを通して，製品と顧客要求事項との適合性を確認し，不具合箇所が見つかれば是正措置を要求し，品質の保全を行う．多くの場合，企画，設計段階において，開発，製造にたずさわる関係者の参画のもと，企画審査や技術審査が行われる．

ドバイスを得る．

　学習した知識・スキルが教室のみで使用されるだけでは，教育としての意味をなさない．目的は，教室など学習状況と異なる実践の場や状況で学習したことが活用されることである．第3章で「生しいたけ」と「干ししいたけ」のたとえを用い説明したとおり，学習（教育研修）は実践という文脈を持った知識やスキルを脱文脈的に伝える行為であるという点を，開発者は十分に意識しなければならない．そのような点からも受講者による評価では，使用場面への配慮に関する情報が重要である．具体的には，「受講者は習得したスキルや知識を職場で導入することを適切だと感じているか」や「受講者が習得したスキルや知識を使用した場合，どの程度の恩恵を得られると予測しているか」といった点についての情報を収集すべきであろう．

　第三者評価は，教育研修の企画者やプログラムの設計者の思いこみだけで教育研修プログラムや測定ツールを運用してしまうリスクを回避することである．誰しもベストのものを設計しようとしている．しかし，評価の視点が足りなかったり，固定観念などにとらわれている場合もよくある．これらを避けるために，第三者評価が望まれる．

（2）トライアル

　教育研修プログラムを本番と同じ状況で試行することは難しいが，設計，開発に関わった関係者だけでもよいので，トライアルをするとよい．受講者数を少なくしたり，時間を短縮するなど工夫をすれば，トライアル実施は不可能ではない．

　トライアルを行うことにより，具体的な実施イメージがわき，教育研修プログラムを実施・運営する上でのポイントが明確になる．また，見落としていた設計上の問題点を発見できることも多い．個人学習を主体とし，他者との関わりやフィードバックをあまり必要としない教育研修プログラムであれば，講義のリハーサルで十分なことも多い．しかし，演習を多く組み入れ，受講者が主体的に関わらなければならない教育研修プログラムでは，トライアルは必須で

ある．受講者を主体的に取り組ませる仕掛けは，机上で検討しただけでは，不十分といえる．実際に行ってみることにより，流れの不整合や時間配分の不具合などが明らかになる．それらにもとづき，さらによい教育研修プログラムに改訂することができる．教育研修プログラムの内容によっては，複数回のトライアルが必要となる場合もある．よい教育研修プログラムにしたいのであれば，納得がいくまでトライアルを行うことを勧める．

また，トライアルを行うことにより，開発者や講師も自信と安心が持てるようになる．トライアルを実施した場合とまったくやらない場合とでは，それほどに大きな差が出るものである．そのため，たとえ簡略したものであったとしても，何らかのトライアルを行ったほうがよい．

トライアルでは，教育研修プログラムの設計上の不具合のチェックもさることながら，「流れ」を中心とした実行プロセスの確認が重要なチェックポイントである．「流れ」を中心に確認することによって，詳細設計上の問題点が明確になる．そして，第三者評価やトライアルで確認がとれた後，教育研修プログラムの運営手順が正式に決定される．ここでは，教育研修プログラムを主体に説明を進めたが，効果測定ツールの試行評価も同様であるという点を付記しておく．

(3) 教育研修プログラムの周知と案内

教育研修プログラムの実施までには，受講者に教育研修の目的と目標を理解してもらうよう案内を工夫したり，事前学習を課すなどを行う必要がある．その目的は，受講者の研修に対する心理的な抵抗感を軽減することであり，さらに受講への前向きな気持ちを醸成することである．そのため，受講者本人やその上司，社員全体に教育研修プログラムのねらいや目標を周知し，理解を得ることが重要である．受講者に対して教育研修の受講前に動機づけが十分できると，教育研修の効果を非常に大きいものにすることができる．

特に，新しい教育研修プログラムを実施する場合，受講者を派遣する上司に，教育研修のねらいと概要を理解してもらうことは重要であるといえる．上

司が教育研修のねらいを理解することにより，適切な人材に教育研修プログラムを受講させることができる．また，OJTで実施しなければならないことと，教育研修にゆだねることの区別も明確になる．さらには，教育研修に送り出すときに，上司による動機づけを期待することもできる．そのため，教育研修に部下を派遣する上司に対して，正しく教育研修のねらいと概要を伝えることは重要になる．

受講者への案内では，教育研修プログラム学習目標とカリキュラムを伝えなければならない．何のために教育研修プログラムを受講するかを理解できれば，「研修で何をさせられるのだろうか」，「果たして自分はついていけるのだろうか」といった受講に対する不安感を軽減することができ，受講への心の準備や学習の準備をすることもできる．また，教育研修にどれだけの時間を費やさねばならないかを知ることにより，業務の調整をすることもできる．

(4) 事例

K社では，教育研修プログラムの第三者評価を，社外講師の派遣元のコンサルティングファームで，今回のプロジェクトに関わっていない教育研修プログラム開発者に依頼した．この第三者評価は，人材育成のねらいと目標をもとに，どのような教育研修プログラムを開発したかを説明することから始めた．説明の後，質疑応答を行い，「大きな問題はないと思われる」とのコメントをもらうことができた．また，「前例のない教育研修プログラムであるので，教育効果測定をしっかり行うこと」という期待を含んだアドバイスをもらった．

そこで，人材育成部門の担当者を対象にトライアルを実施することにした．

トライアルは，研修の流れとツールの確認をすることを目的に，1日で行った．集合研修部分は，3日で設計されているが，事務部門のスタッフが，技術者になり代わりディスカッションを行うことは難しいため，ケーススタディの流れや配布資料の見やすさ，使いやすさを確認することに絞り，1日で実施した．このトライアルで，ワークシートのレイアウトやテキスト類の不適切な記述が見つかり，さっそく修正を行った．修正した部分は，トライアルに参加し

た人材育成部門の担当者に再度確認をとり，教育研修プログラムのつくり込みを完了した．また，効果測定ツールについては，同部門のスタッフに協力を要請し，質問意図の不明瞭さや不具合箇所，所要時間のチェックを中心に行った．

技術部門対象の新たな問題解決研修を実施するにあたり，部門長への説明を行った．部門長への説明会は，人材育成部長の挨拶から始まり，その後人材育成課長によるプレゼンテーションで，この研修を企画した背景とねらい，具体的なカリキュラムの説明を行った．説明のあとで，ディスカッションを行い，部門長からの要望を聴いた．このとき出された要望のうち，反映できることは研修に織り込むことを約束し，部門長の理解と承認を得ることができた．その後，研修開始の2カ月前に受講者の募集を行い，1カ月前には受講者の上司経由で受講者宛に，研修の開講案内を送付した．

本事例のポイント

本事例のポイントは，外部の目による第三者評価と内部スタッフによるトライアルを行い，十分な事前評価を行ったことである．事前評価を十分に行うことにより，人材育成部門では受講者の上司への説明会を自信を持って行うことができたほか，研修自体にも自信を持ってのぞむことができた．

6.5 ［ステップ3］研修プログラムと効果測定の実施

教育研修プログラムの実施では，人材育成部門の担当者は，教育研修プログラムの開始から終了まで，研修の進み具合や受講者の反応を十分に観察をすることが重要になる．観察で得られた情報と効果測定の結果を合わせて考察することにより，問題点や原因が明らかになり，よりよい教育研修プログラムにつくり込んでいくことができる．特に，新規に開発した教育研修プログラムでは，重要である．

効果測定の実施では，受講者に教育研修効果測定のねらいを，正しく理解し

第6章　教育研修のつくり込みと効果測定の実施— Part 2 —

てもらうことが重要である．受講者に間違った受け止め方をされると，歪んだ回答や事実と異なる回答など，教育研修プログラムをつくり込むうえで役立たない情報しか得られなくなる．

（1）　実施上のポイント

　教育研修プログラムを実施するときに留意すべきこととして，本章の「教育研修プログラムの詳細設計」で説明した「ガニエの九つの教授事象」(p. 131)を再度確認してほしい．これらの留意点を守って進めることが肝心となる．

　また，研修事務局という立場での実施上のポイントは，まず，講師にすべてを一任しないことである．教育研修の開講挨拶は，人材育成部門の責任者が行うほうがよい．この挨拶では，教育研修プログラムのねらいと受講者への期待を盛り込むべきである．また，事務局担当が行う教育研修全体の説明では，研修から多くを学びとるためのコツのほか，受講者が主体的に取り組むといった受講中の心構えや，研修スケジュール，研修施設等についての諸注意を伝え，研修受講への不安を速やかに取り除き，学習に集中できるように配慮した内容にすべきである．

　教育研修プログラムの実施では，人材育成部門の担当者，教育研修プログラムの企画者や設計者のうち誰かが，進行状況や会場内の雰囲気を観察することが重要である．このとき注意しなければならないことは，観察者は，講師と受講者の両方を見ることである．観察する際は，教育研修プログラムの実施に支障をきたさないよう，後方で全体を見渡せる位置にいるなど，教育研修プログラム実施の邪魔にならないよう注意する．そして，観察する者は，講師が伝えようとしていることや教え方に対する受講者の反応を確認することにより，教育研修プログラム実施上の問題点や効果測定の結果の考察に有効な情報を得ることができる．

　また，研修の休憩時や一日の終了後に，受講者に感想を聴くことも大切である．受講者の記憶がしっかりしているときに，生の声を聴いておくと，教育研修プログラムをつくり込んでいくための有用な情報がキャッチできる．人材育

成部門の担当者は，受講者と十分なコミュニケーションをとり，率直な意見を聞き出せる状況を，日頃から意識してつくっていくことが必要である．

その日の教育研修プログラムの終了後，短時間でもよいので，講師と人材育成部門の担当者は，一日の反省と次回の確認を含めた打合せをもつとよい．そして，問題として気づいた点は，可能なものならすぐに修正すべきである．次回のカリキュラムをスムーズに実施するためにも，打ち合わせを実施する意義は大きい．

効果測定の実施では，受講者に教育効果測定の目的を理解してもらう点と，決めた手順で測定を行うことが重要である．教育研修プログラムをより良いものにするために，率直な意見を聞かせてもらいたいこと，データ提供に協力してほしいことなどを受講者に伝えたうえで，測定を行うことが必要である．受講者に能力評価テストと勘違いされたり，後ろ向きな意見や悪い得点をとると受講者本人の人事評価に影響するなどと誤解されないように，最大限の努力をすべきである．効果測定を実施するときは，これらの点に留意し，計画どおりに行うことが大切である．実施上の具体的なポイントは以下のとおりである．

- データ活用の目的と範囲の提示
- データ収集協力の感謝の表明
- 所要時間，回答場所，その他回答上の諸ルールの明示

(2) 事　例

K社における技術部門を対象にした問題解決研修は，人材育成部門担当の役員による開講挨拶からスタートした．役員挨拶では，この研修を新設した背景とねらい，受講者に期待することが述べられた．その後，この研修の運営担当者から，詳細なコース説明と注意事項が受講者に伝えられ，カリキュラムに従い，教育研修は進んでいった．

設計どおり，1日目のプログラムは終了した．人材育成部門の担当者は，終日，研修に立ち会ったが，観察を通じて，受講者の反応が今一つである点と，社外講師の指示のわかりにくさを感じていた．終了後，社外講師と人材育成部

門の担当者で反省会の場をもったが，お互いが同じ感触をもっており，効果測定の結果を見て，修正していくこととなった．

2日目，3日目のプログラムも，設計どおり終了した．この部分は，人材育成部門の担当者だけではなく，プログラムの設計を支援したコンサルティングファームの教育研修プログラムの設計の専門家も観察を行った．終了後は，受講者の満足度アンケートの生データを回し読みし，関係者全員で反省会を行った．反省会で達した結論は，2日目，3日目のプログラムは問題がなさそうであるが，1日目のフィードバックと2日目，3日目のケーススタディのつなぎ方にもう一工夫必要であるということであった．

また，この教育研修プログラムは，集合研修の3日間だけで終了するのではなく，発表会までの6カ月に及ぶ長期のプログラムである．教育研修プログラムで実施したことや学習したことを受講者が忘れないように，研修事務局は毎月メールマガジンを配信し，職場での実践を促進する工夫や努力を行った．

本事例のポイント

本研修終了後に反省会を実施した

本事例のポイントは，研修終了直後に講師を含む関係者全員で反省会を持ったことである．記憶が新鮮なうちに問題点，良かった点を明確にし，その後の効果測定結果を解釈するポイントを明らかにしたことである．これを行うことによって，研修改善のアクションが促進され，小改善を継続的に実施することにつながる．

参考文献

[6-1] 岩淵千明編，『あなたもできるデータの処理と解析』，福村出版，1997年．
[6-2] 吉田寿夫，『本当にわかりやすいすごく大切なことが書いてあるごく初歩の統計の本』，北大路書房，1998年．
[6-3] 辻新六，有馬昌宏，『アンケート調査の方法—実践ノウハウとパソコン支援』，朝倉書店，1987年．
[6-4] ウォルター・ディック，ルー・ケアリー，ジェイムズ・O・ケアリー著，角

行之監訳『はじめてのインストラクショナルデザイン—米国流標準指導法 Dick & Carey モデル』, ピアソン・エデュケーション, 2004 年.

[6-5]　堤宇一,「頼りになる書籍—テスト開発で満たすべき基準」, HRDM メールマガジン第 13 号, 特定非営利活動法人 人材育成マネジメント研究会, 2006 年.

[6-6]　ジャック J. フィリップス著, 渡辺直登, 外島裕監訳『教育研修効果測定ハンドブック』, 日本能率協会マネジメントセンター, 1999 年.

[6-7]　細谷克也,『QC 的ものの見方・考え方』, 日科技連出版社, 1984 年.

[6-8]　George M. Piskurich, Rapid Instructional Design, Pfeiffer & Co., 2000.

第 7 章　教育研修のつくり込みと効果測定の実施 ─ Part 3 ─

効果測定にもとづくプログラムの評価と改善の詳細

　教育研修を実施し，調査計画どおりデータを入手した．ステップ4では，入手したデータを用いて，教育研修プログラムに課した目的がきちんと果たされたかどうかを，論理的に客観的に証明していく．そして，もし目的を果たすことができていなければ，ステップ5で，どのように教育研修プログラムを改善していくのかを決定し，実行することになる．このステップ5は，教育研修プログラムの改善を行うだけでなく，測定ツール自体に対する不具合についても評価し，必要に応じて改良を加えていく工程でもある．本章の前半では，教育効果の評価方法について述べる．そして後半では，報告書の作成方法，教育研修プログラムの改訂，ならびに測定ツールの改訂に関する基本的な考え方を紹介する．

7.1　効果測定にもとづくプログラムの評価と改善のフロー

　教育効果測定にもとづく教育研修プログラムの評価と改善は，図7-1に示すフローで行う．
　ステップ4とステップ5では，データを客観的に解釈することで問題の原因を探り，改善活動を進め，その成果を確認するためにまたデータをとり，有効性をチェックするというステップを愚直に繰り返していく．こうした地道な作業の繰り返しが，改善活動の本質であるといえる．

```
ステップ1  問題の明確化と現状分析
     ↓
ステップ2  教育研修プログラムと効果測定ツールの設計
     ↓
ステップ3  教育研修プログラムと効果測定の実施
     ↓
ステップ4  教育研修プログラムの評価
            ├─ ステップ4-1  データ入力
         ↓  ├─ ステップ4-2  データ解析
            └─ ステップ4-3  データ解釈

ステップ5  教育研修プログラムと効果測定ツールの改善
            ├─ ステップ5-1  報告書の作成
            ├─ ステップ5-2  教育研修プログラムの修正
            └─ ステップ5-3  効果測定ツールの改善
```

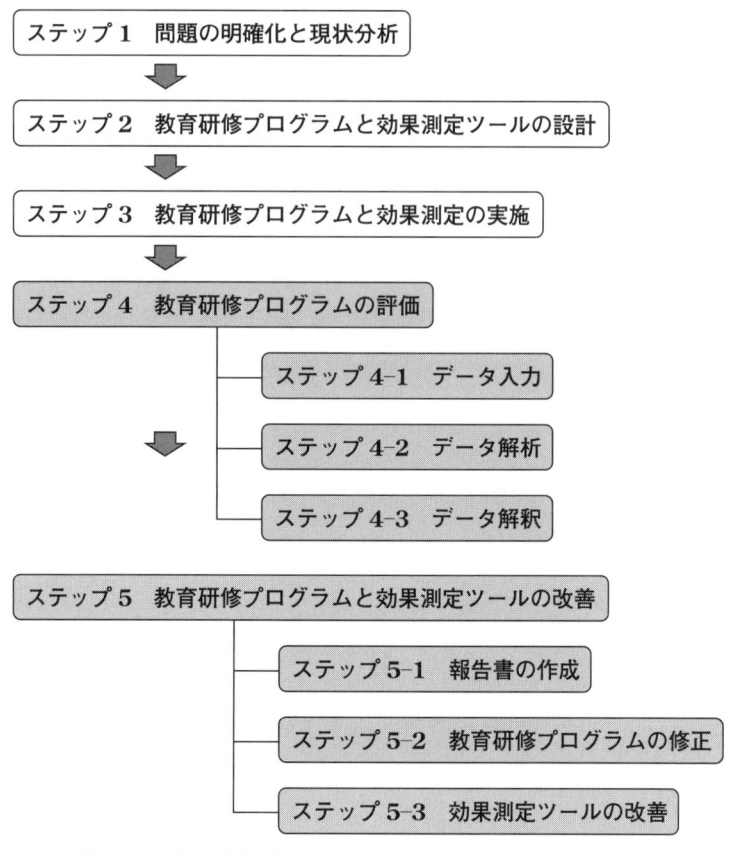

図 7-1　教育研修プログラムと効果測定実施までのフロー

7.2 [ステップ4] 教育研修プログラムの評価

(1) ステップ4を実行するための一般的ガイドライン

このステップは，図7-1に示したとおり，データ入力，データ解析，データ解釈の3ステップで構成される．この工程で実施される活動は，分析の対象データが異なるということを除けば，第5章のニーズ・アセスメントの分析の工程で説明したデータ解析(p.100)とほとんど同じであると考えてよい．

第7章　教育研修のつくり込みと効果測定の実施— Part 3 —　　　171

　ステップ2-1やステップ2-2の調査の概要設計，詳細設計を行っていれば，どのようなデータをとり，どのような基準で良し悪しを決めるか，どのような行動や現象が認められれば効果があったと判断するかがきちんと整理され，指標として作りこまれている．したがって，ここではそれらの基準とデータから得られる結果にどのような類似性や違いがあるかを判定するだけであり，頭を悩ませることはそう多くないといえる．しかしながら，期待どおりの評価結果でなかった場合は話が大きく異なり，想像力を発揮してデータにもとづいた妥当な解釈をもって原因を追求し，期待どおりの効果が得られるように解決を図らねばならない．

　以下に，データ入力からデータ解析，データ解釈における一般的なガイドラインを示す．教育研修プログラムを正しく評価するためには，このガイドラインをふまえておくことが重要である．

1）　データの一貫性や信憑性を保つ

　データの一貫性や信憑性を保つためには，二つの観点に留意しなければならない．

　一つは，入手したデータの中から信頼のおけないデータを排除し，有効データと無効データを区別することである．これによって，データの質を一定に保つことができる．具体的には，「該当する番号を一つだけ○で囲んでください」という指示にもかかわらず，それを無視して二つあるいは三つに○をつけたような，ルールを無視した回答や，すべての質問に対して同じ番号だけをチェックしたり記載してある回答，ほかの評価者と比較して回答得点が大幅に高すぎたり，あるいは低すぎるなど，明らかに異常と思われるデータを解析の対象から省くことである．

　もう一つの観点は，データの入力時に入力ミスを発生させやすいリスクを事前に回避することである．具体的には，回答用紙に記載された文字が薄すぎて読みづらい回答を事前にチェックし，入力者が判断を誤らないように撫で書きして濃くする，あるいは悪筆な文字や数字を，文脈から推測して判別可能の状

態に修正するなど，入力作業者の負担を軽減し，入力ミスを事前に防ぐための作業を施すことである．このような作業を入力前に行うことで，"ゴミ"をあらかじめ取り除くことができ，事実を正しく反映した解釈ができるようになる．

2) データの扱いは慎重に行う

教育研修プログラムの評価を行うために収集したデータの多くは，個人のパフォーマンスに関する情報の塊といえる．個人情報保護という観点ならびに調査を行う者の倫理として，これらデータは慎重に扱うべきである．また，データの情報源を明らかにする正当な理由がない限り，匿名性や守秘義務を厳守すべきである．

3) 関連するすべてのデータを解析に使用する

データの一貫性を保つために，ゴミとなるようなデータを解析に使用しない以外を除いて，正しく回答されたすべてのデータを用いて解析を行わなければならない．研修プログラムの開発者，教育効果測定の担当者にとって望ましくない結果を表すデータを，データの入力作業中などに発見することは珍しいことではない．そのような場合でも，その事実を真摯に受け止め，データ解析を，手順に則り進めることが，正しい分析である．

4) 難しい統計を使用しない

解析者自身が統計に関する専門家であるなど，統計について深い知識を有している場合は，多変量解析や共分散構造分析といった手法を用いて，より深い解釈ができるかもしれない．しかし，十分な理解のないままに意味のよくわからない不慣れな高度な統計解析を用いたとしても，誤った結論を導くなど，調査としての意味を損ねることにもなりかねない．そのため，難しい統計を使うよりも，できるだけシンプルな統計を用い，誰にとってもわかりやすく納得のいく手続きを踏んで解釈を導き出すべきである．具体的には，データを表やグ

ラフにしてまとめる，平均値や中央値などの馴染み深い統計量を用いる，あるいはデータのばらつきを表す標準偏差や確率論を利用して求められる統計的検定などを用いて解釈をすすめることで十分といえる．大切なことは，第2章でも説明したとおり，使い手の技量がともなわない方法を用いないことである．また，入手したデータを自分自身で入力し，その作業を通じて全体傾向をつかむなど，入力の手間を惜しまない対応が，客観的な解釈につながっていく．

5）解釈の客観性を担保する

入手されるデータを大別すると，感想や意見などが言葉で表現された質的データと，質問にあらかじめ与えられた回答番号を選択したり，順序を選択するような数字や数値で表現された量的データに分けられる．データを解析，解釈する際は，それぞれのデータの特徴にあわせた方法を用いて客観性を担保しなければならない．

例えば，自由回答法のような方法を用いて質的データを収集した場合であれば，最初にすべきことは，回答のすべてに目を通し，回答に見られる意見の全体像を把握することである．このステップを踏まずに意見の整理作業を進めてしまうと，偏った解釈に陥りやすい．全体像を把握したあとで，分類するカテゴリーを網羅的に設定し，すべての回答意見を整理するという手続きを用いることが，偏りを防ぎ，解釈の客観性を担保することにつながる．複数人でデータ解釈をすると，主観を排除することができる．

また，量的データは尺度水準にあった統計処理により解析を行うなど，解釈の客観性を担保する手続きを踏んで進めることが重要である．

6）多様なデータと関連させ合理的な解釈を行う

一つのデータだけを用いて全体を結論づけることは，合理的な解釈といえない．もちろん，たった一つのデータでも，正しい方法によって入手したデータであり，事実を反映しているデータであることには間違いはない．しかし，たった一つのデータから得られる結論は，事実のある一部もしくはある側面を切

り取った，偏ったものになる可能性が高い．そのようなことからも収集したデータどうしを関連付けて，総合的な視点から合理的に解釈を行うべきである．

第6章で説明したとおり，事務局として研修を観察し，感じた点を整理することは，他の定量データと結び付けて解釈を行う際の有効な裏付けとなる．このような多角的な視点でとらえることが，正しい解釈を促すだけでなく，改訂をすすめる際の手がかりやアイデアを創造する源泉ともなっていくのである．

(2) レベル1とレベル2のデータを評価する

レベル1とレベル2の評価が対象としている範囲は，研修に対する満足度と学習の理解度であり，これらの調査は，研修を実施した際に一緒に行われる．もし，レベル1とレベル2の測定結果が当初予想したとおりであれば，狭義の意味で教育研修プログラム（コンテンツ）が保障すべき範囲の品質に到達したと解釈できる．われわれ人材育成担当者は，まずこのレベルの教育研修プログラムの品質保証を目指すべきである．

以下に，各レベルの具体的な評価のポイントを説明する．

1) レベル1データを評価する

調査目的と結果の活用目的を明確にしたうえで，この調査活動が開始され，また，「よし・あし」を判定する基準値もすでに設けてある．そのため，評価はいたって簡単である．ここでは，活用目的と基準値に照らし合わせ，測定結果を眺めていくことが解析の要点である．

ここで少し，統計的な観点からの解析方法を説明する．第6章の事例のように，研修満足度アンケートなどを用いて収集したデータの解析は，無効な回答を排除し，入力作業を済ませたら，データの平均値を算出し，その値によって良かった点，悪かった点を判断していくのが一般的な流れである．このとき，平均値の情報だけでは，測定結果の全体像をとらえたとは言い難い．そこで，得点のばらつきも考慮することが必要になる．具体的には，範囲と標準偏差を算出することである．

基本的な数値の解析は，平均値と標準偏差を算出するだけで十分であるが，図に表現するとさらに考察がしやすくなる．例えば，ヒストグラムなどがその代表である．ヒストグラムは，度数を対象にした棒グラフであるが，棒と棒の間を空けずに描く．これにより，度数分布を表すことができ，ばらつき具合を，直感的に理解することができる（図7-2）．

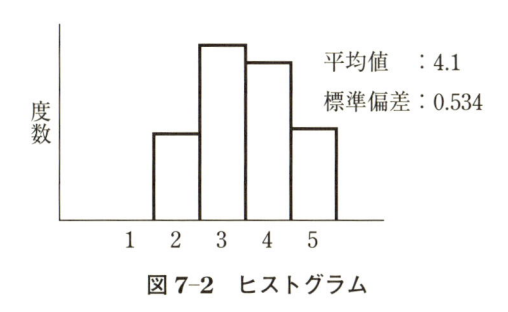

図7-2　ヒストグラム

さらに情報を得たいのであれば，相関係数を算出すればよい．相関係数を調べることで，各変数間の関係性の強さを定量的につかむことができるため，研修の受講者満足に強く影響を与えている項目とそうでもない項目が明確になる．

平均値，標準偏差，相関係数を基本統計量といい，これらを算出し考察することはデータ解析の基本である．ほとんどの表計算ソフトには，基本統計量を算出する機能が付いており，簡単に値を求めることができるので，是非ともレベル1データの評価に用いてもらいたい．

なお，さらに深い情報がほしいときには，重回帰分析や主成分分析といった多変量解析法を活用する方法もある．しかし，一般的なガイドラインで述べたように，不慣れな統計手法を無理やり用いることはかえって逆効果になる．自己の技量にあった方法を用い解釈することが大切である．

また，満足度アンケートの中には，自由記述欄が設けられている場合が多い．自由記述の回答は，定量化されたアンケート項目では把握できない微妙なニュアンスや，プロジェクトメンバーが気づいていない点を指摘している場合

も少なくない．量的データと照らしあわせて確認し，事務局としての所感やインタビューなどを通して得られた受講生の「生の声」などを補いながら解釈をすすめていくことがとても大切である．特に，複数の人がアンケートの中で，同じように指摘をしている場合は，注意が必要である．このような指摘の中には，改善すべきポイントや，場合によっては改善のアイデアが隠されている．

2） レベル2データを評価する

理解度の評価の目的は，研修設計時に設定した学習目標に到達したかどうかを見極めることである．そして，もし到達していないならば，何が原因でそうなったのか，受講者はどこが理解できなかったのかを明らかにすることである．これらの情報は，教育研修プログラムの改訂箇所を見極め，改訂の方向を見つけ出すために欠かすことのできない情報である．

レベル2データの評価に用いる手段は，レベル1で紹介したものと変わらないが，データのまとめ方に特徴がある．

仮にレベル2の測定に理解度確認テストが用いられたとすると，受講者と問

表7-1　マトリックス表

学習目標	知識A			知識B				知識C			素点	正答率(%)	目標の合格数	目標の合格率(%)
問題番号	Q1	Q2	Q3	Q4	Q5	Q6	Q7	Q8	Q9	Q10				
堤	1	1	1	0	0	1	1	1	0	0	6	60	1	33
久保田	1	1	1	1	0	0	1	1	1	0	7	70	1	33
青山	1	1	1	1	0	1	1	1	1	1	9	90	2	67
中川	1	1	1	1	0	0	0	1	1	1	7	70	2	67
永谷	1	1	1	0	1	1	0	0	0	0	5	50	1	33
正解の合計数	5	5	5	3	1	3	3	4	3	2	34	68		
正答率(%)	100	100	100	60	20	60	60	80	60	40				
知識別の合格率(%)	100			0				40						

凡例：1…正解，0…不正解

第7章　教育研修のつくり込みと効果測定の実施— Part 3 —

題を用いマトリックス表を作成し一覧化することにより，問題の正答率が基準値を満たしたか，満たさなかったかが明らかになる．表7-1のデータを題材に説明を進める．

　この表は五人の受講者が知識A，知識B，知識Cの三つから構成される学習目標を設定した研修を受講し，受講者の保有知識が学習目標に到達したかどうかを測定し，その評価結果をまとめたものである．開発者の意図どおりに研修が機能したのであれば，五人全員が満点をとれるように設計された研修プログラムであるとした場合，研修プログラムが意図どおりに機能していなかったとこの表から判断できる．さらに詳しく見ていくと，知識Aは全員が合格しており問題はなさそうであるが，知識B，知識Cの合格者は少なく，知識Bにいたっては誰も合格していない．知識Bで実施されているインストラクションや使用している題材など研修プログラムの大幅な変更の必要性があると感じられる．また問題ごとの正答率を見てみると Q4，Q5，Q6，Q7，Q9，Q10 と6つの問題の正答率が60％以下になっており，Q5は20％，Q10は40％と正答率が極端に低くなっている．これらは問題そのものにも不具合が存在していることも考えられる．

　このような極端な正答率の低さを発生させている原因が，研修プログラムそのものの問題によるのか，設問の仕方によるのかは，この表だけでは断定できない．しかし，改善が必要なことは容易に察しがつく．特にQ5では，正答率が90％，70％の，青山さん，久保田さん，中川さんの高得点者が不正解になっているにもかかわらず，50％の正答率の低得点者の永谷さんのみが正解という不思議な現象が現れている．そのため，研修プログラムというより，指示の仕方や質問の投げかけ，引っ掛け的な内容などテスト自体に問題が生じている可能性を疑う必要があると予想できる．

　このように，事実と適切な推論にもとづき解釈をすすめるためにも，全体を網羅的に考察できるマトリックス表に整理するとよい．多様な視点から考察できる手段を用いることによって，妥当な解釈ができるようになる．

(3) 事例

K社で実施した問題解決力向上をねらった教育研修プログラムでは，集合研修終了時に満足度アンケートを実施した．総合満足度は，「研修を受講して良かったと思う」，「他の社員にも，このコースの受講を勧めようと思う」，「今後もこの研修を継続していくべきだと思う」，「この研修目的は，明確に設定されていた」の4項目で構成した．項目ごとに得られたデータから，それぞれの項目のヒストグラムは，図7-3～6のようになった．ヒストグラムを作成したのは，平均値とばらつきを把握するためである．

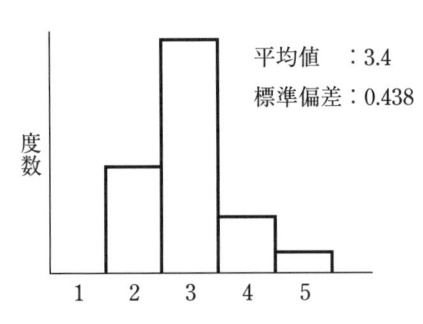

図7-3 「研修を受講して良かったと思う」のヒストグラム
平均値 ：3.4
標準偏差：0.438

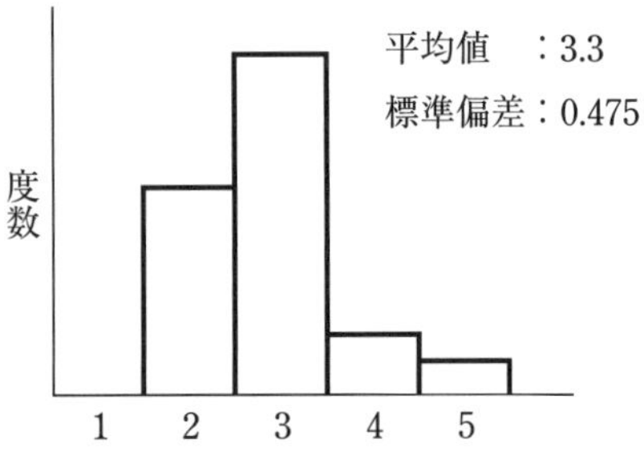

図7-4 「他の社員にも，このコースの受講を勧めようと思う」のヒストグラム
平均値 ：3.3
標準偏差：0.475

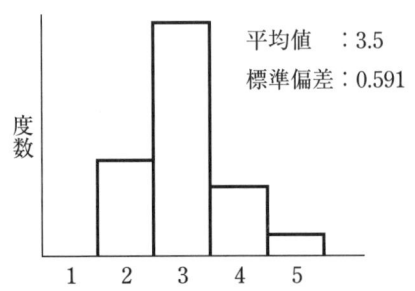

図7-5 「今後もこの研修を継続していくべきだと思う」のヒストグラム
平均値 ：3.5
標準偏差：0.591

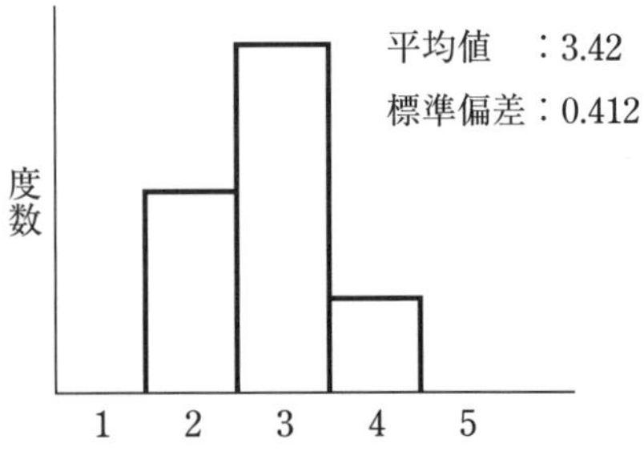

図7-6 「この研修目的は，明確に設定されていた」のヒストグラム
平均値 ：3.42
標準偏差：0.412

詳細設計時に設定した基準で解釈すると，この結果は良いとはいえないばかりでなく，悪かったと解釈すべき結果であった．そこで，各々の研修項目の評価結果を確認していくと，1日目の研修内容が，満足度を下げているということがわかった(図7-7, 8)．1日目の研修内容の評価結果は，平均値が他の項目に比べて低く，2～4の評価しかないということが，1日目の研修内容が問題と解釈した根拠である．

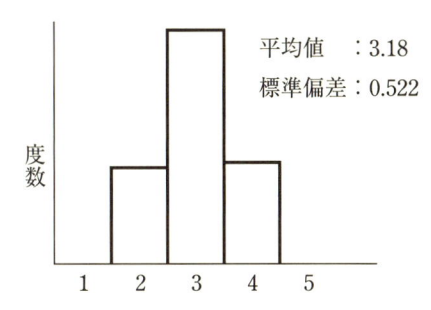

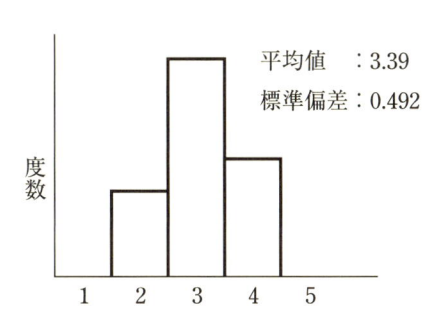

図7-7 「1日目の研修内容は自分にとって有意義であった」のヒストグラム

図7-8 「1日目の研修を受講して良かったと思う」のヒストグラム

　現在直面している問題を，どのように解決していくかを考え，解決のためのシナリオを描き，その計画をシートに記入するセッションを研修の中で行っている．この問題解決シナリオの完成度を理解度(レベル2)の判定に用いた．

　アクションプランの完成度評価を，人材育成部門の管理者とスタッフの2人で行った．評価が分かれた場合は，ディスカッションにより最終評価を出していった．アクションプランをA・B・C・Dの4段階で評価し(表7-2)，各レベルの人数をヒストグラムを用いて把握する方法をとった．これにより，理解度の分布を把握できるので，平均値だけでなくばらつきも把握できることになる(図7-9)．

　平均値を把握することはよく実施されているが，ばらつきを把握することはあまり実施されていないのが現状である．平均値を求めることにより，全体的に理解されたか理解されなかったかを把握することはできるが，理解できた人

表7-2　アクションプランの評価結果

評価	記述レベル	人数
A	アクションプランが様々な視点で検討され，多くの人が納得できる記述になっている	4
B	アクションプランシートがすべて記述できている	21
C	アクションプランシートの一部に，記述できていない部分がある	12
D	アクションプランシートがまったく記述できていない	5

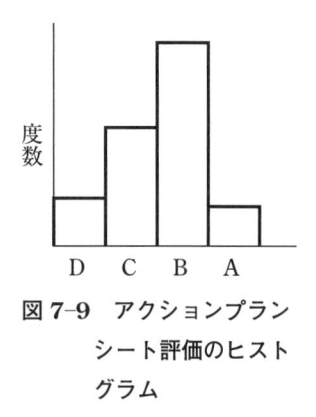

図7-9　アクションプランシート評価のヒストグラム

も多いが理解できなかった人も多いような場合は，平均値だけでは正確な状態を把握できない．一様に理解度が低くなった場合と，理解できた人も多いが理解できなかった人も多くいたため理解度が低い場合とでは，教育研修プログラムの改訂のための対策がまったく異なる．平均値が低いことに問題があるのかばらつきが大きいことに問題があるのかの見極めは非常に重要である．また，平均値とばらつきの両方の問題であることもしばしばある．

　アクションプランを用いた理解度の合格基準は，Bランク以上としていたが，C・Dランクが予想以上に多い結果になった．Bランク以上が80％でなければ，この研修は成功とはいえないと基準を設けていたので，この教育研修プログラムに係わった者は，この結果を真摯に受けとめ，改善の必要性を強く感じた．

本事例のポイント

● ヒストグラムを用い，得点の分布を調べ，評価の全体を把握した

　本事例のポイントは，平均値だけでなく，分布（ばらつき）も把握したことである．分布を把握することにより，満足度や理解度の全体傾向を知ることができ，平均値が低いことが問題なのか，またばらつきが大きいことが問題なのか

がはっきりする．平均値が問題のときと，ばらつきが問題のときでは，改善へ向けたアプローチが異なるので，分布を把握することは非常に重要となる．

（4）レベル3とレベル4のデータを評価する

　レベル1やレベル2のデータ収集と異なり，このレベル3とレベル4のデータ収集は教育研修の終了後からある程度時間が経ってから行われる．そのため，回答に対する意識がレベル1やレベル2に比べると低下してしまう．また時間が経過することで受講者の研修への関心度の薄まり，優先順位の変化などの理由によって，データの回収率が落ち込んでしまうのが一般的な傾向である．そのため，人材育成部門は，関係者に回答協力を要請したり，レベル1やレベル2の測定結果に関する速報を流したり，教育効果を測定する意味と重要性を伝えて関心を維持させ，1人でも多くの協力者を得られるよう積極的な姿勢で活動を進めていくべきである．

　以下に，各レベルの評価ポイントを説明する．

1）レベル3データを評価する

　レベル3の評価目的は，人材開発部門が意図したように，学習した知識やスキルが期待どおりに実践の場で活用されているのか，あるいは期待した方向へと受講者の行動が是正されているかを評価することである．ここでの評価のポイントは，人材育成部門が設定した期待変化を示す指標を回答者に正しく認識してもらい，正確な評価をもらうことのほかに，期待変化を示す指標に影響を与えている教育研修プログラム以外の要因を把握することである．

　そのため，調査紙やインタビュー項目の中に，それらの要因の手掛りを見出せるような仕掛けを埋め込んでおかなければならない．具体的には，「変容を証拠付ける指標」以外に「行動変容の障害要因」，「行動変容の促進要因」を探り当てる質問項目を設定しておくのである．第1章で説明したとおり，知識やスキルの獲得にとって教育研修は強力な手段である．しかし，行動を変容させたり，業績を向上させたりするには，ある条件が必要である．そのため，教育

研修以外の影響因子を探る質問を仕掛け，行動を促すあるいは是正する条件を探り当てることは大きな意味を持つ．

これらの要因や条件が明らかになり，行動の障害要因を取り除いたり，促進要因を活用したりすることにより，行動変容が少ない，あるいは起きていない職場や人に対しても，変容を促す効果的な支援を人材育成部門が提供できるようになる．人材育成部門に新たな役割として付加された「コンサルティング機能」を果たすためにも，レベル3データの評価は重要なポイントといえる．

① 変容を証拠付ける指標

変容を証拠付ける指標とは，教育研修プログラムの教育効果として設定した行動変容や活用の程度を示す証拠となる，具体的な言動を客観的に把握できるように指標化したもののことである．

② 行動変容の障害要因

受講者の上司や周囲からの支援や活用機会の提供がなければ，行動を強化することはできないし，行動変容に対する意欲が生じない．また同様に時間的，物理的制限が多すぎても，行動変容の障害要因となる．このような障害要因を探り当て，あらかじめ取り除いておくことはとても大切である．

③ 行動変容の促進要因

障害要因とは逆に，行動変容へのモチベーションを高めるのが行動変容の促進要因である．うまく職場に適用するためのコツや事柄，出来事，設備，状況あるいは援助などを探り当てることは，障害要因を探ることと同様に，行動変容を促進するために重要である．

2) レベル4データを評価する

レベル4の評価目的は，教育研修プログラムによって期待どおり組織へ貢献できたのかどうかを明らかにすることである．ある条件を満たした場合，教育研修の効果は業績向上につながると第1章で述べたが，多くの場合，教育研修プログラムだけの効果について，このレベルまで求められることは稀といってよいだろう．しかし，レベル4まで測定がなされたなら，教育研修の効果を金

第7章　教育研修のつくり込みと効果測定の実施— Part 3 —

銭的価値で提示することが期待される．その場合は，妥当な方法で金銭的価値に変換することが必要となる．以下に，レベル4データの評価のポイントとして，金銭的価値への変換方法を説明する．

①　測定データを金額換算する

繰返しになるが，レベル4を測定する場合，測定した結果を金銭的価値に変換したうえで報告を求められる場合が発生する．第4章で説明したとおり，測定データをハードデータで収集できれば，金銭的価値に変換することは，比較的容易といえる．しかし，ソフトデータを用いてレベル4の測定が実施された場合，効果を金銭的価値に変換することは難しい．ここでは，ジャック・フィリップスが提唱しているハードデータならびにソフトデータを金銭的価値に変換していく方法を紹介する．

ⅰ）　過去のコストデータの活用による金銭的価値への換算

過去に何らかのコスト計算が行われたり，論理的な考え方でコスト算出をした実績があるのなら，その方法やデータを用いて金銭的価値へと換算することができる．

例えば，安全教育の実施効果として，過去発生していた多種の事故が目に見えて減ったような場合．事故発生に関するコスト削減効果を教育効果とすることができる．具体的には，教育研修の実施前と実施後の事故の発生内容を比較し，減少分について，もしそれらが発生した場合に想定されるコスト（事故にかかる医療コスト，従業員への諸手当，法律関係費用，事故再発防止にかかる調査ならびに管理にかかる費用，現場復旧費用など）を過去の実績から推定し，これを教育効果の金額的価値として提示することができる．安全意識の醸成とともに，これらのコストの発生を教育研修によって防ぐことができたからである．

ⅱ）　外部データとの比較による金銭的価値への換算

内部にコストを妥当に計算する方法や考え方がなくても，外部のデータを利用して教育研修の効果を金銭的価値に換算することが可能である．

例えば，セクハラによる女性の離職率が高いという悩みがある組織で，それ

を解決するために教育研修プログラムが実施され，実施後に，社内風土が刷新され，女性の離職人数が減ったという効果が現れたとする．このような場合の算定方法は，教育研修プログラムの実施前の平均離職者数と実施後の平均離職者数とを比較し，減少した離職者数の平均を算出する．そして，その減少した平均離職者数の女性社員を新規に雇用し，戦力化するために必要とされる標準的なコストを外部データを利用して見積もる．具体的にはリクルーティング費用，教育研修費用，現場OJTにかかる手間と時間などがそれらのコストに当たる．離職を低減させたことによって抑制できた費用が，教育効果の金銭的価値である．

ⅲ) テーマや状況に詳しい見識者からの見積りによる金銭的価値への換算

テーマや状況に詳しい見識者からの見積りは，最も一般的な金額換算の方法といえる．教育研修のテーマや，問題としている状況に詳しい見識者に見積もってもらい，教育効果の金銭的価値を算出する．適切な情報源(見識者)はテーマや状況によって大きく異なり，情報源が，受講者の場合もあるし，財務の専門家，上級管理職，技術者の場合もある．適切な情報源を探り当てることが，この方法を用いるための最大の鍵といえる．

営業力強化研修を実施した場合を例に説明すると，営業力強化研修によって営業パーソンの提案力が上がり，売上が拡大したような場合に，売上にどの程度，教育研修が貢献したかを受講者自身に見積もってもらうのである．100万円の売上の拡大に対して，教育研修が15％貢献したと見積もられた場合，教育研修の教育効果を15万円として示すことができる．

(5) 教育効果を特定する技術

教育効果はレベル3以上になると，教育研修プログラム以外の要因による影響を大きく受けることになる．なぜなら，レベル3以上は実務という現実世界で測定が行われるため，教育効果を測定する指標の変化に教育研修プログラム以外の要因が少なからず影響を与えるからである．例えば，営業力強化研修の実施後にライバル会社の不正が発覚し，市場でライバル会社の製品の不買運動

が起こった．その結果，代替商品として自社製品の需要が大幅に増え，売上もそれに比例し大きく伸びることとなった．そのような場合に，売上増という結果を営業力強化研修の成果として提示したところで，おそらく提示する側も提示される側も，互いがしっくりこないのではないだろうか．このような納得性にかける部分を排除するために，教育研修による効果とそれ以外の効果を識別する方法が用いられる．

1) 教育研修とそれ以外の影響を識別する方法

第1章でも説明したとおり，業績向上や行動変容に関して影響を与えている要因は教育研修だけではない．そのため，教育研修による効果を妥当に判断するために，教育効果に変化をもたらした主たる要因の影響度を識別する方法が用いられる．

① 統制群と実験群による識別

教育研修プログラムの効果を識別する最も精度の高い方法が，統制群と実験群を用いる方法である．類似した特性や状況を有するグループをあらかじめ数チームつくり，半分のチームには教育研修を受講させ，残りの半分のチームには教育研修を受講させないようにする．受講チームを実験群と呼び，非受講チームを統制群と呼ぶ．これらのチームを利用し，教育効果を証明するためのデータをある一定期間測定し続け，その測定結果の差を見極める．その差が，教育研修プログラムの効果としての証拠となる．教育研修プログラムが期待どおりの機能を発揮していたならば，実験群の方が統制群に比べ高い成果や期待した行動が多く見られるはずである．そして，その差が大きいほど，教育効果が高いプログラムといえる．

しかしながら，この方法を用いる際，以下のような点に留意し進めていかなければならない．

まず，同質のグループを選定することである．比較の意図する点は，教育研修プログラムの受講と非受講という一点の違いが，どのように成果に影響を与えているかを見極めることである．そのため，チームを構成する人材のスキル

や知識，経験の同質性，構成人数，チームを取り巻く環境や状況の類似性を十分に吟味することが大切である．

つぎに，実験開始後にグループ間で影響しあうという問題をいかに排除するかということである．研修受講チームである実験群が統制群に研修で学習したノウハウを提供してしまうようなことをどう防ぐかである．人間関係が良い組織では，普段から情報交換を行い，他者や他チームの良い点を真似することで，高い生産性を維持していくという傾向が見られる．そのような場合どう対応していくのかを十分に考慮しなければならない．

さらに，実験開始後の環境変化の違いにも配慮する必要がある．チーム選定の際には同質であったにもかかわらず，人の異動や退職，競合会社のエリア戦略の変更にともなう店舗の増加や縮小などにより，状況や環境そのものが大きく異なる出来事が発生する．このような場合も想定し，ある程度のチーム数を最初に確保したうえで実施することが必要であろう．

また，ビジネスにおいて研修受講チームと非受講チームをつくることに対する反対も生じる．「なぜわれわれは研修が受けられないのか」といった疑問に対し，不公平な施策展開と感じられないように主要関係者に説明し，許可とともに意義を理解してもらうための配慮を，十分に行うべきであろう．

② トレンドライン分析による識別

トレンドライン分析による識別は，今までの業績や環境の継続を基本として，ある傾向が長期にわたり持続するという前提が成り立つ業界や事業で用いることができる方法である．業績や成果指標の向上，あるいは低減に対して予測線（回帰直線）を算出し，教育研修のプログラム実施前と実施後による予測線の差異を教育効果として識別する方法である．この方法は単純で費用がかからず，手間もかからない．しかしながら，昨今のような目まぐるしく変化するビジネス環境下では，使用範囲が限定される方法といえる．

③ テーマや状況に詳しい見識者による見積りによる識別

教育効果の金額換算でも紹介した方法が，ここでも活用できる．業務に精通し，論理的な判断ができる見識者であれば，この方法を用いて教育効果の識別

を依頼することができる．

　例えば，若手社員がビジネスマナー研修に参加した場合に，参加後の態度変容の有無や態度変容に影響を与えた要因を受講者の上司に尋ねてみると，筆者の経験則ではその見積りが不適切と感じるような回答はめったに返ってこない．優秀な営業パーソンであれば，研修で学習した考え方やスキル，知識を，どの程度活用して，成約に結びついたのか，ある程度の判断はつくものである．まったく使えないと感じた研修内容であったならば，研修の寄与度は0％と見積もるであろうし，高い貢献を感じた場合はそれに応じた見積りが行われる．これらの見識者が持っている妥当な判断力を用いて行う方法が，「見識者からの見積りによる識別」である．

　ただし，見識者といえども見積もり精度は，7：3，5：5，4：6というような，ざっくりした程度の判断であることは否めない．そのため，見積り数値の自信の強弱や，教育研修プログラム以外の影響要因についても回答してもらう必要がある．それら一連の質問に答えさせていくことによって，見積精度を高めていく．一連の質問例を以下に示す．

- 成果を高めるために，今回の教育研修は，どの程度貢献したと思いますか？　「まったくない(0％)」～「すべて教育研修のおかげ(100％)」の範囲で教育研修の貢献度を見積もってください．
- この見積り数値を算定した根拠は何ですか？
- この見積りの算定に対して，どの程度自信を持っていますか？　「まったく自信なし(0％)」～「ゆるぎない自信を持っている(100％)」の範囲で，自信の程度を示してください．
- 成果を高めるための要因に，今回の教育研修以外にどのような要因が存在しましたか？　各要因とそれぞれの影響の程度を示してください．

(6) 事例

　行動変容の把握は，コンピテンシーの各行動項目について「成長した」，「成長したとはいえない」という二つの選択肢で本人に回答してもらい，「成長し

た」と回答した行動項目について，行動変容が起こったものと判断した．成長の実感は，本人が最もよく感じていると考え，また成長したと本人に実感してもらうことにより，これからの問題解決に意欲を持ってもらおうと考えたからである．

この測定の結果，行動変容がみられたコンピテンシー・アイテムの上位5項目とその回答者数は，以下のとおりとなった．

- 与えられた仕事の範囲だけでなく，全体を見通している(26名)
- 厳しい状況でもゴールをイメージし，前向きに取り組む(24名)
- 行き詰まったときには，自分だけでなく周囲を巻き込みヒントを考える(23名)
- 目標達成のための概要計画と詳細計画を立てている(23名)
- 行き詰まったときに，最初からのやり直しにならないよう代替案を持っている(22名)

また，20項目のうち成長したと判断された項目がいくつあったかも確認した．その結果，20項目全部に成長したと判断した受講者が3名もおり，平均でも成長したと判断した項目数が12.3項目であった．

人材育成部門としてはこの結果から，確実に行動変容を促すことができた教育研修プログラムであったと考えることもできる．しかし一般的には，行動変容が起こるのは1年から2年ぐらいの期間が必要といわれており，6カ月間で多くの行動変容を促すことは非常に難しい．この測定結果から，測定方法に問題がひそんでいると判断した．

業務成果への貢献は，見識者による見積り方法を採用した．進め方は，まず最初に改善の効果を金額換算してもらい，次に研修の寄与度を訊ね，それらの情報をもとに教育効果を金額で算出した．改善の効果金額の算定は，研修受講者自身に自由に算出させ，その根拠も記述させた．また，研修の寄与度は，0から100％の間でどのくらい教育研修プログラムが業務成果に寄与したかを回答させた．

第7章　教育研修のつくり込みと効果測定の実施— Part 3 —　　189

その結果算出された改善効果金額は，数十億円から0円まで大きくばらつく結果となった．算出の根拠を確認すると，現在開発途中の技術が製品化され，事業化した場合の希望的推測による利益の見積りが含まれており，金額算定の妥当性に欠けていた．このため，教育研修プログラムの効果金額は参考程度にとらえ，研修の寄与度を教育研修の効果とすることにした．研修の寄与度は，平均15％であり，詳細設計時に設定した寄与度25％という解釈基準を大きく下回っていた．そのため，人材育成部門では教育研修プログラムの効果は，満足できるものではなかったと結論づけた．

本事例のポイント
① **効果測定データの信頼性確保に十分注意する**
　本事例のポイントは，測定データの信頼性に十分注意しなかったことである．受講者本人による判断では，客観性に欠けている．効果測定の目的は，教育研修プログラムの改善に役立てることであり，客観性に問題のあるデータでは，参考程度にしかならない．本事例では，測定ツールの設計の際に，どのようにして信頼性の高いデータを取得するかという検討が不足していたことを示している．
② **回答のためのルールやガイドラインを示し，データ取得の信頼性の確保に留意する**
　本事例は，設定した目標の振り返りと問題解決の進捗状況を確認させた後に，教育研修プログラムの寄与度を訊ねる方法をとった．しかし，効果金額の算出方法についてのガイドラインを示すことなく受講者本人に任せたことや，効果を算出する時期を明確に指示しなかったことなど，データ取得上の不具合を含んでいた．業務成果への効果を測定する場合，効果を算出する時期を示す．あるいは，推定や希望で効果金額を算出させないといったルールが不可欠である．データ収集上の不具合点を事前に解決しておくことで，評価の妥当性を担保することができる．

7.3 ［ステップ5］教育研修プログラムと効果測定ツールの改善

マネジメント課題を発見するために，ニーズ・アセスメントを実施し，その課題解決のための妥当な手段として，教育研修プログラムの実施が決定された．そして，教育研修をより効果的なものにするために，地道な手続を踏んでプログラムと効果測定ツールを開発した．そして，データを丹念にとり，ようやく成果の確認工程にたどり着いた．最後のステップ5が，教育研修プログラムと効果測定測定ツールの改善である．ここでは，まず，測定結果を整理し，改善を促すための報告書の作成からスタートする．そして，教育研修プログラムの改訂，効果測定ツールの改訂を実施するこのステップ5の実行をもって「HRDサイクル」が一回りする．

（1）［ステップ5-1］報告書の作成

測定の仕上げとして，報告書の作成が位置付けられる．しかし，教育研修プログラムを改善し，より効果の高い施策へと質的向上を図る一連の流れからいえば，報告書の作成は新たな活動の開始であるともいえる．報告内容が具体的で示唆に富んだものであるならば，改善活動を促進することができる．説得力をもった報告書を作成し，効果測定で得られた情報を机や棚の中などに埋もれさせることのないようにしたい．

1）報告書の作成

報告書とは，調査の目的と使用された手段や解釈の妥当性を説明し，問題解決のアイデアを提案するとともに，これを読んだ人に次へのアクションを起こさせるツールである．報告書に求められる成果はアクションの誘発であり，示した方向へとアクションを導くように記述されていなければならない．そのため，報告書にはアクションを促すために，少なくとも次のような情報が含まれていることが必要である．

- どのような目的や問題意識によって，調査活動が行われたのか

- 調査はどのような方法，手続きで実施され，どのような対象から情報を入手したのか
- どのような結果が導き出され，どのようなことが次に必要となるのか

また，報告書は，誰が読むかということを意識して作成しなければならない．誰が読むかによって，その表現方法や強調点などを変えることは，行動を誘発させるために欠かすことができない，意味ある報告書を作成するうえでの留意点といえる．報告書に記載すべき事項は，報告の目的によって千差万別である．ただし，どのような場合でも，次の項目は記載しておく必要がある．

調 査 目 的：何のために行った調査であり，何を明らかにしようとしているのか，そして検証すべき仮説は何かを記載する．

調 査 概 要：どんな調査を実施したかを記載する．具体的には，調査名，調査期間，測定レベル，対象者(情報ソース)，測定方法，回収数と回収率などを記載する．

調 査 結 果：仮説の検証結果を記載する．具体的には，期待どおりの教育効果が提供されていたのかどうか，調査によって明らかになった事実は何であったかなどを記載する．

今後の課題：調査結果を受けて，どのような改善を進めていくことが必要と思われるか，今後に向けての提案や処方を記載する．

資 料 類：測定ツールをはじめ，調査に用いた資料や文献情報などを記載する．

(2) 事例

講演会(実践テーマ発表会)の終了をもって，「技術部門係長のための問題解決研修」はすべてのプログラムが終了した．そこで，研修の実施報告書を作成し，今回の反省と今後の進め方を検討することにした．

報告書には，研修のねらい，研修実績や効果測定の結果を記入し，次回の研修計画につながる内容を心がけた．効果測定の結果のうち，満足度と理解度(アクションプランの評価)は妥当性のあるデータと考えられたので，研修報告

書に記述した．しかし，行動変容と成果への貢献金額は妥当性にかけると判断し，報告書には参考として記述した(図7-10)．

今後の進め方は，研修内容と効果測定方法の二つの改善が必要であると記述した．

本事例のポイント
● 受け入れがたい結果であっても，それを示すことを避けてはならない

たとえ測定結果が期待したものと異なり，受け入れがたい結果であっても，素直にそれを示さなければならない．結果を真摯に受け止め，今後に向けてどう活動していくかを示すことが改善の始まりである．

(2) ［ステップ5-2］教育研修プログラムの改訂

1) 形成的評価と総括的評価

教育研修プログラムの改訂は，第4章で説明した「研修内容を改善するための情報を入手する」，「経営戦略との適合性をチェックし，教育研修の課題解決機能を向上させる」という二つの教育効果測定の目的を達成するために行われる活動である．また，別の言い方をすると，第3章で紹介した形成的評価と総括的評価に相当する．

① 形成的評価と総括的評価の違い

ここでの形成的評価とは，教育研修をより良くするために，教育研修自体の改善を目的として実施される活動である．具体的には，内容の正確性，内容の過不足，内容の最新性，用語の適切性，例題の妥当性，構成概念の妥当性，所要時間や時間配分の適切性，教材の使い勝手，実践場面とのギャップなど，学習目標への到達に支障をきたしている原因や障害を見極めたり，それらを取り除くなどして，教育研修プログラムの修正を行うことである．第6章6.4節の「実施に向けた準備」で説明したことを，測定データの解釈結果にもとづき，修正や改良を進めていく．そのため，形成的評価ではレベル1，レベル2が中心的データとして用いられる．

第7章 教育研修のつくり込みと効果測定の実施— Part 3 —　　193

第1回　技術部門係長のための問題解決研修
実施報告書

1. 研修の概要と実施状況

(1) ねらい

　若手技術者の問題解決能力を向上させるため，問題解決能力に関するコンピテンシーを開発し，業務課題の改善と業績向上に貢献する．

(2) 対象者

　技術部門の係長．

(3) 開催日時とプログラム

	時間	内容	講師
5月10日	8:00〜8:30	オリエンテーション	社内
	8:30〜10:00	問題解決の進め方確認	社内
	10:00〜17:00	コンピテンシー診断によるフィードバック	社外
5月17日	8:00〜10:30	ケーススタディ1	社内
	10:30〜14:00	ケーススタディ2	社内
	14:00〜17:00	ケーススタディ3	社内
5月18日	8:00〜10:30	ケーススタディ4	社内
	10:30〜14:00	ケーススタディ5	社内
	14:00〜17:00	問題解決のためのアクションプラン作成	社内
11月24日〜12月9日		実践テーマ発表会	社内

(4) 部署別参加者数

部門	研究開発	機械技術	電機技術	電子技術	生産技術	品質保証	合計
人数	10	8	6	8	7	3	42

2. 研修の実施結果

(1) アクションプランの評価結果

評価	記述レベル	人数
A	アクションプランが様々な視点で検討され，多くの人が納得できる記述になっている	4

図7-10　研修実施報告書

B	アクションプランシートにすべて記述できている	21
C	アクションプランシートの一部に，記述できていない部分がある	12
D	アクションプランシートがまったく記述できていない	5

＜コメント＞
　評価B以上が合格レベルであるので，理解度は高いとはいえない．

(2) 満足度

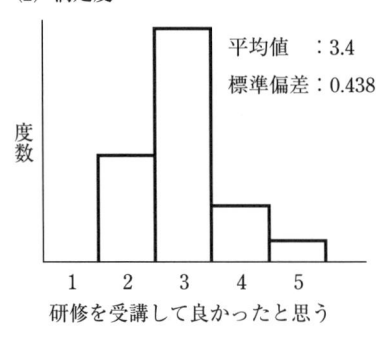

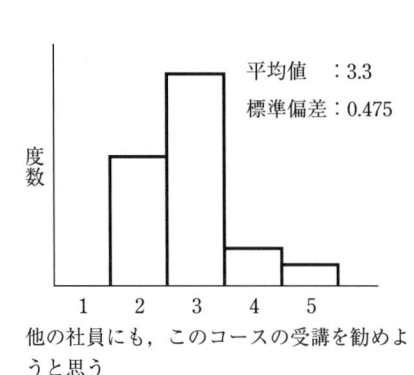

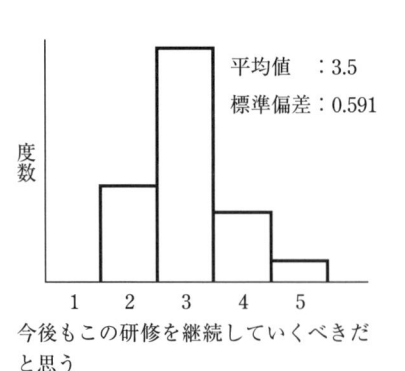

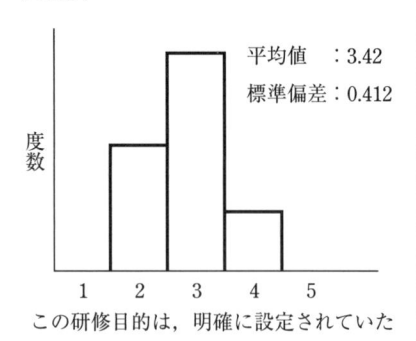

平均値　：3.4
標準偏差：0.438
研修を受講して良かったと思う

平均値　：3.3
標準偏差：0.475
他の社員にも，このコースの受講を勧めようと思う

平均値　：3.5
標準偏差：0.591
今後もこの研修を継続していくべきだと思う

平均値　：3.42
標準偏差：0.412
この研修目的は，明確に設定されていた

＜コメント＞
　各項目の平均値は，3.5以下である．満足度は低いと判断される．

(3) その他の評価結果
　コンピテンシーの習得状況と業務成果への貢献金額を測定したが，初めての試みであるため，測定ツールの妥当性を欠く結果となった．参考情報として，これらの効果測定

図 7-10　（つづき）

結果を記す．
【参考】
行動変容が多く見られたコンピテンシー・アイテム：
- 与えられた仕事の範囲だけでなく，全体を見通している（26名）
- 厳しい状況でもゴールをイメージし，前向きに取り組む（24名）
- 行き詰まったときは，自分だけでなく周囲を巻き込むヒントを考える（23名）
- 目標達成のための概要計画と詳細計画を立てている（23名）
- 行き詰まったときに，最初からのやり直しにならないよう代替案を持っている（22名）

効果金額：
最高数十億円から最低0円という結果で，平均すると約1,000万円であった．

3．考察と今後の進め方
研修は成功とはいえない．効果測定結果を率直に受け止め，研修関係者全員でプログラムと効果測定ツールの改善を実施していく．

図7-10　（つづき）

総括的評価では，教育研修の改善よりも，教育研修プログラムの導入や，継続の可否を判定することをその目的としている．教育効果測定の実施目的「経営戦略との適合性をチェックし，教育研修の課題解決機能を向上させる」に該当する．そのため，ここで評価される内容は，教育研修プログラムに託された解決課題を解決できたかどうかに絞られ，教育研修プログラムの問題解決施策としての有用性を吟味されるのである．そういった意味で総括的評価は，組織のニーズとの適合性に焦点を当てており，いくら世間で評判の高い教育研修を導入しても，組織ニーズに応えられていなければ，介入策として不適切と判断される．また，総括的評価ではレベル3とレベル4を中心としたデータが用いられることになる．

　報告書の記載内容の観点からの違いを述べると，形式的評価は教育研修プログラムの改訂を目的としているため，報告書の主内容は教育研修を修正するための改訂の方針や処方案となる．一方，総括的評価の報告書の内容では，教育研修プログラムによる効果と問題点，そして導入または継続すべきかについての意思決定を促すための意見や証拠，情報を主内容として記述しなければならない．

　ただし，この二つの評価の違いは，厳密に区分できるものではなく，立場や時点など，その評価を実施する観点によって異なることを再度言い添えておく．

2) 総括的評価の方法

　形成的評価の方法については，すでに第6章で説明している．そのため，ここでは総括的評価の方法について説明する．

　総括的評価において判断すべき事項は以下に示す三点である．

- 教育ニーズと教育研修の内容や方法が一致しているか(介入策としての適合性)
- 教育研修の完成度や内容の正確性が担保されているか(内容の正確性)
- 問題解決施策として，その機能を果たしているか(介入策の有用性)

総括的評価が対象とする事項は，高度な専門性を有した見識者の支援が必要になる．なぜなら，組織ニーズとの適合性や教育研修の内容自体の正確性や完成度を主軸として吟味するからであり，この点が形成的評価と異なる．今後ますます高度化する組織ニーズに，人材育成部門や人材育成担当者が応えていくためには，専門家との連携を欠かすことができない．人材育成部門が新たな機能を果たすために，専門家とのネットワークの構築は，重要な課題といえるだろう．

① **介入策としての適合性分析**

組織の特徴と教育研修プログラム内容の妥当性を評価することが，適合性分析のねらいである．具体的には表7-3に示すような点をチェックする．

② **内容の正確性分析**

研修担当者が実施された教育研修プログラムに関する深い知識や専門性を有していない場合は，そのテーマの専門家の力を借りて内容の正確性を分析し，評価を行なう．ここで留意すべき点は，教育研修プログラムの開発時に支援し

表7-3 適合性分析のチェックポイント

評価軸	評価すべきポイント
組織ニーズとの適合性	組織が解決を期待しているマネジメント課題と教育研修の学習目標との関連性の強さは，どの程度か
対象層の現有能力との適合性	現組織のターゲット層の保有能力や経験は，教育研修の参加の際に求められている前提条件，知識，経験などと合致するか
対象層との職場環境や状況との適合性	教育研修で想定している知識やスキルの活用場面と現在の職場環境や状況は，どの程度一致しているか
学習媒体との適合性	対象層の学習スタイルの好みや組織が要求する学習方法と教育研修の学習方法は，どの程度一致しているか
予算との適合性	教育予算と実績は，どの程度一致しているか

てもらった専門家とは別に，同テーマの専門家に内容分析を依頼することである．開発時とは別の専門家に依頼するのは，自分が開発した教育研修プログラムについて内容の妥当性を評価することは，専門家といえども大きなバイアスを生じさせるからである．分析を行う対象物は，シラバス，カリキュラム，教材・資料，シート，テストなどである．

③ 介入策の有用性分析

目指した課題を「解決できた」のか「解決できなかった」のかを判定することが，介入策の有用性の分析である．新しい知識やスキルなどを習得させることが教育研修の実施目的であればレベル2のデータを用いることによって，その有用性を評価することができる．また行動変容や組織の業績にインパクトを与えることを目的として実施された教育研修であったのなら，レベル3やレベル4のデータを用いて，有用性を評価すればよい．概要設計や詳細設計を通じて，有用性評価のための指標や基準が開発されていれば，それらを用いて解釈することにより，介入策の有用性について妥当な評価が可能となる．

3) 教育研修プログラム改訂のための四つのカテゴリー

教育研修プログラムの改訂は，データという証拠，事実に立脚し，決して思いつきや勘に頼ることなく進める必要がある．しかしながら，テストの結果が悪いからといって，すぐに改訂を進めればよいというものでもない．測定ツールそのものに不具合が生じているかもしれない．あるいは，学習内容の抽出や組合せが悪かったり，講師の教え方が悪かったのかもしれない．研修を観察したときの所感や，参加者から直に聞いた意見や専門家からのアドバイスなどを総合的に判断して修正や改訂に取りかからなければならない．

そして，もし改訂が必要と感じた場合は，以下に示す四つのカテゴリー（ネイゼン＆ヘンダーソン，1980）で実施事項を考えていくと，漏れなく重複なく整理できる．

- 加える（Add）
- 削る（Delete）

- 取り替える（Move）
- 修正する（Modify）

以下に筆者が用いた改訂例を示す（表7-4）．

改訂を進めるにあたっては，教育研修プログラムの設計時と同様に，SMEの力を借りる，またはスタッフを巻き込むことがとても重要である．また改訂

表7-4 教育研修プログラムの改訂事項の例

カテゴリー	実施事項	
加える （Add）	●表や図を加える ●演習を加える ●資料を追加する ●事前課題を付加する 　など	●例示を加える ●フィードバックを加える ●参加者の役割を増やす ●不足している学習内容を加える
削る （Delete）	●学習目標と関係の薄い情報を削除する ●学習目標と関係のない例や演習を削る ●多すぎる情報を削る ●学習項目を削る 　など	●参加人数を絞り込む
取り替える （Move）	●教える順番を変える ●講師を変える ●受講対象者を変える ●前半部分と後半部分の2回に分けて実施する 　など	●研修環境を変える ●開催日程を変える ●学習目標を変える
修正する （Modify）	●平易な言い回しにする　●慣れ親しんだケースに修正する ●慣れ親しんだ場面設定に修正する ●実務で使用しているフォームを使う ●演習スタイルや方法を変える ●時間を延長するあるいは短縮する ●馴染みのある比喩を用いる 　など	

を行ったら，その過程や使用した資料や文献などを含めてファイルし，ドキュメント化することが大切である．これらが集積され「改訂のノウハウ」として人材育成部門の大切なナレッジとなる．このナレッジの量と質が人材育成部門に託された新しい役割を果たすための組織力に直結する．

（3） 事例

レベル1，レベル2の測定結果から，実施したプログラムに問題があることが明確になり，プログラムの改善を開始した．レベル1測定の結果から，1日目の内容に問題があることは明確になっていたため，1日目のどの部分に問題があるかの絞り込みを行うための受講者への聞き取り調査を行った．

調査は，人材育成担当者が工場に出張した際，受講者に会い，「この前受講した研修はどうでしたか」，「実は，満足度が低かったのですが，どの部分を改善すればいいですか」，「1日目の内容はどうでしたか」などの質問を投げかけ，問題を絞り込んでいった．受講者からは，「1日目と2日目，3日目とのつながりが理解できない」，「いきなりフィードバックをされても振り返りづらい」，「ケーススタディを先にやった方がいい」などの具体的で示唆に富んだ意見を聞き出すことができた．また，1日目を担当した講師からも，「フィードバックは非常にやりづらかった．ケーススタディを行ってから診断のフィードバックを行った方が，より多くのものを引き出せると思う」との所感をもらっており，1日目と2日目，3日目とのつながりの悪さが明らかになった．

この聞き取り調査をもとに，SME，講師，研修事務局でその原因を検討した結果，研修1日目は前日まで多大な業務におわれていて，研修への気持ちに切り替わっておらず，そのような状態でフィードバックを行っても，仕事の仕方を振り返るのは難しく，研修効果があがりにくいという仮説が導き出された．そこで，ケーススタディを1，2日目に行い，3日目に診断のフィードバックを行う順番に入れ替えることにした．ケーススタディを通じ，日頃の仕事の仕方を再認識することができ，その状態で診断のフィードバックを行った方が，受講者は素直に受け止めやすいと判断したからである．

第 2 回目より，1，2 日目に課題解決のケーススタディ，3 日目にコンピテンシー診断のフィードバックを行う流れに変更した．カリキュラムの順番を入れ替えた改善は功を奏し，満足度は平均値が 4.0 を超え，2 点をマークする受講者もいなくなった．修正したカリキュラムは，表 7-5 に示すとおりである．

表 7-5　カリキュラム

	No.	内容	講師
一日目	1	オリエンテーション	社内
	2	ケーススタディ 1	社内
	3	ケーススタディ 2	社内
二日目	4	ケーススタディ 3	社内
	5	ケーススタディ 4	社内
	6	ケーススタディ 5	社内
三日目	7	問題解決の進め方確認	社内
	8	コンピテンシー診断によるフィードバック	社外
	9	問題解決のためのアクションプラン作成	社内
6 カ月後		実践テーマ発表会	社内

本事例のポイント
- **データをもとに，一つひとつ問題の原因や背景を論理的に推測していく**

測定結果は，現象のある一部分を切り取ったものである．例えていえば，写真のスナップショットのようなものである．その断片的な事実をつなぎ合わせ，全体像を妥当に解釈するためには，受講者，SME，講師，他の事務局スタッフの客観的な意見を借りることが欠かすことができない．

(4) ［ステップ5-3］効果測定ツールの改訂

1) 効果測定ツールの改訂の必要性

　教育効果を測定することは，本書で幾度か述べたように，重さや，長さ，熱量といった物質的な量を測定することと大きく異なる．教育の効果という目に見えない，触れることのできないイメージ，言い換えれば「概念」を測定している．心理学では，これを「構成概念」と呼ぶ．構成概念は実態を持たないため，直接観測することができない．そのため，現実の世界で，構成概念が反映されていると思われる観察可能な言動や事象を観察し，その観測数や量にもとづいて，構成概念をとらえ，その強弱を判定しようとしている．

　例えば，研修参加者の研修に対する「真剣さ」を測定するとする．しかし，真剣さは構成概念であるため，直接観察することはできない．「あなたは研修に真剣に取り組んでいますか」と参加者に質問し，「はい」と答えたら真剣だと判断するというやり方では，あまりにも結果の信憑性に欠ける．そこで，通常用いられるのが，参加者が真剣に研修に取り組んでいる際の特徴として現れる観察可能な「言動」を想定し，それを利用して真剣かどうかを判断するという方法である．

　このとき，観察可能な事象は何かを考え，測定の対象物を整理し，測定項目をつくり込んでいくことが，測定ツールの開発である．真剣さを測る例でいえば，①開始時間に遅刻しない，②予習をやってくる，③講師の話に相づちを打つ，④研修中には私語をしないの四つの測定対象を洗い出し，それを観察するためのチェックリストを開発し，研修の参加者の言動を観察するのである．すなわち，遅刻回数，予習として与えた課題の未提出回数，研修中の講話に対する相づち回数，研修中の私語の回数などの直接観察可能な言動を用いて，「参加者の研修に対する真剣さ」という構成概念を判断することになる．ここにあげた観察事象は，これでなければならないと決まっているものでもなく，また，これで十分というものでもない．「研修事務局への支援行為の回数」を用いてもよいし，「研修ノートのメモの量」を付け加えても構わないのである．

第7章　教育研修のつくり込みと効果測定の実施— Part 3 —　　203

　このように，測定ツールの開発，特に測定項目の開発に際しては，開発者の経験や常識といった個人的な要因が大きく影響する．これは質問紙を開発する場合でも，理解度テストを開発する場合でも同じである．アンケートでは，何を訊ね，どのような反応が返ってくれば良いのか悪いのか，理解度テストでは，何の知識を問い，どのような答えが返ってくれば正解か不正解かを決める．行動変容の評価では，特徴的な行動とは何かを決め，それを観察し，観察量の多い少ないによって，良かった悪かったかを判定する．このような測定対象を決めることを，構成概念を定義するという．構成概念を定義することは，内容にどんな要素を含めて，どんな要素を含めないかを決め，境界線を引くことである．しかし，この境界線の引き方がうまくいかない場合もある．この線の引き方に問題がないかどうかを見極め是正する行為が，効果測定ツールの改訂である．また，境界線の引き方以外にも，様々な問題が内在する可能性がある．問いかけ自体が不具合な場合もあるし，テスト用紙の中で，ある問題の選択肢が他の問題の答えのヒントになっていたり，ある問題では教育研修の学習範囲を超えた内容が要求されている，あるいは回答に必要な十分な時間が与えられていないこともある．そのような効果測定ツールの問題点を是正することは，教育研修の品質管理を行うために極めて重要な事項である．

2）　測定ツールの改訂方法

　もし，因子分析をはじめとする多変量解析など統計に関する深い知識を持ち，統計パッケージソフトを使いこなせるなら，測定したデータを用いて，因子分析や信頼性分析を行い，測定ツールの改善を行うことができる．例えば，構成概念を測定するためにプロジェクトメンバーで恣意的に開発した測定項目について，因子分析を用いてその確からしさを推定することができる．当初想定したような要素で構成概念がうまく定義できているかを判定するのである．そして，うまく定義できていなければ，因子負荷量などの統計数値を用いて総合的な観点から構成概念を，より正しく測定するための必要な要素を残し，不適切な測定項目を削除するなどして，精査していく．

しかし，上述のような高度な統計解析に関するスキルを持った人材育成担当者はそう多くないであろう．そこで，統計解析手法を用いることに不安がある場合は，次のような方法で改訂を行うとよい．

まず大切なことは，改訂を進める方向である．なるべく，受講者や受講者の上司といった回答の情報提供者に負担がかからないように修正を行うことが大切である．なぜなら，回答への負荷が高いと回答がいい加減になったり，回収率が低くなったりし，データを解釈する際に悪い影響を与える問題が発生する可能性が高くなるからである．説明文をわかりやすい表現に修正する，質問紙のレイアウトをシンプルにする，質問の順番を変更するなどが代表的な改訂例である．

次に，質問文の修正があげられる．質問文の修正は，研修開発者の意図する回答が戻ってくる投げかけになっているかどうかを十分に吟味し，修正を加えることである．十分に吟味するとは，質問文を複数人で作成し，見直しを行い，表現の曖昧さを排除することである．そのうえで，第三者の協力を得て試行テストを行い，質問の意図が正しく伝わっているかどうかを評価する．具体的な方法は第6章を再読いただきたい．

回答に妥当性の低い，または解釈不能なデータが多く返ってくるような質問があれば，質問文の修正だけでなく，質問の仕方や情報源を変更する必要性も考えられる．この場合でも，思いつきや勘で方法や情報源を変更するのではなく，見識者の意見やアドバイスを受け，妥当な判断をしたうえで，対処することが重要である．本章の「レベル2データを評価する」(p. 176)で紹介した理解度確認テストの例に見られるように，高得点者が全員不正解にもかかわらず，低得点者のみが正解という場合には，テスト問題自体に問題があると推測される．このような場合には，担当者が一人で改訂を進めるのではなく，テーマの専門家と相談しながら改良を加えていくことが大切である．

測定ツールの精度を高める重要な鍵は，できるだけ客観的に判断することである．つまり，自分一人で決めるのでなく，他者を巻き込む，専門家の意見を確認するなど客観的な判断を取り入れながら総合的に判断し，修正を進めてい

くことである．

(5) 事例

レベル3とレベル4の測定データを利用して，測定方法や測定ツールを再検討した．

レベル3データの測定は，研修開始前の診断では，上司と他者3人，本人による360度診断を行ってギャップを抽出しているが，研修実施後の行動改善の診断では，ギャップの抽出は必要ないと判断し，本人のみの診断を実施した．しかし，行動変容は自己認知だけでは真の行動変容が起こったとはいえず，第三者に認められてこそ行動変容が起こったと判断すべきものであると改めて認識した．そこで，第2回目以降の研修からは上司と本人による診断を行い，上司・本人ともに成長したと判断した項目を行動変容が認められた行動とするように評価基準を変更した(図7-11)．この改善により，第2回目以降，全項目が成長したと判定されるケースはなくなった．また，第2回の効果測定では，平均で3.2項目の行動変容という結果だった．

レベル4の測定結果では，金額換算の妥当性が問題であった．この研修では，金額を効果指標として用いるべきか否かということを再検討した．第1回目の研修では，受講者に研修受講後6カ月での改善効果を金額換算させていた．しかし，研修受講後に取り組んだ課題には，100％解決した場合でも大きな金額にならないテーマや，開発完了までの一つの節目をクリアするだけという金額換算が難しいテーマも含まれていた．第1回の効果測定では，すべて金額換算させたことに無理があり，研修の効果を把握したいのであれば，研修の寄与度を効果測定指標とした方が，改善規模や実行テーマの大きさに関係なく推移を見るのに適しているという結論に達した．そこで，第2回からの金額換算は，金額換算可能なもののみ金額換算させ，結果は参考程度にとどめ，効果測定の指標としては研修の寄与度を用いることにした(図7-12)．

第1回の効果測定でも，効果金額換算のために研修寄与度を算出してもらっており，その平均は15％であった．プログラムを改善した第2回は，23％に

【A】		○○さんは研修受講前に比べ，下記に示す行動に変化が認められますか．該当する数字(1, 2)に○を付けてください．	成長しているとはいえない	成長している
A	1	短期的な目標達成だけでなく，長期的な視点も持っている	1	2
	2	緊急の問題に取り組むときも，将来の課題を考えている	1	2
	3	与えられた仕事の範囲だけでなく，全体を見通している	1	2
	4	自部門だけでなく，他部門のことも考慮して仕事を進めている	1	2
B	5	最終目標までのチェックポイントを設定している	1	2
	6	厳しい状況でもゴールをイメージし，前向きに取り組む	1	2
		～く周囲を巻き込みヒントを考える	1	2

【B】 このほかに成長したと感じることがあればご記入ください．

図 7-11　上司用に新しく作成したレベル3測定シート

第7章 教育研修のつくり込みと効果測定の実施— Part 3 — 207

図7-12 レベル4測定シート

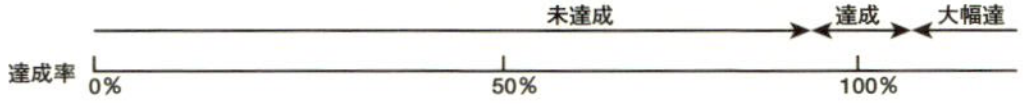

上昇し，その後もプログラムの改善を重ねた結果，40％を上回る測定結果を得られるようになった．しかし，この指標は永遠に上昇していく指標ではなく，100％というデータが得られるものでもない．そのため寄与度40％を平均とし，±5％の範囲を推移していれば問題がないという基準値を設けることになった．

本事例のポイント
● 測定結果の妥当性を判断し，改善を行った

教育効果測定では，測定結果の妥当性が非常に重要である．この妥当性を確保するために，測定ツールの活用できる部分はそのまま活かし，本当に改善しなければならない部分を改善したことである．測定ツールを設計するときに十分な検討がなされていても，データを入手してから見直すことで，設計時に気付かなかった不具合を見つけ出すことができる．

参 考 文 献
[7-1] ウォルター・ディック，ルー・ケアリー，ジェイムズ・O・ケアリー著，角行之監訳『はじめてのインストラクショナルデザイン―米国流標準指導法 Dick & Carey モデル』，ピアソン・エデュケーション，2004年.
[7-2] 森敏昭，吉田寿夫編著，『心理学のためのデータ解析テクニカルブック』，北大路書房，1990年.
[7-3] 松尾太加志，中村知靖，『誰も教えてくれなかった因子分析』，北大路書房，2002年.
[7-4] 吉田寿夫編著，『心理学研究法の新しいかたち』，誠信書房，2006年.
[7-5] ジャック J. フィリップス著，渡辺直登，外島裕監訳『教育研修効果測定ハンドブック』，日本能率協会マネジメントセンター，1999年.

第 8 章　教育効果測定導入の課題と解決のヒント

　教育効果測定を組織内に導入したいと思っても様々な課題が存在する．この章では本書のまとめとして，導入時にどのような課題が存在し，それをどうブレークスルーするのかを筆者の体験を交えながら考えていく．

8.1　教育効果測定導入の障害，課題は万国共通

　教育効果測定の導入に際しては様々な障害や課題が横たわる．このような障害や課題は日本だけで発生しているわけでもない．筆者は2004年に米国，ワシントンDCで開催されたASTD（全米人材開発協会）の国際大会に教育効果測定に関するパネリストとして参加した．そのときの討議テーマは「New Frontiers in ROI : Emerging Contexts, Challenges, and Opportunities」であり，セッション内容は，教育効果測定を組織内に導入するときに，どんな障害や課題が存在し，それらをどのように乗り越えたのか，パネラーの経験を披露しあうものであった．パネリストはオランダ人のコンサルタント，米国国家安全保障局の教育効果測定担当者，e-ラーニング開発に携わる米国人コンサルタント，教育効果測定を専門とする米国人コンサルタントらと筆者であった．各パネリストの話を聞いていて，国籍や立場は違えども，みな似たような苦労をしていることを強く感じた．

　このセッションへの参加にあたり，筆者と親しい企業の人材育成担当者7～8名に，導入上の課題についてヒアリングを行った．データ数が十分でないため，日本を代表する意見とはいえないが，遠からずという感触を持った．また

セッションの前日にアメリカ人の教育効果測定コンサルタントに整理した内容を確認したところ，十分納得がいくとお墨付きをもらった．以下の6項目が，筆者が発表した教育効果測定の導入における主たる課題である．

課題1：人材育成スタッフの専門知識やスキルが不足している
課題2：経営トップ層やラインマネジャーらの協力が得られない
課題3：教育研修に対し，ソリューション機能や投資活動という意識がない
課題4：測定ツールの開発技術やノウハウがない
課題5：教育効果測定に人員が割けない
課題6：人材育成スタッフが教育効果測定に熱意を持っていない

以下に，各課題の意味と対応策を一つひとつ考えていく．

8.2 教育効果測定を導入する上での課題と対策

(1) 課題1：人材育成スタッフの専門知識やスキルが不足している

　教育効果測定に限らず何か事を始めようとするとき知識やスキルがなければ，一歩も前に進めない．もう一度，第1章で紹介した人材開発協会の調査報告書を紹介する．

　人材育成部門の担当者が認識する課題や関心事項についての自由回答を整理したところ，関心事項の回答結果は7分野に整理できた．その中でも関心が集中した分野は，教育効果測定技術や人事アセスメント評価技術に代表される「HRDスタッフ（人材育成スタッフ）に必要な技術」が23％，キャリアの自立的開発制度，人事諸制度と能力開発のリンクなど「制度構築」23％，OJTやe-ラーニングの効果的方法などの「教育（研修）テーマ」21％，の3事項であった．「関心事項は何か」としか尋ねていないので，回答者に教育効果測定に代表される専門技術が不足していると結論づけることは早計だが，人材育成部門の担当者が何らかの課題や不満足を抱えていると解釈しても問題ないだろう．さらに，人材育成部門の担当者が教育効果測定などの専門技術に課題や不

第8章　教育効果測定導入の課題と解決のヒント

安を抱えた状態で複雑化する経営課題に応え，より高度な人材開発業務や教育研修業務の品質を保持し，実行の有効性を証明するという一連の業務を進めることは，とてつもなく大きな負担であり，壁になっていると予想される（図8-1）．

では筆者自身の体験をもとにこの課題の解決方法を考えてみる．筆者が教育効果測定について本格的に研究を開始したのは1999年の暮れだった．当時は，国内において教育効果測定に関する情報や文献がまったくなかった．筆者自身の情報収集力の低さも災いし，探し当てることができなかったというのが正確な表現だろう．

ちょうどそのころ，ジャック・フィリップスの『教育研修効果測定ハンドブック』（日本能率協会マネジメントセンター，1999年）が出版された．ただ，当時の筆者にとっては，難解で読むのに本当に骨が折れた．本を読み込みつつ，筆者はジャック・フィリップスに会いに渡米した．このときの渡米目的は四つ

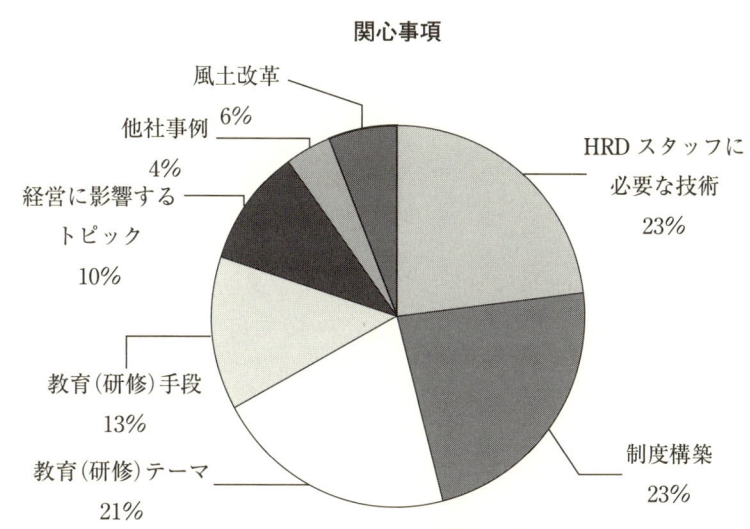

関心事項

- HRDスタッフに必要な技術　23%
- 制度構築　23%
- 教育（研修）テーマ　21%
- 教育（研修）手段　13%
- 経営に影響するトピック　10%
- 他社事例　6%
- 風土改革　4%

出典）教育プログラム改善・最適化研究会，「教育研修の運営と改善の取組み」に関する実態調査報告書，有限責任中間法人　人材開発協会，2004年．

図8-1　HRDスタッフの関心事項

あった．一つめは彼とのコネクションを作ること．二つめは，教育効果測定の手順を彼が主催するセミナーで学ぶこと．そして，三つめは本当に教育効果の測定が可能なのかセミナー参加者にインタビューするほか，米国の企業に訪問し実態を肌で感じること．最後の目的は，実際に企業内で使用されている測定ツールを手にいれることであった．

　この渡米が足がかりとなって，最終的に大きな収穫を得ることができた．ジャック・フィリップスはじめ，教育効果測定を専門に研究する米国企業の担当者らとネットワークを築くことができたこと．次に，教育効果測定の実施ステップのイメージをより鮮明につかめたこと．そして，これを行うために必要な知識，スキルを整理することができたことである．教育効果測定を実施するためには教育効果測定の理論や企業事例だけを勉強していても十分ではないことに気づけたことも収穫であった．調査活動を下支えする技術，具体的には社会調査に関する技術，心理測定等測定ツール開発に関する技術，統計についての知識が必要であること，そしてインストラクショナルデザインが不可欠であることが理解できた．

　筆者が自らの体験を通して伝えたいことは，まずは情報を集めに動き出していただきたいということである．筆者のように渡米をしなくても，日本国内にも教育効果測定に使命と情熱を持って実行している企業や担当者が少なからず存在する．人材マネジメント系の雑誌を読んでいると，教育効果測定に関する特集記事が年に数回は組まれている．例えば，そうした記事を書いた実務者とコンタクトをとるとよいだろう．「事例を読んで感心したから電話しました」と言われると，大概の人は悪い気はしないものである．案外親切に様々な情報を提供してもらえることもある．また認知心理学や心理測定に関する学会は数多くあり，誰でも容易に参加できる．日本心理学会，日本教育心理学会，産業・組織心理学会，経営行動科学学会などは，権威ある学会の代表である．そのような学会は，通常，年に1回，大会を開催している．そこに参加してみるとよい．ユニークな研究をしている研究者に出会うことも珍しくない．そこでコネクションをつくり，いろいろと専門的なアドバイスをもらえるような間柄

第8章 教育効果測定導入の課題と解決のヒント　　213

になればよいし，研究者の方でも企業の人材育成関係者や他の世界とのコネクションを探している．また，英語の文献を探すのもよい方法である．ASTDから発刊されている「in Action シリーズ」と称される事例集には教育効果測定の事例が豊富に掲載されている．その中の1冊である *Implementing Training Scorecards* には，筆者らがある日本企業で実施した若手技術者の問題解決研修の事例も掲載されている．

　また，最近では日本国内でも教育効果測定に関するセミナーが開催されるようになった．初歩的な内容だが全体像を理解するのには適している．ほかにも，インターネットで検索すれば，教育効果測定に関する情報は簡単に入手できる．周りを見渡せば日本国内でも，多様かつ上質な情報を入手できるような環境が整いつつある．必要なことは，問題意識を持って行動することである．そうすれば，どこに必要な知識やスキルが存在し，どうやってそれを獲得すればよいかが見えてくる．そして，このテーマに関して問題意識を持っている人とつながること，ネットワークを築くことである．筆者らが運営しているNPO法人 人材育成マネジメント研究会でも，人材育成に関する専門書籍の輪読会を定期的に開催しており，毎回有識者が集い，ワイワイやりながらネットワークを広げている．

(2)　課題2：経営トップ層やラインマネジャーらの協力が得られない
　　　課題3：教育研修に対し，ソリューション機能や投資活動という意識がない

　経営トップやラインマネジャーが非協力的であるという問題は，日本だけの特徴ではない．ASTDのパネル討議でも，どのようにしてこの問題を解決すればよいか，最後はパネリスト全員で語ることになった．この課題と関連しているのが，課題3「教育研修に対し，ソリューション機能や投資活動という意識がない」である．「教育研修の運営と改善の取り組み」実態調査報告書の中でも，人材育成担当者の最も大きな悩みは，経営幹部や事業責任者，参加者等の人材育成に対する消極的な姿勢であると報告されている（表8-1）．

表8-1　HRDスタッフが認識する5つの課題

課題	意味	具体的事例
関係者の考え方に対する問題	人材育成に対する経営幹部，参加者上司，参加者等の考え方に対する問題	●研修に対する参加者上司の無理解 ●参加者の意識の低さ，経営層の関心が薄い ●教育に対する過度な期待　など
プログラム開発における問題	プログラム開発・運営上における問題	●研修テーマと参加者のミスマッチ ●ニーズ分析技術が不足 ●教育効果の把握が不十分　など
制度関連上の問題	人材育成方針や人事諸制度における問題	●人材育成ポリシーの不在 ●他人事制度とのリンクが少ない ●教育受講機会の不足
人材育成風土	人材育成に対する組織風土	●教育は本部がやるもので現場は関係ない ●教育優先度が低い文化 ●教育に対する参加者の無理解
HRD部門の問題	HRD部門が抱える問題	●HRDスタッフの不足 ●企画側と参加者意識のギャップが大きい ●教育予算の減少

出典）教育プログラム改善・最適化研究会,「教育研修の運営と改善の取組み」に関する実態調査報告書,有限責任中間法人　人材開発協会,2004年9月.

　課題3に示されているとおり，そもそも，教育研修がマネジメント課題を解決するソリューション施策と考えていない経営幹部や事業責任者が，教育効果測定に対して協力的になるはずがない．こうした経営幹部やライン責任者らは，「人材育成部門がヤーヤー言うから研修を実施したけど，短期的には何の効果も期待していない．社員の福利厚生とまでは言わないが，組織へのロイヤリティが高まってくれれば，もうけもの」，「なるべく，研修で職場から人を抜くのは勘弁してほしい」と考えているのである．その証拠に「人材づくりは重要」と宣言しているにもかかわらず，いざ研修を企画すると「この忙しいのに研修なんかに参加している暇はない」，「業績も回復しないのに教育なんかに投

第8章 教育効果測定導入の課題と解決のヒント 215

資できない」という反応が戻ってくる組織が実に多い．そのような意識の経営幹部，事業責任者に，「次は教育効果測定を実施するから予算をよこせ，データ収集に協力してほしい」といっても，良い反応は返ってこない．「期待感のない研修に付き合っただけでも十分だと思っているのに，これ以上は真っ平御免」というのが，彼らが協力を避ける本音ではないだろうか．しかし，組織風土の変革を推進したり，重要課題に社員を巻き込みながら展開していく活動は，経営者や事業責任者のコミットメントなしに進めることはできないし，成功を収めることもありえない．

経営幹部や事業責任者層が教育研修にコミットしている組織の人材育成担当者に筆者がインタビューした際，一つの手がかりを得た．その人材育成担当者が留意しているというのは，次の四点である．

- 研修テーマとビジネスニーズがリンクしているか，いつも確認する
- 経営幹部や事業責任者層に教育研修の講師になってもらう
- 経営幹部や事業責任者層と普段から，様々なことについて対話する
- ハイパフォーマーを教育研修の講師に招聘する

具体的にどのように対処しているのかを順に説明していく．

1) 研修テーマがビジネスニーズにリンクしているかいつも確認する

人材育成部門は，四六時中，事業部に足を運び，今何が事業展開上の課題になっているかを確認する．そして，どんなリソースが必要かについて常に対話している．人材育成担当者は「どんな研修が必要ですか」とは決して訊ねない．何が障害として潜んでいるかヒアリングするのである．インタビューの結果，人材育成の分野から課題解決が可能という仮説が立ったら「もし，このような能力をあなたの部下が身につけることができたら，この障害の解決に貢献しそうですか」と訊ねる．そして，事業責任者から良い返事が戻ったら，はじめて研修の企画に着手する．このような一連のプロセスを通じて，ビジネス上の課題解決に貢献する可能性の高いものだけを取捨選択していく．インタビューに答えてくれた人材育成担当者が，「必要のないもの，相手が望まないもの

は実施しない．昨年やって評判だったから今年も実施という発想を持って仕事をしない」と話してくれたことが印象深い．

2) 経営幹部や事業責任者層に教育研修の講師になってもらう

経営幹部，事業責任者らとビジネスの課題について意見交換し，解決のアイデアを煮詰め，整理した研修ニーズや研修テーマであればあるほど，一般論で研修を実施しても，受講者の心に響かない．そのため多くの場合，研修講師を自前の人材に頼らざるを得なくなる．研修開発に協力してくれた問題意識の高いマネジメント層は自ら講師を名乗り出てくれるし，やりたがるようになる．また，経営幹部，事業責任者層といえども，自ら実施した研修での受講者の反応や職場での評判はとても気になるものである．彼らは教育効果測定の結果を待ち望むし，辛口の改善要求でも躊躇なく，受け入れてくれるそうだ．

3) 経営幹部や事業責任者層と普段から，様々なことについて対話する

何かにつけ，マネジメント層と対話する．研修ニーズのヒアリングもそうであるし，戦略の変更についても早い時期から幹部らと討議し，人材育成の分野から貢献可能な部分を探し出す．また，研修実施報告や受講者の声を整理し，報告に行く．場合によっては，人材育成担当者が採用人材など，自分たちの業務以外のテーマにも口を挟むこともあるという．また，人材育成担当が言うには，普段からいろいろと対話することで，経営幹部らが課題の大きさや重要性を十分に認識しているため，いざ施策を展開すると決まったら，予算がある，ないで気を揉むようなことがないという．経営幹部が強く意識している事業課題の解決や戦略推進のために行う施策だから，反対されることがないそうだ．

4) ハイパフォーマーを教育研修の講師に招聘する

研修講師に社内のハイパフォーマーを活用する．ハイパフォーマーは研修講師を引き受けることのメリットをよく知っている．例えば，自分が関与したプロジェクトを皆の前で披露する機会を与えられれば，発表資料作りのために自

第8章 教育効果測定導入の課題と解決のヒント　　217

分自身が実施したプロセスを詳細に振り返ることになる．その振り返りを通じて，見落としていた重要ポイントや成功のヒントに気づいたりすることがある．また，自分の記憶を整理することにより，類似した場面に遭遇した際，すぐにノウハウの記憶を引き出し，対処することが可能になる．つまり，記憶の整理を通じて記憶再生の回路を作っていくのである．一見すると，ハイパフォーマーにとって何のメリットもなさそうな講師役が，実は最も彼らのためになっているのである．そのため，ハイパフォーマーに講師を依頼した場合，相当大切な用事でもない限り，引き受けてくれる．また，面白いことに経営幹部層は，組織成果に大きく貢献してくれるハイパフォーマーのことが大好きであり，彼らの動きが気がかりでならない．そのため，ハイパフォーマーを講師に起用することにより，幹部層の研修への関心を同時に獲得することができるのである．

　これら四つのことを実践したからといって，ただちに人材育成に意識の低い経営幹部や事業責任者層の関心を得ることはできないだろう．しかし，彼らの関心を惹くものを上手く活用して，徐々にコミットメントを引き出すしかない．
　インタビュー後，余談として教えてもらったエピソードをもう一つ紹介しよう．その組織では，研修で使用した教材や書籍はもちろんだが，研修アンケート内容まで包み隠さずイントラネット上で全社員が閲覧できるようにオープンにしているということである．この目的は，都合が合わず研修に参加できなかった社員らが，必要な際に独学できるように情報を提供することにある．また，すでに研修に参加した人が，この研修をどの程度満足しているかを正直に伝え，社員の研修受講選択のヒントにしてもらうという目的もある．実際に，受講者の研修への参加動機を研修時に確認すると，「イントラネットの受講アンケートを読んで，役に立ちそうと思ったから」という返事が結構多いとのことであった．
　簡単な研修アンケートを実施し，その結果を幹部層へメール配信するだけで

も，活動を報告し，自分たちの行動や成果をアピールすることになる．このように研修に関する情報をフィードバックすることも，これからの人材育成部門に求められる重要な業務である．

(3) 課題4：測定ツールの開発技術やノウハウがない

測定ツールの代表である知識確認テストは，子供の頃から学校の試験などで慣れ親しんでいても，いざ自分で開発するとなると，はたと困ってしまう．問題形式について考えても，正誤問題，穴埋め文章完成問題，語群選択問題，関連用語分類，多肢選択，字数制限のある自由記述問題，小論文など，すぐに思い浮かぶものでさえ，これだけ多岐にわたる．これらテストの違いは何なのか，形式の違いだけで，測定する対象や範囲，基本機能は変わらないのだろうか．

また，教育研修によって受講者に知識を付与していると一口にいっても，用語の定義を理解させたり，部品の名称を憶えたりするようなことから，会計ルールの解釈や適用範囲を見極めたり，戦略理論や定石を用いて事業分析を行うなど，その範囲は幅広い．それら幅広く，種類が異なる知識を測定するのに○×方式ですべて対応可能なのか．研修内容によっては，新型工作機械の操作方法やプログラム入力方法など知識とスキルを同時に狙っている場合もある．また環境保全，保護のための教育は，環境にとって望ましい事柄を理解させ，望ましい態度を積極的に選択するよう価値観に対して影響を与えようとしている．言い換えれば態度変容を試みている．これらの例が示すとおり人材育成施策は広範囲で多種多様な知識を扱い，それらの普及や定着を目指している．内容に応じた測定ツールを開発するのは容易ではない．

さらに，信頼のおけるテストを作成するには，測定ツールを開発する技術を始め，測定ツールの信頼性を見極める統計の知識，テスト形態とその特徴等に関する知識，学習領域を分類する知識，学習テーマに関する専門知識など，様々な専門的でかつ深い知識が必要となり筆者自身もいつも悩んでいる．しかし，教育効果を測定するのであれば，測定ツールの開発は不可欠である．

第8章 教育効果測定導入の課題と解決のヒント

　測定ツールの開発にあたっては，まず測定の対象項目の見当をつけることである．そのとき，少なくとも次の二つは押さえておく必要がある．

　一つは，教育研修で一体どのような知識，スキルあるいは考え方を参加者に身につけてほしいかという，学習の期待事項を明確に定めることである．インストラクショナルデザインでは，習得すべき期待事項を具体的に文章化したものを「学習目標」と呼ぶ．学習目標の役割は，学習到達点を示し，何を学ぶのかを理解させることである．また，学習目標を誰にでもはっきりわかるようにすることを，「学習目標の明確化」という．これを行うことにより，何を測定すべきか，どんなテストや測定ツールが妥当なのか，おおよその見当がつけられるようになる．また，学習目標が明確になることにより，講義内容や教材，演習事例など学習すべき内容が具体的に目的にもとづいて組み立てられるようになる．このように，学習目標の明確化の効果は絶大である．

　もう一つは，学習の期待事項の中身，つまり質を理解することである．言い換えれば，期待知識や期待スキルの理解と習得の判定基準である．やるべきことは，この判定基準を定めることである．測定ツールの製作者自身が学習内容やテーマに対して造詣が深ければ問題はないが，中身についての知識や経験がなければ内容に詳しい専門家の力を借りて学習内容を理解していくしかない．すでに学習目標が明確にイメージできている，あるいはブルームやガニエらに代表される学習領域の分類体系を用い教育研修の学習内容を整理できていれば，それらを用いて講師やその分野の専門家に一つひとつ丁寧に確認し，基準作成のための情報を入手することができる．それらが整理できれば，テスト方法が明らかになり，テストの合否を区分する重要ポイントを整理，明文化することができる．それをもとに再度，専門家に確認し，了承をもらうまで何度でも同じことを繰り返せばよい．その分野の専門家から承認を得ることができれば，概ね妥当なテストが開発できたと判断してよいだろう．

　テストを代表する測定ツールを適切に開発するには，先にあげた様々な高度な専門知識が必要になるが，しかし，いくら高度な専門知識を身につけても，習得させたい知識やスキルを明確にできなければ，そして合格を決める妥当な

判定基準を設定できなければ，それらはすべてが宝の持ち腐れである．

　われわれ人材育成関係者は，測定ツールの開発手順や技法を学問として研究している立場ではない．高度な統計を用い，測定ツールとしての信頼性が証明できなくても，ツール開発に関与した人達や活用する人達の納得感が得られ，学習目標を妥当に測定していると組織内で認められれば十分である．重要なのは，一つひとつ合理的に明らかにしていく手間を惜しまず，教育の効果を測定し，少しでも組織貢献しようとする姿勢である．ここで紹介した二つのポイントを押さえ，テストを開発し，一つひとつ測定していこう．試行錯誤し，経験を積み重ねることによって，精度の高い測定ツールを開発するノウハウや技能が蓄積されていく．

　最後に補足として重要なことを二つお伝えする．仮にテスト結果が悪かった場合，受講者の怠慢が原因したのではなく，人材育成部門である我々が提供した教育研修の不備か，テスト自体の不備，またはその双方が原因となり，期待どおりの結果を得ることができなかったという自己反省の気持ちを忘れてはならない．テストによってテストされているのは受講者ではなく，人材育成スタッフ自身なのである．肝に銘じてほしい．

　もう一つは，テストの評価基準を開発する際に協力を仰ぐ専門家は，自分自身と気が会う人を選ぶということである．やけに情緒的で科学的でないと思われるかもしれないが，テスト開発や教材開発など協力依頼内容は広範囲にわたり，何回も修正の協力を仰ぐことになる．気難しい相手ならば，気軽に何度も細かい修正を依頼することができないし，こちらの気が引けてしまう．なるべく少ない回数で，面倒な依頼も極力避けてと，気持ちが萎縮してしまう．遠慮によって，信頼性，妥当性の高いツール開発という優先すべき大切なことが，おろそかになる可能性が高くなるからである．

(4) 課題5：教育効果測定に人員が割けない

1) 教育効果測定に必要な人員

　長引く景気後退は人材育成部門にとっても，大きな傷跡を残した．人材開発

第8章 教育効果測定導入の課題と解決のヒント

予算だけでなく，人材育成に従事する人員数まで大幅に削減されてしまった．反面，経営層からの要求はますます強くなり，その要求の高度化，複雑性は増すばかりである．教育研修の企画，運営だけでも目一杯なのに，そのうえ教育の効果まで測定するのは難しい話である．しかし，業務量と要員のアンバランスはどの組織にいても発生するし，人材育成部門ならずとも，営業，経理，製造，技術などすべての部署が抱える課題である．しかし，多くのことをアウトソースするにしろ，人手がなければ対処できないことも，事実である．そこで，教育効果測定に必要な人員の数について検討を試みよう．

「教育研修の運営と改善の取組み」実態調査報告書では，レベル3以上の教育効果測定を行うための人材育成部門の要員数は，「レベル3測定には従業員334人に1人の割合でHRDスタッフが必要」であり，「レベル4測定には従業員289人に1人の割合でHRDスタッフが必要」と報告されている．レベル3とレベル4では調査活動の手間と工数が断然違うため，必要とされる人数は異なっている．

つぎに，この人数を具体的なサービス対象人数に当てはめて考えてみる．仮に，人材育成部門が教育研修のサービス提供を2000名に対して実施しているとするなら，レベル3までの測定を試みる場合，必要な要員数は6人(2000人／334人)，レベル4までなら7人(2000人／289人)が必要になる．サービスの対象範囲が5000人であるならばレベル3で15人，レベル4で18人が必要になる．ただし，この数字は人材育成スタッフの専門性や経験など，質については何も言及していない．そのため，スタッフの専門性が高ければもっと少ない人数で対応できるかもしれないし，逆に専門性が低ければより多くの人数が必要となる．この人員不足については，増員か，現存メンバーの質の向上，業務の外注化，またはそれらの組合せによって対応し，解決が可能である．

当然のことながら，増員や外注化の予算を獲得するには，社内で了承を取り付ける必要がある．そのときは，課題2，課題3の対応策で説明したように，経営幹部，事業責任者層と対話を濃密に行い，人材育成の重要性とその効果の証明の重要性を理解してもらうことである．意思決定のキーパーソンに理解さ

れない業務に，リソースを割いてもらえることはありえない．

2) 効果測定の導入で組織風土を変える

アメリカで教育効果測定セミナーに参加した際，同じグループになったカナダ人の人材育成担当者に「教育効果測定を導入して何か良かったことがありましたか」と質問したところ，「組織風土が変わった」と思いがけない答えが戻ってきた．それはどういう意味かとさらに質問すると，「研修は，やりっ放しではいけない．学習したことを活用することが重要なんだと社員が意識し始め，学んだことを活用するようになった」と熱く語ってくれた．

大変かもしれないが，測定ツールを開発し，測定を開始し，そして，測定結果を経営幹部から第一線の社員にいたるまで全員に開示していくことだ．追跡調査を行い，学習内容を思い出してもらうだけでも，教育研修に対して，以前と違う印象を与えることができる．職場の上長などは，目的が呑み込めれば追跡調査に案外，快く協力してくれるものである．場合によっては，フォローアップ調査と称して，人材育成に積極的なキーパーソンへの報告と企画推進の支援依頼を目的に訪問するのもよいだろう．その際，研修をやりっ放しにせずに，より有効な施策として教育研修を展開するうえでも，その後の追跡調査が重要であり，そのためのリソースが必要である点を理解してもらうことである．経営幹部をはじめとするマネジメント層，また一般社員にいたるまで教育研修とビジネスが直接的または間接的に結びついているということを納得いくような形で説明することが大切である．その手始めとして，われわれ人材育成担当が自分達のオフィスから飛び出し，ラインと対話することが鍵となる．

ちなみに，効果測定を試みる研修を選定する際のポイントが二つある．一つは，効果が出ている研修を選ぶことである．効果測定をせずとも，良い研修は雰囲気でわかるし，事務局として観察していると，学習内容や受講生の反応からその良さは十分に読み取れる．不慣れなうちから効果が出ていない研修を測定することは精神的にも辛いし，モチベーションが上がらない．また，そんな結果は誰も見たがらない．やや作為的ではあるが，「やはりこの研修は良かっ

たね」と結論づけられるものを選択するとよい．もう一つは，社員が関心を持っているテーマの研修を選ぶことである．誰でも，効果が上がっていない研修結果の報告よりは，効果が上がっている研修結果の報告を聞きたいものである．同様に，皆の関心が薄いものより，関心を抱いている研修テーマのほうが，測定結果の良し悪しは別にして，興味を喚起しやすく，改善をする場合でも参画を得やすくなる．そのため，効果測定の導入時には，話題の研修やテーマを選定することをおすすめする．

(5) 課題6：人材育成スタッフが教育効果測定に熱意を持っていない

「もし，教育研修の評判が悪かったならば，われわれ人材育成担当が責められ，立場上まずいことになる．だから教育効果測定には断固反対だ」という強硬派から，「従来どおり粛々と業務を進めていれば十分だろう，わざわざ面倒な測定などやらなくともよい」という現状維持タイプの反対派まで，人材育成スタッフが教育効果測定の実施に熱意を持てない理由は千差万別である．人材育成スタッフであろうとなかろうと，現状を変えることに人は多かれ少なかれ抵抗を感じるものである．このような場合に，頭ごなしにやれと業務命令を下しても簡単に行動や意識は変えられない．地道に教育効果測定の必要性を説いて回るしかない．逆説的であるが，人材育成部門に何が期待されているのか，その期待にどの程度応えられているのかが，今まで何一つ明示されることがなかった．また，人材育成部門の活動に対するフィードバックがほとんどないというのが，今までの状態といえるだろう．そのような状況の中，突然，「明日から教育効果を測定し，われわれの存在意義をアピールするぞ」といわれても，スタッフにとって寝耳に水で，適切に対処することはできない．

まずすべきことは，人材育成分野から組織課題に対し，どう貢献し，結果責任を負うかということを議論していくことだろう．期待を明らかにし，目標が具体的になることによって，何を行うべきかが見えてくるし，貢献の軌跡を目に見えるようにすることで，変革の意味や実感が掴めるのである．その気運を着実につくっていくことが，一人ひとりの心理的抵抗感を取り除いていくこと

につながる．

　組織内で何か新しいことを開始したとき，周りは様子を伺っている．期待はしていないものの，まったく無視されるということは少ない．今度は本気か，どこまでそれが成果をあげるのか，お手並み拝見という態度で，遠目で観察している．その際，意識すべきことは，実施目的や内容の有意義性，新規性だけでなく，誰をそれに参加させるかである．組織への影響力の高い人材を一人ひとり説得し，チームに参加させることである．これは教育効果測定ならずとも，すべてのプロジェクトの成功に共通する原則である．

　そのほかにも，いくつか重要なことがある．筆者は企業のコーポレートユニバーシティに所属し，研修の品質管理を担当しているが，教育効果測定の社内導入にあたり，プロジェクトを展開したいとトップに具申したところ，「あなたのファンを作りなさい」とトップからアドバイスを受けた．つまり，リーダーに魅力がなければ駄目と言われたのだが，これは極めて重要な要因である．

　リーダーの魅力とは，単純にスタイルが良いとか，高学歴とか，声が大きいといったものではない．リーダーの魅力の一つは，説明する能力に長けているかである．今まで実施していなかった教育効果を測定すると，どんな成果やメリットを組織に提供することができるのか，それを進めるために何が必要か，これをやらないとどれだけ困ったことになるかを，鮮明にイメージできるように説明しなければならない．命令でなく人に動いてもらうためには，不可欠な能力である．それはビジョンの説明といったことだけでなく，リーダーとして毎日の仕事を実行する際に必要な能力である（関島，2004）．

　また同時に，プロジェクトを面白く進めることができる能力に長けていることも，リーダーの魅力である．調査活動は一見華やかそうに映るかもしれないが，華やかなのは報告会のときだけである．それ以外は，調査目的や仮説を吟味し，測定モデルを考えたり，質問文を考えたり，気の遠くなる「考える時間」が続く．それが終了すると，データ収集，分析，結論整理，報告書作成と今度は砂を噛むような作業との格闘である．そして，ようやく，改善の方向が決定されるのである．そのうえ，教育効果測定自体がほとんど前例のない活動

であり，次にどのような展開になるかが予測しづらい．プロジェクトとしてのグランドデザインはあるにしても，折角考えたアイデアや計画を変更せざるを得ないことも，ときには発生する．そんなプロジェクト運営で重要なのが，「教育効果測定は大変だが面白い」とメンバーに感じてもらえるよう，リーダーが進められるかどうかである．苦しいけれど，良質の価値ある体験としてメンバーに認知してもらうために，中間報告会を設けたり，他のチームとのノウハウ交換を行ったり，メンバー自身が振り返りと自己成長を感じられる工夫をリーダーが意図して設けることが大切である．膨大な作業と思考を振り返り，整理し，体系立ったつながりとして，意味づける機会を設けることが，上質な価値ある体験へと昇華させるのである．

　せっかく動き出した活動の火を消さないためにプロジェクトの運営面で，筆者が心がけていることがある．それは，「問題発見は個人，改善はチーム」という思想である．教育研修の不具合を生じさせたのは，研修を企画した担当者個人のせいと，罪をなすりつけてしまったら，改善にとって最も恐れるべき態度を生じさせる．それは責任追及のあまり，不具合を隠滅させる気持ちを起こさせてしまうことである．研修サービスも一つの製品である．ものづくりに従事する者として，危険なもの，社会的に悪影響を与えるものを意図的に生み出そうと考えている人は皆無だと思う．普通に社会生活を送り，豊かな人生を送りたいと考えている人であれば，そのようなことは考えないはずである．運悪く研修に不具合を生じさせてしまったのは，たまたまスキルや知識が不足していたり，時間が十分でなかったり，品質を重視するよりも量を重視するマネジメントを強いられたせいなのかもしれない．問題発生は個人の行為ではなく，マネジメントの不具合に起因するのである．そのため，個人を責めても問題は解決しない．

　第4章で，教育効果測定とは，とらえどころのない教育効果という構成概念を人材育成のフィールドで可視化する行為であると述べた．問題を可視化するには誰にでも問題が見えるようにする工夫と同時に，問題を発見する行為を奨励するマネジメントが不可欠となる．多くの組織では，問題を発見した本人が

改善や問題解決を実施するマネジメントが採用されている．問題が発見できるのは職務に精通し，常日頃から問題意識を持つ，比較的優秀な人材といえるだろう．一度や二度程度なら自ら発見した問題の解決に当たることは可能であろう．しかし，毎回問題を発見する度に自ら改善を行わなければならないとしたら，問題に気づかない振りをしたほうが面倒でないことを，優秀な人材でなくともすぐに気づくはずである．自分のペースで仕事は進められるし，何といってもややこしい改善活動に時間を割かれずに済む．そのようなことからも，気づいた人に負担を強いるマネジメントを是正することが必要である．その是正方法が，問題解決はチームで行うというマネジメントルールである．問題の所在は個人に起因しないし，問題の第一発見者には褒美を与え，改善活動はチームで行うという発想がなければ，品質を保持し，改善を積極的に進めていくという行動を強化していくことはできないと思い，筆者自身も日々，プロジェクトを進めている．

8.3 教育効果測定が人材育成部門の組織内地位を高めていく

「どうして，教育効果測定をやろうと決めたのですか」と訊ねられることがある．筆者自身のエピソードを紹介し，これからこの技術に携わろうとしている読者へのエールとして，本書を締めくくりたい．

教育研修の品質や効果にこだわるようになったのは，筆者自身の苦い経験が影響している．筆者は，日本能率協会マネジメントセンターに所属していた頃，通信教育研修プログラムの設計企画を担当していた．1995年，ある大手流通企業の通信教育プログラムの開発プロジェクトのリーダーとなった．通信教育というと，問題文の空欄を埋めて文章を完成させるような暗記型，重要部分を要約するような知識詰め込み型教育の代表としてのイメージを持つ人は多いと思う．しかし，筆者らが開発の依頼を受けたプログラムは，通信教育でありながら，知識の記憶ではなく，自ら考え，行動する力を強化することをねらったものだった．課題に答えるため実際の店舗を見学に行ったり，文献を調べ

第8章 教育効果測定導入の課題と解決のヒント

たりするなど，課題解決演習を組み込んだ集合研修を通信教育に置き換えようとしたものだった．

　苦労の末，筆者を含めたプロジェクトメンバーが開発した新しいプログラムは，受講者からも発注元の人材育成担当者からも高い評価をいただき，その後も核となる教育研修として定着するものと期待していた．しかし，先方の人材育成担当の責任者が交代し，新責任者の「通信教育は好きではない」の一言により，わずか一年でもとに戻ってしまい，残念な思いをした経験がある．いま振り返ると，このときの筆者らは教育研修の設計，開発，運営は首尾よく完成させたが，教育研修の評価まで手が回らなかった．当時，もし教育研修の評価や成果を客観的データで示していれば，このような悔しい思いをすることはなかったかもしれない．

　そのようなこともあり，2000年より教育効果測定の研究に本格的に取り組んだ．開始当時，周囲からは冷ややかな目で見られたものだ．「そんなことができたら素晴らしいですね」と異口同音に評価するものの，支援を申し出る者は誰一人といなかった．当時のことを恨んでいるのではない．教育研修の評価というのは，周りから見たら本当に理解しづらいテーマなのだと思う．しかし，状況は7年前と大きく変わっている．教育効果測定は今でも非常に挑戦的なテーマであるが，それを不可能だという人は存在しなくなった．

　実践を繰り返し，データを集め，少しずつ知見を蓄積していけば，やがては測定技法も格段と進化するにちがいない．また，全世界規模でデータが蓄積されれば，教育施策の評価格付を行う機関が誕生するかもしれない．われわれ人材育成担当者が成すべきことはまだ山のようにあるが，その未来は希望に満ちていると筆者は考える．人材育成担当の専門性を高め，人材育成部門の組織内地位の向上を高める活動はようやくと，その一歩を踏み出したにしか過ぎないのである．

　教育効果を見きわめる行為は，教育研修の実施目的を明確化する行為でもある．明確なゴールがあるからこそ，成果を確認することができる．成果主義人事制度という思想は，ラインやスタッフといった立場に関係なく，われわれ人

材育成担当者に対しても組織貢献を強いる．組織に属する一員として，その責を果たすことにこだわりと誇りを持って臨んでほしいと心から願う．

引用・参考文献

[8-1] 池田央,『テストの科学—試験にかかわるすべての人に』,日本文化科学社, 1992年.

[8-2] 鈴木克明,『教材設計マニュアル—独学を支援するために』,北大路書房, 2002年.

[8-3] 関島康雄,『Aクラス人材の育成戦略—教育力競争時代をどう乗り越えるか』,日本経団連出版社, 2004年.

[8-4] 遠藤功,『見える化—強い企業をつくる「見える」仕組み』,東洋経済新報社, 2005年.

[8-5] 堤宇一「教育プログラムの品質保証を」(特集 教育研修の成果 何を,いかに測るべきか),『Works』,株式会社リクルート ワークス研究所, No. 66, p. 15, 2004年.

第8章で紹介した各学会のWebサイト

人材育成マネジメント研究会
    http://hrdm.jp
日本心理学会
    http://www.psych.or.jp
日本教育心理学会
    http://www.soc.nii.ac.jp/jaep/
産業・組織心理学会
    http://www.edu.kyushu-u.ac.jp/html/KANREN/JAIOP/Welcpm.html
経営行動科学学会
    http://www.soc.nii.ac.jp/jaas2/

付　　録
―教育効果測定に役立つツール―

　本付録には，概要設計の内容をまとめるための「概要設計書」，および事例で一部を紹介した「リアクションアンケート」や「レベル3測定シート」を掲載した．

　活用にあたっては，組織の状況などに合わせて修正を必要とするが，本文の説明を振り返りながら，上手に活用していただきたい．

> 概　要　設　計　書　→　p. 230
>
> リアクションアンケート　→　p. 231
>
> レベル 3 測定シート　→　p. 234

教育効果測定　概要設計フォーム

項　　目	記　述　欄
学 習 目 標	
測定レベル	
実施事項　測定項目	
実施事項　測定手段	
実施事項　測定時期	
実施事項　情 報 源	
測定結果の使用目的	

概要設計書

付録―教育効果測定に役立つツール　231

```
技術部門関係長のための問題解決研修アンケート
```

参加者の皆様へ

この度は本コースに参加いただきまして、誠にありがとうございます。主催者一同、お疲れのところ誠に恐縮ではございますが、アンケートのご協力をお願い申しあげます。

さて、お疲れのところ誠に恐縮ではございますが、アンケートのご協力をお願い申しあげます。

本アンケートはプログラムの改良を目的として実施いたします。より良いコースづくりのための基礎データとして活用させていただきますので、正直なご感想やご意見を頂戴できますよう、よろしくお願い申しあげます。

人材育成グループ

研修実施日	年　月　日
記入日	年　月　日
所属名	
氏名	

リアクションアンケート

[A] 研修全体について、おたずねします。
以下の項目をお読みて、該当する数字(1～5)を○で囲んでください。

	もう思わない	あまりそう思わない	どちらともいえない	ややそう思う	もうそう思う
1 研修を受講して良かったと思う	1	2	3	4	5
2 他の社員にも、このコースの受講を勧めようと思う	1	2	3	4	5
3 今後も、この研修を継続していくべきだと思う	1	2	3	4	5
4 この研修目的は、明確に説明されていた	1	2	3	4	5

[B] 貴方はどのような状況でこの研修に参加しましたか。
以下の項目をお読みて該当する数字(1～5)を○で囲んでください。

	もうそう思わない	あまりそう思わない	どちらともいえない	ややそう思う	もうそう思う
1 研修参加に際し、研修目的や内容についてある程度知っていた	1	2	3	4	5
2 自分自身の能力開発や職務遂行上の必要性を感じ、この研修に参加した	1	2	3	4	5
3 上司の期待を確認した上でこの研修に参加した	1	2	3	4	5
4 今回の研修内容を、職場に戻ってからすぐに活用しなければならない状況である	1	2	3	4	5
5 以前この研修を受講して参加した社員は本研修を高く評価している	1	2	3	4	5
6 上司は私が研修に参加することを肯定的に捉えている	1	2	3	4	5
7 休講万全で研修に参加した	1	2	3	4	5
8 懸案の体調や多忙業務を事前に処理し、精神的なゆとりのある状態で研修に参加した	1	2	3	4	5
9 今回このような課題解決に焦点を定めた研修に以前から参加したいと思っていた	1	2	3	4	5
10 この研修を受講するにあたり、本を読むなど事前準備を行った	1	2	3	4	5

[C] 1日目のカリキュラムの感想をおたずねします。
以下の項目をお読みて該当する数字(1～5)を○で囲んでください。

	もうそう思わない	あまりそう思わない	どちらともいえない	ややそう思う	もうそう思う
11 研修は自分にとって有意義な内容であった	1	2	3	4	5
12 参加の期待を上回る内容だった	1	2	3	4	5
13 研修を受講して良かったと思う	1	2	3	4	5
14 他の社員にも、このコースの受講を勧めようと思う	1	2	3	4	5
15 研修全体のねらいに対して、このカリキュラムは満足できる内容であった	1	2	3	4	5

232

[D] 1日目の学習内容の理解について、おたずねします。
以下の項目を読んで該当する数字(1〜5)を○で囲んでください。

	もう思わない	あまりそう思わない	どちらともいえない	ややそう思う	もう思う
16 上司から期待されている役割が理解できた	1	2	3	4	5
17 自分にとって強化すべきコンピテンシーが認識できた	1	2	3	4	5
18 より成果を上げるために必要なコンピテンシーは何であるか理解できた	1	2	3	4	5
19 課題解決における自分の強みや弱みが理解できた	1	2	3	4	5

[E] 1日目の研修プログラムについて、おたずねします。
以下の項目を読んで該当する数字(1〜5)を○で囲んでください。

	もう思わない	あまりそう思わない	どちらともいえない	ややそう思う	もう思う
20 研修時間は研修項目を達成するために丁度よい長さだった	1	2	3	4	5
21 研修の実施時期は適切だった	1	2	3	4	5
22 参加者の人数は適切だった	1	2	3	4	5
23 参加者の職務経験や知識水準にあった研修レベル・内容だった	1	2	3	4	5
24 「理論」と「実践」のバランスが上手くとれた研修だった	1	2	3	4	5
25 研修内容はわかりやすい順序ですすめられていた	1	2	3	4	5
26 研修は自分の業務に適した内容で実施されていた	1	2	3	4	5

[F] 1日目の研修の運営力について、おたずねします。
以下の項目を読んで該当する数字(1〜5)を○で囲んでください。

	もう思わない	あまりそう思わない	どちらともいえない	ややそう思う	もう思う
27 焦らされたり、中弛みを感じることなく適度なペースで学習できた	1	2	3	4	5
28 適切なタイミングで休憩が設けられていた	1	2	3	4	5
29 研修事務局の対応は丁寧だった	1	2	3	4	5
30 研修事務局は手際よく研修を運営していた	1	2	3	4	5

[G] 1日目の担当講師や各種教材について、おたずねします。
以下の項目を読んで該当する数字(1〜5)を○で囲んでください。

	もう思わない	あまりそう思わない	どちらともいえない	ややそう思う	もう思う
31 講師は研修に必要な知識を十分に持っている	1	2	3	4	5
32 講師は参加者の理解度を適宜確認していた	1	2	3	4	5
33 講師の話し方や説明の仕方には説得力があった	1	2	3	4	5
34 講師は参加者の質問に丁寧に対応していた	1	2	3	4	5
35 講師は参加者を研修にうまく参画させていた	1	2	3	4	5
36 講師は研修の進め方に対し、好感がもてた	1	2	3	4	5
37 講師は各講義や各演習の目的を明確にしていた	1	2	3	4	5
38 講師は黒板、OHPなどの機器をうまく活用していた	1	2	3	4	5
39 講師は職場状況に即した学習内容の活用方法を教えていた	1	2	3	4	5
40 教材・配布資料の内容はわかりやすかった	1	2	3	4	5

[H] 課題解決のケーススタディ(第2、3日目)について、おたずねします。
以下の項目を読んで該当する数字(1〜5)を○で囲んでください。

	もう思わない	あまりそう思わない	どちらともいえない	ややそう思う	もう思う
5 ケース1から課題解決に関するヒントを得ることができた	1	2	3	4	5
6 ケース1のディスカッションにおいて、自分の強みを出すことができた	1	2	3	4	5
7 ケース1のディスカッションにおいて、自分の弱みを補強することができた	1	2	3	4	5
8 ケース1の時間は、適切であった	1	2	3	4	5
9 ケース1の解説は、分かりやすかった	1	2	3	4	5
10 ケース2から課題解決に関するヒントを得ることができた	1	2	3	4	5
11 ケース2のディスカッションにおいて、自分の強みを出すことができた	1	2	3	4	5
12 ケース2のディスカッションにおいて、自分の弱みを補強することができた	1	2	3	4	5
13 ケース2の時間は、適切であった	1	2	3	4	5
14 ケース2の解説は、分かりやすかった	1	2	3	4	5
15 ケース3から課題解決に関するヒントを得ることができた	1	2	3	4	5
16 ケース3のディスカッションにおいて、自分の強みを出すことができた	1	2	3	4	5
17 ケース3のディスカッションにおいて、自分の弱みを補強することができた	1	2	3	4	5
18 ケース3の時間は、適切であった	1	2	3	4	5
19 ケース3の解説は、分かりやすかった	1	2	3	4	5
20 ケース4から課題解決に関するヒントを得ることができた	1	2	3	4	5
21 ケース4のディスカッションにおいて、自分の強みを出すことができた	1	2	3	4	5
22 ケース4のディスカッションにおいて、自分の弱みを補強することができた	1	2	3	4	5
23 ケース4の時間は、適切であった	1	2	3	4	5
24 ケース4の解説は、分かりやすかった	1	2	3	4	5

リアクションアンケートのつづき

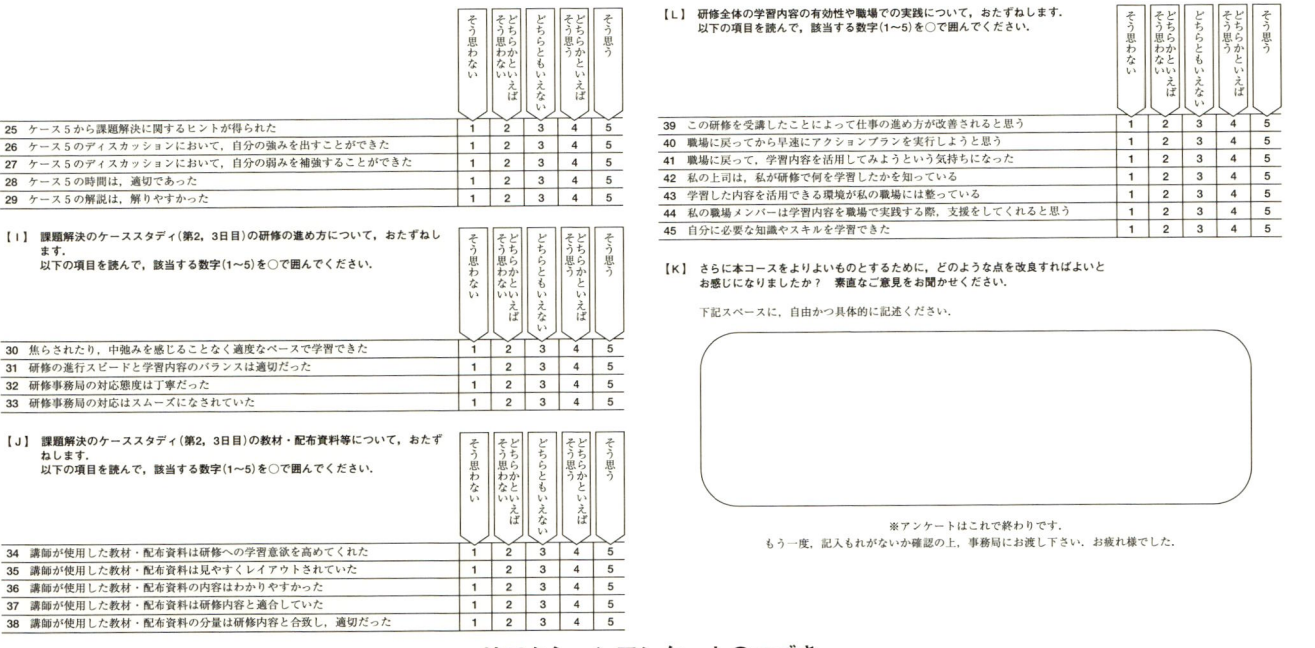

付録―教育効果測定に役立つツール　233

	そう思わない	あまりそう思わない	どちらともいえない	ややそう思う	そう思う
39 この研修を受講したことによって仕事の進め方が改善されると思う	1	2	3	4	5
40 職場に戻ってから早速にアクションプランを実行しようと思う	1	2	3	4	5
41 職場に戻って、学習内容を活用してみようという気持ちになった	1	2	3	4	5
42 私の上司は、私が研修で学んだ内容しか知らない	1	2	3	4	5
43 学習した内容を活用できる環境が私の職場には整っている	1	2	3	4	5
44 私の職場メンバーは学習内容を職場で実践する際、支援をしてくれると思う	1	2	3	4	5
45 自分に必要な知識やスキルを学習できた	1	2	3	4	5

[K] さらに本コースをよりよいものとするために、どのような点を改良すればよいとお感じになりましたか？忌憚なくご意見をお聞かせください。
下記スペースに、自由かつ具体的に記述ください。

※アンケートはこれで終わりです。
もう一度、記入もれがないか確認の上、事務局にお渡し下さい。お疲れ様でした。

	そう思わない	あまりそう思わない	どちらともいえない	ややそう思う	そう思う
25 ケースから課題解決に関するヒントが得られた	1	2	3	4	5
26 ケーススタディのディスカッションにおいて、自分の強みを出すことができた	1	2	3	4	5
27 ケーススタディのディスカッションによって、自分の弱みを補強することができた	1	2	3	4	5
28 ケースの時間は、適切であった	1	2	3	4	5
29 ケースの解説は、解りやすかった	1	2	3	4	5

[I] 課題解決のケーススタディ（第2, 3日目）の研修の進め方について、おたずねします。
以下の項目を読んで、該当する数字（1～5）を○で囲んでください。

	そう思わない	あまりそう思わない	どちらともいえない	ややそう思う	そう思う
30 焦らされたり、中弛みを感じることなく適度なペースで学習できた	1	2	3	4	5
31 研修の進行スピードと学習内容のバランスは適切だった	1	2	3	4	5
32 研修事務局の対応態度は丁寧だった	1	2	3	4	5
33 研修事務局の対応はスムーズになされていた	1	2	3	4	5

[J] 課題解決のケーススタディ（第2, 3日目）の教材・配布資料について、おたずねします。
以下の項目を読んで、該当する数字（1～5）を○で囲んでください。

	そう思わない	あまりそう思わない	どちらともいえない	ややそう思う	そう思う
34 講師が使用した教材・配布資料は研修への学習動機を高めてくれた	1	2	3	4	5
35 講師が使用した教材・配布資料は見やすくレイアウトされていた	1	2	3	4	5
36 講師が使用した教材・配布資料は内容はわかりやすかった	1	2	3	4	5
37 講師が使用した教材・配布資料は研修内容と適合していた	1	2	3	4	5
38 講師が使用した教材・配布資料の分量は研修内容に合致し、適切だった	1	2	3	4	5

リアクションアンケートのつづき

技術部門係長のための問題解決研修
成長確認調査のお願い

コース参加社の上司の皆様へ

「技術部門係長のための問題解決研修」受講後の○○さんの成長を把握し、本人にフィードバックするとともに、今後のプログラム改善に役立てたいと思います。

お忙しいところ誠に恐縮ですが、ご協力お願い申し上げます。

なお、行動診断は、被評価対象者の方のイメージではなく、具体的な行動が発揮されたかどうかを意識し、診断いただけますよう、よろしくお願いいたします。

人材育成グループ

記入日　　　年　　月　　日

記入日	
所属	
診断対象者	
診断者氏名	

[A] あなたは研修受講前に比べ、下記に示す行動に変化が認められますか。
該当する数字（1, 2）に○をつけてください。

		成長しているとはいえない	成長している
A	1 短期的な目標達成だけでなく、長期的な視点ももっている	1	2
	2 緊急の問題に取り組む時も、将来的な課題を考えている	1	2
	3 与えられた仕事の範囲だけでなく、全体を見通している	1	2
	4 自部門だけでなく、他部門のことも考慮して仕事を進めている	1	2
B	5 最終目標までのチェックポイントを設定している	1	2
	6 厳しい状況でもゴールをイメージし、前向きに取り組む	1	2
	7 行き詰まったときには、自分だけでなく周囲を巻き込むヒントを考える	1	2
	8 長期的なテーマでは、少しずつでも目標に近づいていることを確認している	1	2
C	9 目標達成のための概要計画と詳細計画をたてている	1	2
	10 行き詰まった時に、最初からのやり直しにならないよう代替案をもっている	1	2
	11 計画との差が出た場合には、すぐに対策をとっている	1	2
	12 可能な限り前出しした計画をたてている	1	2
D	13 報告書にまとめるだけでなく、口頭で詳細説明ができるように整理している	1	2
	14 いつでも利用できるよう、使えそうな情報を整理している	1	2
	15 関係のない展示会やセミナーにも参加し、将来のための情報を収集している	1	2
	16 発表会では、積極的に発表を行っている	1	2

レベル3 測定シート

付録―教育効果測定に役立つツール 235

[B] 上司として○○さんに今後期待されることは何でしょうか。上司からのメッセージとして、ご記入ください。

※アンケートはこれにて終わりです。
もう一度、記入もれがないか確認の上、事務局にお渡し下さい。お疲れ様でした。

レベル3 測定シートのつづき

索　引

【英数字】

360度診断　151, 205
ASTD（全米人材開発協会）　2, 3
Do（実施）　27
HRDサイクル
　──ストーリー　74, 75
　──モデル　25, 74
PDS（Plan-Do-See）　26
　──のマネジメントサイクル　7, 18
Plan（分析）　27
QC（品質管理）　33
QC手法　34
ROI（Return On Investment）　55, 58
　──モデル　56, 58
See（評価）　27
SME（その道のプロ）　86

【あ行】

アクションプラン　73, 80, 155, 179
アンケート調査　98
暗黙知　40
意欲・価値観　22
インストラクショナルデザイン　26, 29, 119, 126
インストラクション
　──の進め方　131
　──を行う手段　131
インタビュアー（聞き手）　91
インタビュー　72, 80, 91, 94, 104
インタンジブル　58, 59
運動領域　39, 40, 143
影響要因　15
エクササイズ　72
演習　72
エンベデットテスト　145

【か行】

解釈の客観性　173
改善計画　73
階層型分析　129
学習　37, 45
　──機会　39
　──項目　129
　──する組織　8
　──対象者の情報　128
　──の評価　41
　──の分類　38
　──領域　129
学習目標　123, 126
　──への準拠　143
課題解決　54
価値観　40
活用度　80
ガニエの九つの教授事象　131, 165
カリキュラム　133
基準関連妥当性　32
技能　40
基本統計量　175
教育研修　1, 25, 47
　──の効果　30
　──の設計　29
　──の品質管理　53
　──の有効性　52
教育研修プログラム
　──の改訂　192, 198
　──の概要設計　119
　──の実施　164
　──の周知と案内　162
　──の詳細設計　126
教育効果　51, 56
　──の金銭的価値　182, 183, 184
　──の測定レベル　68, 124
　──の特定　184
　──の分類軸　57
　──レベル　55
教育効果測定　3, 26, 28, 29, 30, 34, 52,

索　引

　　　　74, 226
　　——に必要な人員　220
　　——の概要設計　123
　　——の実施　166
　　——の導入　209
　　——ツールの改訂　202
教育ゴール　13
教育施策の位置づけ　3, 4
教育の品質保証　1
教材　132
業績貢献要因の分析　102
業績向上　22
業績指標　80
寄与度　189, 205
クラスタ分析　129
グループインタビュー　73
経営課題　11, 16
経営資源　6
経営戦略　26, 27, 29, 54, 68
経験　38
形成的評価　41, 192
系統図法　110, 112
言語情報　39
見識者による見積り　186, 188
研修の改善　53, 80
研修の進め方　130
研修プログラムの改善　79
研修満足に影響を与える要因　140, 141
合格基準　128
効果測定→教育効果測定
高業績者　90
構成概念妥当性　32
行動　22
　　——観察　72, 80
行動変容　57, 188, 205
　　——の障害要因　181, 182
　　——の促進要因　181, 182
コストセンター　13
コンピテンシー　22, 89, 109
　　——・アイテム　106
　　——・ディクショナリー　92, 104

　　——・モデル　90
　　——診断　158
　　——にもとづくニーズ・アセスメント
　　　　89, 104

【さ行】

産業人教育　1
三人のクライアント　55
実践のコミュニティ　44, 45
質問紙調査　70, 98
質問の順序　147
質問文　147
　　——の修正　204
シミュレーション　71
収集データ　60
　　——の活用目的　138
習熟度　72
情意領域　39, 40, 143
職務・業務分析　92
ジョブアプリケーション　58
人材　6
　　——のあるべき姿　108
人材育成
　　——の最適方策　110
　　——の戦略　2
　　——方針　11
人材育成強化の必要性　84, 107
　　——の調査　85, 87
人材育成部門　226
　　——の位置づけ　11
　　——の評価軸　3
　　——への期待機能　3, 4, 5
診断的評価　41
信頼性　31, 62, 78, 81, 137, 189
心理測定　26, 30, 31
親和図法　108
スキル　22, 57
　　——の習熟度　71
正確性分析　197
正統的周辺参加　44
正答率　177

絶対評価　42, 70
全米人材開発協会　2
戦略的ニーズ・アセスメント　87
総括的評価　41, 192, 196
相対評価　42, 70
阻害要因　80
促進要因　80
測定結果の活用目的　78
測定手段　140
測定ツール　69, 135, 218
　　――の改訂方法　203
　　――の開発　138
測定データの形式　142
測定手順　140
測定のタイミング　135, 142, 144
組織のパフォーマンス　57
組織風土　222
組織力　6
その道のプロ　86
ソフトデータ　60, 61

【た行】

第三者評価　160, 163
態度　40
他者評価　41
タテの学習　48
妥当性　31, 137, 204, 205, 208
短期的観点に立った人材育成　7
知識　22, 39, 57
　　――集約型集団　2
　　――集約経済　2
　　――の保有度　71
知的技能　39
長期的観点に立った人材育成　7, 8
調査結果の活用目的　124
調査全体の体系化　125
調査プラン　124
調査目的　124, 138
つまずき箇所　72
データ
　　――解釈の基準　146

　　――収集のタイミング　62
　　――ソース　64
　　――の一貫性　172
　　――の解析　100
　　――のとり方　142
適合性分析　197
デザインレビュー　160
テスト　79
手続き記憶　40
統計　26, 30, 33, 172
投資効率　58
投資対効果　3
統制群と実験群による識別　185
トライアル　161, 163
トレンドライン分析　186

【な行】

内容的妥当性　32
ナレッジ　2
　　――マネジメント　2
ニーズ・アセスメント　68, 83, 87, 170
認知領域　39, 143

【は行】

ハードデータ　60
バイアス　62, 66
ハイパフォーマー　90
パフォーマンステスト　71
ばらつき　179
ビジネスリゾルト　58
ヒストグラム　175, 179
ビヘイビア　57
評価基準　42, 130
評価条件　128
費用対効果（投資対効果）　3
品質管理　26, 30, 33
フィードバック　10
フォーカスグループ　73, 80
フォローアップアンケート　80
ブレーンストーミング　110, 114
プレテスト　145

プロフィットセンター　11
文脈　46
平均値　179
変容を証拠付ける指標　181, 182
報告　14
　——書　190, 191, 193
方策の評価　113
ポストテスト　145

【ま行】

マトリックス　177
満足度　57
　——アンケート　155, 174, 178
無効データ　171
目標基準準拠評価　42
目標行動　127

問題解決　34
　——のスキル　39

【や行】

有用性分析　198
ヨコの学習　48

【ら行】

ラーニング　57, 58
リアクション　56
　——＆ブランドアクション　58
　——アンケート　78, 140
理解度確認テスト　70
リゾルト　57
リッカートスケール　142
レベル4フレームワーク　56

編著者紹介

堤　宇一（つつみ　ういち）

1959年生まれ．

現在，株式会社日立総合経営研修所 QC マネジャー，人材育成マネジメント研究会代表．

「教育効果測定」を専門テーマとして，2000年より研究を開始．現在，教育効果測定に関するコンサルタントおよびリサーチャーとして国内外の雑誌，学会などで研究発表を行なっている．また，教育効果測定での米国の第一人者である Jack Phillips 氏が主催する ROI Network（現在 ASTD ROI Network に名称改名）にて，アドバイザリーコミッティボードを2001年1月より2004年12月まで2期（4年）務める．

実施した教育効果測定プロジェクト数は30プロジェクトを超える．その中の一つ，株式会社豊田自動織機で2002年に行なった「SQC 問題解決コースの教育効果測定プロジェクト」は，アジア初の事例として *In Action : Implementing Training Scorecards*（ASTD）に掲載された．2006年には NPO 人材育成マネジメント研究会を設立し，現在代表を務めている．

寄　稿　「教育研修効果測定特集」（『人材教育』，日本能率協会マネジメントセンター，2000年）

「教育研修効果測定とその考え方」（*M&C Report*，アメンド，2002年）

「教育研修効果測定の進め方」（『人材教育』，日本能率協会マネジメントセンター，2001年）

「研修の成果は何で測ればよいのか」（『人材教育』，日本能率協会マネジメントセンター，2003年）

著者紹介

青山 征彦（あおやま　まさひこ）

1970 年生まれ．

現在，駿河台大学現代文化学部 准教授，法政大学文学部 非常勤講師，目白大学人間社会学部 非常勤講師，メディア教育開発センター 共同研究者，NPO 人材育成マネジメント研究会 理事．

1993 年 筑波大学人間学類を卒業，同年 筑波大学大学院博士課程心理学研究科．
1998 年 単位取得満期退学．1998 年 筑波大学文部技官（準研究員），2001 年 駿河台大学現代文化学部 講師を経て，現在駿河台大学現代文化学部 准教授を務める．

　所属学会　日本心理学会，日本教育心理学会（常任編集委員），日本認知科学会（運営委員および編集委員），日本読書学会．

久保田 享（くぼた　すすむ）

1963 年生まれ．

現在，NPO 人材育成マネジメント研究会 理事．

1987 年大学卒業後，某大手輸送機器メーカーに入社，TQC 推進室に配属される．異動により，1994 年からは車載システムの設計・評価に携わるが，1996 年には人事部へ異動，教育と採用を担当することとなる．教育では，従来の階層別教育を，マネジメントスキルを評価する研修から自立を促すキャリア研修にリニューアル．採用では，大卒・院卒の技術職の採用を統括する．2000 年に TQM 推進室 SQC グループへ異動となり，品質管理および問題解決の推進に携わる．

　その他　財団法人日本科学技術連盟 実験計画法コース運営委員
　　　　　NPO キャリアデザインフォーラム 事業支援スタッフ
　著　作　『実験計画法―活用編―』（共著，日科技連出版社，2004 年）
　　　　　IN ACTION: Implementing Training Scorecards（事例執筆，ASTD，2003 年）．

はじめての教育効果測定
──教育研修の質を高めるために──

2007年6月27日　第1刷発行
2017年1月30日　第11刷発行

編著者	堤　　宇　一
著　者	青　山　征　彦
	久保田　　享
発行人	田　中　　健

検印
省略

発行所　株式会社　日科技連出版社
〒151-0051　東京都渋谷区千駄ヶ谷5-15-5
DSビル
電話　出版　03-5379-1244
　　　営業　03-5379-1238

Printed in Japan　印刷・製本　㈱シナノパブリッシングプレス

Ⓒ Uichi Tsutsumi et al. 2007　　URL http://www.juse-p.co.jp/
ISBN 978-4-8171-9215-8

本書の全部または一部を無断で複写複製(コピー)することは，著作権法上
での例外を除き，禁じられています．